KB057452

판례와 개정 법령·쟁점 중심의
집합건물법 해설

저자 나병용

법문북스

책을 내면서

한국은 서울 등 대도시는 물론이고 전국의 중, 소도시까지도 어디를 가든 고층건물들이 빌딩의 숲을 이루고 있다.

위와 같은 고층빌딩 모두가 집합건물은 아니다.

그러나 위 고층빌딩들은 집합건물에 속하는 것이 대부분이며, 특히 중고층 아파트나 상가빌딩, 연립주택 또는 사무실용 오피스텔빌딩 등은 거의 모두가 집합건물에 속한다.

집합건물의 경우에는 건물과 대지 사이의 일체성이 강력하므로 이들을 분리하여 각각 처분하는 경우 수많은 법적, 사실적 분쟁이 발생할 수 있다.

이런 경우 민법규정의 법리로는 위와 같은 여러 분쟁의 문제점들을 원만하게 해결하기 불가능하다.

이에 집합건물의 소유 및 관리에 관한 법률(약칭 집합건물법)이 1984. 4. 10. 법률 제3725호로 제정되어 시행되기 시작하였고, 그 후 집합건물의 급속한 증가현상과 이로 인하여 발생하는 다양한 문제점의 발생, 그리고 그에 따른 관련법규들의 제·개정에 따라 집합건물법은 2023. 9. 29.부터 시행되고 있는 현행 집합건물법[2023. 3. 28. 제19282호]까지 16차례의 제·개정을 거쳤다.

저자는 약 10년 이상 동안의 대학 강당에서, 그리고 삼십수년 이상 동안 집합건물과 관련된 수많은 분쟁 사건들을 수임하여 해결하면서, 위와 같이 수차례 제·개정된 집합건물법 각 규정들과 이에 부합하는 대법원 판례입장들을 바르게 해석한 저서를 찾는 것이 쉽지 않았다. 특히 집합건물의 구분소유의 성립요건문제, 분양자(시공자)의 담보책임문제, 전유부분과 공용부분의 일체성문제, 공용부분의 변경문제, 관리비용 부담문제, 대지사용권 문제,

관리단과 관리인 사이의 문제, 관리단집회의 의결 및 서면 또는 전자적 방법에 의한 결의방법 등의 문제, 집합건물에 대한 재건축의 경우의 본법과 도시 및 주거환경정비법 사이의 충돌문제, 또는 상가집합건물의 관리의 경우의 본법과 유통산업발전법 사이의 충돌문제 등 다양한 구체적인 사건에서 집합건물법 규정의 해석과 이에 대한 대법원 판례입장을 잘못 이해함으로써 소송의 승패가 좌우되는 분들을 접하면서 매우 안타까웠다.

이에 본 저자는 약 1년여동안 심혈을 기울여 집합건물법과 그에 따른 핵심적 대법원 판례를 연구하고, 집합건물법 관련 여러 서적들과 각종 논물들을 참고로 하고, 저자 본인의 수십년 동안의 소송실무경험을 바탕으로 현행 집합건물법을 각 규정의 순서에 맞추어, 그리고 쟁점중심으로 해설한 본 서적을 쓰게 되었다.

사무실 사건 업무에 여념이 없으면서도 본 서적 저술을 위해 각종 근거자료들의 준비와 원고의 탈고 등에 헌신적으로 도와준 오은별 실장님에게 감사하며, 집합건물인 아파트나 각종 상가 또는 오피스텔의 신축업무나 관리업무에 종사하는 분들의 업무와 공인중개사나 본법에 관련된 시험을 준비하는 분, 그리고 집합건물에 대한 법률관계에 관한 사건을 직접 접한 분들의 실무해결에 본 저서를 권해드리며, 본서는 일반적으로 발생하는 분쟁이 되는 각 쟁점을 중심으로 목차(contents)에서 기술하고 있으므로 목차중심으로 찾아 보면 도움이 될 것으로 생각된다.

2024. 5.

서울 송파 문정동 사무실에서

추천사

전국의 건물 중 집합건물의 비율이 70% 이상에 이르고, 전체 주택 중 아파트가 60% 이상을 차지하고 있다는 통계가 말해 주듯이, 집합건물이 일반적인 건물의 형태로 자리잡아 가고 있고, 그에 따라 구분소유자, 관리단 등 집합건물에 관한 이해관계인들 사이에서의 법적 분쟁이 증가하고 있어, 집합건물의 소유 및 관리에 관한 법률의 해석 및 적용의 필요성도 나날이 커지고 있습니다.

이번에 나병용 변호사가 출간하는 이 책은 집합건물의 소유 및 관리에 관한 법률의 내용을 이해하기 쉽도록 정리하여, 실무에서의 활용성이 높을 것으로 보이고, 이는 저자가 30여년 간의 변호사 업무 수행 경험을 바탕으로 법률적인 이론이 실제에 어떻게 반영되는지 체득한 결과이기 때문이라고 생각됩니다.

뿐만 아니라, 이 책은 집합건물의 소유 및 관리에 관한 법률을 조문 순서에 따라 설명하는 형식을 취하면서, 그 주요한 법적 쟁점에 대한 대법원 판례와 실무경험을 기초로 내용을 충실히 구성하고 있어, 관련 실무자에게 큰 도움을 줄 수 있을 것이라 믿습니다.

적지 않은 나이에 저서를 출간하신 저자에게 축하의 말씀을 전하며, 이 책이 집합건물의 소유 및 관리에 관한 법률에 대한 이해를 돕고, 관련 업무를 담당하는 실무자들에게 도움을 주는 저서로 자리매김하기를 기원합니다.

2024. 4. 2.

법무법인(유한) 대륙아주 대표변호사 이 규 철

차 례

제一장
집합건물법(集合建物法)의 개설(槪說)

- 1 -

제二장
집합건물법의 각 규정에 따른 해설

부칙 (부칙 규정)

집합건물법 시행령(대통령령) 부칙

현행
집합건물법의 해설

제一장

집합건물법(集合建物法)[1]의 개설(槪說)

가. 서설(序說)

한국은 1960년대 후반 이후 점진적 경제발전에 따라 인구의 도시집중화현상이 심화되었다. 이로 인하여 서울과 지방의 대도시에는 중고층아파트나 상가빌딩, 연립주택, 또는 사무실용 오피스텔 빌딩 등 수많은 집합건물들이 점차 계속 증가하였다.

그럼에도 불구하고, 집합건물의 구분소유와 관련하여 민법제215조는 구분소유자들 사이의 단순한 상린관계(相隣關係)와 관련된 '건물의 구분소유'를 규정하고 있을 뿐이고, 민법 제268조제3항은 민법상 공유물의 분할청구의 경우 제215조를 준용하여 구분건물의 분할청구를 금지하고 있을 뿐이며, 구(舊)부동산등기법 역시 구분등기에 관한 간단한 규정을 두었을 뿐이었다. 이로 인하여 두 법률의 규정들에 의해서는 집합건물의 소유 및 관리관계에서 발생하는 복잡한 수많은 분쟁과 집합건물에 대한 다양한 등기관계 규율에 한계가 있게 되었고 그에 따른 문제점을 규율할 법률제정의 필요성이 점차 절실하여 졌다.

더구나 민법상 토지와 건물은 각각 별개의 소유권이 인정되고 **물권법정주의 및 1물1권주의의 원칙**[2]에 따라 각각 별도의 각 등기부에

---

1) [법률 제19262호, 2023. 3. 28. 일부개정] [시행 2023. 9. 29.]의 현행 '집합건물의 소유와 관리에 관한 법률'을 편의상 '집합건물법'이라고 약칭하고, 그에 따라 일부 개정된 [대통령령 제33737호, 시행 2023. 9. 29.]를 본법 시행령이라고 칭한다.

2) **물권법정주의(物權法定主義)**라 함은 법률에 규정된 물권만이 물권이 되는 원칙을 말하며, 민법은 점유권, 소유권, 지상권, 지역권, 전세권, 유치권, 질권, 저당권의 8개만을 물권으로 규정하고 있다. 한편, 1물1권주의(一物一權主義)의 원칙이란 1개의 물건 위에는 1개의 물권만이 존재하고 그의 일부에는 물권이 인정되지 아니하며, 수개의 물건 위에도 각 물건에 상응하는 물권이 각각 성립할 뿐이지 1개의 물권이 성립되지 않는다는 원칙을 말한다. 다만, 점유권의 경우에는 점유권이 물건에 대한 사실상의 지배를 요건으로 성립하므로(민법 제192조) 물건의 일부에도 점유권이 인정될 수 있다. 따라서 점유권의 경우에는 위 원칙에 대한 예외인 경우가 발생할 수 있다.

등기되는 것을 원칙으로 하고 있다. 그러나 실제 부동산거래에서는 건물과 그의 대지인 토지는 일체(一體)가 되어 함께 거래·처분되는 것이 통상적이다. 특히, 집합건물의 경우에는 건물과 대지 사이의 일체성이 너무도 강력하여 이들을 분리하여 각 처분하는 경우 수많은 법적, 사실적 문제들이 발생함으로써 집합건물의 법률관계에 관하여 이를 규율할 수 있는 특별법 제정의 필요성이 점점 더욱더 절실하여 졌다.

정부는 이러한 문제점을 해결하기 위하여 집합건물에 관한 법률안과 부동산등기법 개정안을 1개의 법률안으로 국회에 제안하였으나 국회는 심의과정에서 위 법률안을 부동산등기법개정안과 집합건물에 관한 법률안 2개의 법률안으로 분리하였고, 그에 관한 각 심의과정을 거쳐 함께 1984. 3. 국회의 의결로 두 법률이 제·개정되었으며, 집합건물법은 법률 제3725호로 1984. 4. 10. 공포되었고, 그의 부칙에 따라 1 년이 경과한 날인 1985. 4. 10.부터 시행되기 시작하였다.

그 후 집합건물법은 집합건물의 급속한 증가현상 및 그로 인한 다양한 문제점의 발생과 이에 따른 집합건물관련 법규의 제·개정에 맞추어 집합건물법은 [1986. 5. 12.제3826호]의 1차 개정을 시작으로 16차례의 제·개정을 거쳐 현행 집합건물법[2023. 3. 28. 제19282호]이 2023. 9. 29.부터 시행되고 있다. 따라서 집합건물법을 적용함에 있어서 사건발생 일자와 그 당시에 적용되는 집합건물법 규정의 존부여부나 신설, 개정관계 및 시행 일자를 각 부칙에서 확인하여야 함에 유의하여야 한다.(부칙부분 참조)

나. 집합건물법에 관한 구성·편제 및 특히 유의할 점에 관하여

현행 집합건물법은 "1동의 집합건물의 관리단"을 중심으로 **제1장 건물의 구분소유**, "여러 동의 집합건물의 관리단"을 전제로 단지관리단을 규정한 **제2장 단지**, 집합건물과 관련된 분쟁을 심의·조정하기 위하여 시·도 등 지방자치단체에 설치한 **제2장의2 집합건물분쟁조정위원회**, 집합건물의 건축물대장에 관하여 규정한 **제3장 구분건물의**

건축물대장, 집합건물법 위반자에 대한 **제4장 벌칙**, 그리고 제·개정된 각 규정의 시행일과 경과조치 등에 관한 **각 부칙**으로 구성·편제되어 있다.

집합건물법 제1장은 '1동의 집합건물'의 구분소유에 관련하여 제1절 총칙, 제2절 공용부분, 제3절 대지사용권, 제4절 관리단 및 관리단의 기관, 제5절 규약 및 집회, 제6절 의무위반자에 대한 조치, 제7절 재건축 및 복구로 편성되어 있으며, 제1장의 위 각 절의 규정들은 모두 집합건물법 제23조제1항 규정에 의해 당연 설립되는 "1동의 집합건물의 관리단"을 전제로 이를 중심으로 규정된 것임에 유의하여야 한다.

집합건물법 제2장 단지는 대규모 아파트의 경우처럼 한 단지에 여러 동의 집합건물과 그 단지 내의 토지 또는 부속시설이 그 단지 내 각 집합건물의 구분소유자들의 공동소유에 속하게 됨에 따라 "수동의 집합건물" 사이에 설립되는 관리단에 관한 규정이다. 여기서 유의할 점은 단지관리단은 당연 설립되는 것이 아니고, 제2장의 각 규정절차에 따라 임의적으로 설립되는 관리단이라는 점이다. 제2장의 제51조는 단지관리단의 구성 및 결의방법 등 그에 대한 설립 절차를 규정하고 있고, 제52조는 제1장의 위 '1동의 집합건물'의 관리단에 관한 제1절부터 제7절까지의 일부규정에 한하여 준용하고 있다.

예를 들면, 집합건물법 제52조의 준용규정에 의해 관리단이나 단지관리단의 각 관리단집회의 의결절차는 제1장의 규정들이 공통 적용되고, 집합건물법 및 관리규약에서 규정한 모든 관리단집회의 결의사항은 집합건물법 제41조 규정에 따라 서면이나 전자적 방법, 또는 서면과 전자적 방법으로 합의하면 그 안건은 결의한 것으로 간주되므로 별도의 관리단집회의 의결을 거칠 필요가 없다. 단지관리단은 위와 같이 임의적 설립절차에 따라 설립되는 것이 원칙이다. 다만, 분양자가 한단지에 여러 동의 대규모 아파트나 상가 등을 신축하여 분양하는 경우 통상적으로 거의 동일한 시기에 동일한 분양계약서에 의해 분양하는 것이 일반적이므로, 이 경우 분양자와 수분양자 사이에 체결된 분양계약서의 계약내용이 집합건물법 제41조제1항 규정 및 동법 제51조 규정의 단지관리단의 설립요건을 충족하여 단지관리단이 설립될 수도 있다는 점에 유의하여야 한다. **즉, 단지관리단은 집합건물법 제51조의 규정절차에 따라, 또는 동법 제41조의 규정에 따른 합의에 의해 위와 같이 임의설립행위에 의하여 설립하는 것이므로 결코 동법 제23조제1항에 의해 당연 설립되는 것은 아니라는 점 역시 유의해야 한다.**

따라서 집합건물법을 적용함에 있어서 제1장의 "관리단"과 제2장의 "단지관리단"을 명백히 구별하여야 한다.

다. 집합건물법에서 사용되는 용어에 관한 정의 해설

집합건물법에 들어가면서, 동법에서 사용되는 용어들의 정확한 해석이 필요하므로 다소 자세히 설시한다.

집합건물법 제2조 1호는 **"구분소유권"이란** 제1조 또는 제1조의2에 규정된 건물부분[제3조제2항 및 제3항에 따라 공용부분(共用部分)으로 된 것은 제외]을 목적으로 하는 소유권을 말한다고 규정하고 있다. 이는 **"구분소유권"**은 동법 제1조의 건물의 구분소유의 건물부분 또는 제1조의2의 상가건물의 구분소유의 건물부분 중 공용부분을 제외한 건물부분을 목적으로 하는 소유권임을 규정한 것이다.

여기서 동법 제3조제2항은 규약의 설정에 따른 공용부분을 규정한 것이고, 제3조제3항은 구분소유의 건물부분 전부 또는 부속건물을 소유하는 자가 규약에 상응하는 공정증서(公正證書)로써 정한 공용부분을 규정한 것이며, 두 경우 모두 '규약상 공용부분'에 속한다.

한편 제3조제1항은 구분소유의 성립과 동시에 법률상 당연히 성립되는 '구조상 또는 법정공용부분'을 규정하고 있는 것이다.

따라서 **구분소유권**이란 집합건물부분 중 위 2가지의 공용부분(公用

部分)을 제외한 건물부분을 목적으로 하는 소유권을 말한다.

동조 2호는 "**구분소유자**"란 구분소유권을 가지는 자를 말한다고 규정하고 있다. 즉, 구분소유자는 곧 구분소유권자이다.

동조 3호는 "**전유부분(專有部分)**"이란 구분소유권의 목적인 건물부분을 말한다고 규정하고 있다. 즉, 전유부분은 집합건물부분 중 위와 같이 모든 공용부분을 제외한 구분소유권 부분으로써 구분소유자 각자가 단독으로 전용하는 건물부분을 말한다.

동조 4호는 "**공용부분**"이란 전유부분 외의 건물부분, 전유부분에 속하지 아니하는 건물의 부속물 및 제3조제2항 및 제3항에 따라 공용부분으로 된 부속의 건물을 말한다고 규정하고 있다. 여기서 '**전유부분 외의 건물부분, 전유부분에 속하지 아니하는 건물의 부속물**'은 구분소유의 성립과 동시에 법률상 당연히 성립되는 제3조제1항 규정의 구조상 또는 법정공용부분을 말하고, '**건물의 부속물**'이란 건물에 부속하여 효용상 그 건물과 일체성(一體性)을 가진 물건으로서 전유부분에 속하지 아니하는 건물부속의 공용부분을 말하며, '**제3조제2항 및 제3항에 따라 공용부분으로 된 부속의 건물**'이란 위와 같이 규약상 공용부분이 된 부속의 건물을 말하므로 공용부분이란 전유부분을 제외한 모든 건물부분을 말하며, **동법 제3조제4항**은 "제2항과 제3항의 경우에는 공용부분이라는 취지를 등기하여야 한다."고 규정하고 있으므로 공용부분 중 위와 같이 규약상 공용부분에 속하는 건물의 부속물 및 부속의 건물은 그런 취지를 등기하여야 함에 유의하여야 한다.

동조 5호는 "**건물의 대지**"란 전유부분이 속하는 1동의 건물이 있는 토지 및 제4조에 따라 건물의 대지로 된 토지를 말한다고 규정하고 있다. 여기서 '**전유부분이 속하는 1동의 건물이 있는 토지**'란 건물이 실제로 서 있는 대지로서 법률상 당연히 건물의 대지가 되는 '법정대지(法定垈地)'를 말하고, '**제4조에 따라 건물의 대지로 된 토지**'란 집합건물에 따른 건물의 '규약상대지(規約上垈地)'를 말한다.

따라서 건물의 대지는 '법정대지(法定垈地)'와 '규약상대지(規約上垈地)'로 구성되며 이들 모두를 말한다.

동조 6호는 "대지사용권"이란 구분소유자가 전유부분을 소유하기 위하여 건물의 대지에 대하여 가지는 권리를 말한다고 규정하고 있다. 이는 대지사용권은 동조 5호 규정의 위 건물의 대지들에 대하여 가지는 권리임을 규정한 것이다. 대지사용권은 통상 소유권이 일반적이나 지상권, 전세권, 임차권 등도 대지사용권이 될 수 있으며, 대지사용권과 전유부분 사이에는 일체성이 있으므로 매우 중요하다.

라. 집합건물법과 다른 법률과의 관계

집합건물법 제2조의2는 "집합주택의 관리 방법과 기준, 하자담보책임에 관한「주택법」및「공동주택관리법」의 특별한 규정은 집합건물법에 저촉되어 구분소유자의 기본적인 권리를 해치지 아니하는 범위에서 효력이 있다."고 규정하고 있다. 이는 집합건물법은「주택법」및「공동주택관리법에 우선하는 법률임을 규정한 것이다.「주택법」은 집합건물의 리모델링, 특히 상가집합건물의 수직증축형 리모델링의 경우 등에서,「공동주택관리법」은 집합건물의 관리주체 등 여러 문제에서 법률적용상 충돌문제가 발생할 수 있다.

기타, 집합건물법에서 규정된 바는 없으나, 집합건물의 재건축사업 관련하여 집합건물법과 "도시정비법" 사이에 적용상 충돌문제가 있고, 대규모 상가집합건물의 경우 집합건물법 관리단 또는 관리인과 "유통산업발전법"상의 대규모점포등관리자 사이의 관리권한의 범위의 충돌문제, 그리고 집합건물법과 "산업접적활성화 및 공장설립에 관한 법률(약칭;산업집적법)" 사이에서는 동일 건축물에 제조업, 지식산업 및 정보통신사업을 영위하는 자와 지원시설이 복합적으로 입주할 수 있는 다층형 집합건축물로써 대통령령으로 정하고 있는 '지식산업센터에 대한 관리'와 관련하여 충돌문제가 발생할 수 있다.

제二장

집합건물법3)의 각 규정에 따른 해설

제1장 건물의 구분소유

제1절 총칙

1. 건물의 구분소유의 의의와 그의 성립요건

가. 구분소유의 의의

건물의 구분소유에 대하여, **본법 제1조**는 "1동의 건물 중 구조상 구분된 여러 개의 부분이 독립한 건물로서 사용될 수 있을 때에는 그 각 부분은 이 법에서 정하는 바에 따라 각각 소유권의 목적으로 할 수 있다."고 규정하고 있다. 이는 '**건물의 구분소유**'란 1동의 건물이 구조상·이용상 수직적, 수평적, 또는 양자를 결합한 형태4)로 독립적으로 구분되어 그 각 구분된 건물부분이 각 구분소유권의 목적으로 되는 것임을 규정한 것이다.

나. 구분소유의 성립요건(구조상, 이용상 독립성과 구분행위)

1동의 건물에 대하여 구분소유가 성립하기 위해서는 객관적·물리적인 측면에서 <u>1동의 구분된 건물부분</u>이 <u>구조상 독립성</u>과 <u>이용상 독립성</u>을 갖추어야 하고, 위와 같이 물리적으로 구획된 그 건물부분을 각각 구분소유권의 객체(목적)로 하려는 <u>처분권자의 구분행위</u>가 있어야 한다.

여기서 '<u>구분행위</u>'란 건물의 물리적 형질에 변경을 가함이 없이

---

3) 제二장 이하에서는 현행 집합건물법을 편의상 본법이라 칭하며, 본서는 이에 대한 규정에 따른 해설서이다.

4) 수직적 형태로는 1동의 1층짜리 연립주택이나 오피스텔 등의 구분건물에서, 수평적 형태로는 1개 빌딩의 각 계층의 구분건물에서, 양자를 결합한 형태로는 1동의 중·고층아파트 또는 오피스텔 등 집합 건물에서 볼 수 있다.

법률 관념상 건물의 특정 부분을 구분하여 별개의 소유권의 객체로 하려는 일종의 법률행위이며, 그 구분행위의 시기나 방식에 특별한 제한이 있는 것은 아니고 처분권자의 구분의사가 객관적으로 외부에 표시되면 인정된다.

다. 구분소유의 성립시기

구분소유의 성립시기는 구분건물이 객관적·물리적으로 완성되고 건축허가신청이나 분양계약 등을 통하여 장래 신축되는 건물을 구분건물로 하겠다는 처분권자의 구분의사가 객관적으로 표시되는 구분행위가 인정되는 시점이며, 이는 등기를 함으로써 비로소 성립하는 구분소유권의 성립시기와 구별하여야 한다.

[대법원 2016. 5. 27.선고 2015다77212 판결]은 "1동의 건물에 대하여 구분소유가 성립하기 위해서는 객관적·물리적인 측면에서 1동의 건물이 존재하고 구분된 건물부분이 **구조상·이용상 독립성**을 갖추어야 할 뿐 아니라 1동의 건물 중 물리적으로 구획된 건물부분을 각각 구분소유권의 객체로 하려는 **구분행위**가 있어야 한다. 여기서 '**구분행위**'는 건물의 물리적 형질에 변경을 가함이 없이 법률 관념상 건물의 **특정 부분을 구분하여 별개의 소유권의 객체로 하려는 일종의 법률행위로서, 시기나 방식에 특별한 제한이 있는 것은 아니고 처분권자의 구분의사가 객관적으로 외부에 표시되면 인정된다.** 따라서 **구분건물이 물리적으로 완성되기 전에도** 건축허가신청이나 분양계약 등을 통하여 장래 신축되는 건물을 구분건물로서 하겠다는 **구분의사가 객관적으로 표시되면 구분행위의 존재를** 인정할 수 있고, 이후 1동의 건물 및 구분행위에 상응하는 구분건물이 객관적·물리적으로 완성되면 아직 건물이 집합건축물대장에 등록되거나 구분건물로서 등기부에 등기되지 않았더라도 **그 시점에서 구분소유가 성립한다.**"고 판결하였다.

라. 상가건물의 구분소유의 성립요건에 대하여

본법 제1조의2제1항은 "1동의 건물이 다음 각 호에 해당하는 방식으로 여러 개의 건물부분으로 이용상 구분된 경우에 그 건물부분(이하 '구분점포'라 함)은 이 법에서 정하는 바에 따라 각각 소유권의 목적으로 할 수 있다. 1.구분점포의 용도가 「건축법」 제2조제2항 제7호의 판매시설 및 같은 항 제8호의 운수시설일 것 2.5)(2020. 2. 4. 삭제) 3.경계를 명확하게 알아볼 수 있는 표지를 바닥에 견고하게 시설할 것 4.구분점포별로 부여된 건물표시번호를 견고하게 붙일 것"이라고 규정하고 있고, **동조 제2항**은 "**제1항에 따른 경계표지 및 건물번호표지에 관하여 필요한 사항은 대통령령**6)으로 정한다." 라고 규정하고 있다. 즉 **상가건물의 구분소유**는 구조상의 독립성 유무를 불문하고 위와 같은 방식으로 **이용상 독립성**과 그에 대한 **구분 행위를 성립요건**으로 하여 그에 대하여 구분소유권이 인정된다.

이는 개방형 상가점포의 특수성과 그에 대한 실질소유관계를 반영하여 구조상 독립성을 갖추지 아니한 구분점포에도 구분소유권을 인정하고 있는 것이며, 이에 따라 **본법 제59조제2항**은 구분점포의 건축물 대장의 신규등록(제56조) 또는 건축물대장의 변경등록(제57조) 신청의 경우 소관청에게 제1조의2제1항 각 호의 상가구분소유의 성립요건 여부에 대한 직권조사의무를 규정하고 있고, **본법 제60조제1항**은 위 직권조사 후의 처리에 관하여 규정하고 있다.

---

5) 본법 제1조의2제1항 2호는 삭제 전에는 '1동의 건물 중 구분점포를 포함하여 제1호의 판매시설 및 운송시설(이하 "판매시설 등"이라 함)의 용도에 해당하는 바닥면적의 합계가 1천제곱미터 이상일 것'이라고 규정함으로써 본법 적용의 상가점포에 면적제한을 두었으나 본법은 위 면적제한 규정을 삭제하였다.

6) 시행령(대통령령) 제2조제1항은 "본법 제1조의2제1항제3호에 따른 경계표지는 바닥에 너비3센티미터 이상의 동판, 스테인리스강판, 석재 또는 그 밖에 쉽게 부식·손상 또는 마모되지 아니하는 재료로서 구분점포의 바닥재료와는 다른 재료로 설치한다." 제2항 "경계표지의 색은 건물바닥의 색과 명확히 구분되어야 한다."고 규정하고 있고, 제3조의 제1항은 "본법 제1조의2제1항제4호에 따른 건물법호표지는 구분점포 내 바닥의 잘 보이는 곳에 설치하여야 한다." 제2항은 "건물번호표지 글자의 가로규격은 5센티미터 이상, 세로규격은 10센티미터 이상이 되어야 한다." 제3항은 "구분점포의 위치가 표시된 현황도를 건물 각 층 입구의 잘 보이는 곳에 견고하게 설치하여야 한다." 제4항은 "건물번호표지의 재료와 색에 관하여는 제2조를 준용한다."고 규정하고 있다.

2. 구분소유권의 목적범위(=전유부분)

가. 집합건물부분의 구성부분 및 구분소유권의 목적범위

집합건물은 전유부분과 공용부분으로 구성된다. **본법 제2조제3호는** "**전유부분(專有部分)**이란 구분소유권의 목적인 건물부분을 말한다."고 정의하고 있으며, **동조 제4호는** "**공용부분**이란 전유부분 외의 건물부분, 전유부분에 속하지 아니하는 건물의 부속물 및 제3조제2항 및 제3항에 따라 규약으로 공용부분으로 된 부속의 건물을 말한다."고 정의하고 있다. 여기서 **제3조제2항에 따라 규약으로 공용부분으로 된 부속의 건물**이란 전유부분에 속하는 구조(법정)상 건물부분이 규약의 설정으로 공용부분으로 된 것을 말하고, **제3조제3항에 따라 규약으로 공용부분으로 된 부속의 건물**이란 구분소유 건물부분의 전부 또는 부속건물을 소유하는 자가 규약에 상응한 공정증서에 의해 공용부분으로 정하는 부속의 건물을 말한다.

한편, **제3조제1항**은 "여러 개의 전유부분으로 통하는 복도, 계단, 그 밖에 구조상 구분소유자 전원 또는 일부의 공용(共用)에 제공되는 건물부분은 구분소유권을 목적으로 할 수 없다."고 규정하고 있는바, 이는 구분소유의 성립과 동시에 법률상 당연히 성립되는 **구조상(법정)공용부분**을 규정한 것이고, **동조 제2항**은 "제1조 또는 제1조의2에 규정된 건물부분과 부속의 건물은 규약으로써 공용부분으로 정할 수 있다."고 규정하고 있는바, 이는 **규약상 공용부분**을 규정한 것이며, **동조 제3항**은 "제1조 또는 제1조의2에 규정된 건물부분을 소유하는 자는 공정증서(公正證書)로써 제2항에 상응하는 것을 정할 수 있다."고 규정하고 있는바, 이 경우에도 **규약상 공용부분**에 속한다.

따라서 집합건물은 전유부분과 공용부분으로 구성되며, 구분소유권의 목적인 전유부분의 범위는 구분건물 중 구조상(법정)공용부분과 규약상 공용부분을 제외한 건물부분을 말한다.

나. 구분소유권의 성립시기와 그에 대한 등기

구분소유는 위와 같이 사후적인 집합건축물대장의 등록이나 등기부 등기 여부와 무관하게 구조상·이용상 독립성을 갖추고, 구분행위가 있으면 성립한다. 그러나 구분건물은 부동산등기법 규정에 따라 예를 들면 전유면적을 지분형식이 아닌 특정면적을 기록하는 등 구분건물의 표시 및 그에 관한 보존등기를 하여야 비로소 구분건물인지 여부가 결정되기 때문에[각주 7) 참조] 구분소유권은 구분소유의 등기를 함으로써 비로소 성립된다. 구분소유권 등기는 소유자가 처음부터 구분 건물로 등기하는 경우가 일반적이다. 그러나 1인 소유 또는 수인의 공동소유의 건물로 신축된 후 구분등기절차를 통하여 구분건물이 성립되는 경우, 또는 타인의 기존건물에 새로운 건물부분을 증축한 후 전체건물에 대하여 구분등기절차를 완료하는 경우 등에서도 구분소유의 등기를 함으로써 구분소유권이 성립할 수 있다.

다. 집합건물의 구별방법 및 민법과의 관계

민법상 토지와 건물은 별개의 부동산이며, 1물1권주의(一物一權主義)의 원칙에 따라 각각 부동산등기를 함으로써 각 소유권이 성립된다.

한편, 한 건물이 구분소유의 집합건물인지 여부는 해당건물의 등기부상 전유면적의 기재방법에 의해 구별할 수 있다. 1동의 건물 전체를 등기부상 수인이 각자의 공유지분을 등기를 한 경우에는 그 건물은 수인의 공동소유의 1개의 건물이지, 본법적용의 대상인 구분소유의 집합건물이 아니며, 등기상 구분소유 부분의 소유면적(전유면적)이 특정면적으로 등재되어야 구분소유의 건물이 된다.7)

따라서 1동의 건물 전체가 아닌 각 구분건물에 대하여 소유권을 인정하는 본법상의 구분소유권은 민법의 1물1권주의의 원칙에 대한 예외이며, 본법은 민법에 우선하는 민법의 특별법이다.

---

7) 부동산등기부상 소유면적(전유면적)이 특정면적(예: 24.5㎡, 30평 등)으로 등기되어야만 본법상의 구분소유권이 인정되는 것이며, 1동의 건물 전체가 수인의 각 공유지분으로 등기된 경우(예: 소유지분 100분의 11, 20분의 2 등)에는 수인의 공동소유의 1개의 건물이지 본법상의 구분소유의 건물은 아니다.

3. 구분소유의 구조상의 독립성과 이용상의 독립성에 대하여

가. 구분건물의 구조상의 독립성

1) 구조상 독립성의 의의

본법 제1조는 건물의 구분소유에 대하여 "1동의 건물 중 구조상 구분된 여러 개의 부분이 독립한 건물"이라고 규정하고 있는바, 이는 구분건물의 구조상의 독립성을 규정하고 있는 것이다.

여기서 '**구조상 구분된 여러 개의 부분이 독립한 건물**'이라 함은 아파트나 연립주택, 또는 오피스텔 건물의 각 호실 등과 같이 구분된 각 건물부분이 벽·문·천정·마룻바닥 등 건물의 구성부분에 의해 다른 구분 건물부분과 완전히 차단되어 있는 건물부분을 말하므로 구분된 건물부분이 견고한 건물의 구성부분이 아닌 커튼이나 합판 등으로 되어 있거나 또는 출입구 이외의 부분이 셔터 등에 의해 차단된 경우 그 커튼, 합판, 셔터 등은 쉽게 제거 가능하고 이동 또는 변동이 가능하므로 구조상 독립된 구분건물로 인정되지 않는 것이 원칙이다.

다만, 출입구 이외의 부분이 셔터로 차단된 경우, 구조상의 독립성의 성립여부는 구분된 건물부분을 전체적으로 판단하여 셔터가 차단벽에 준하는 상태로써 그 건물부분을 구분된 건물로 특정할 수 있을 때에는 구조상의 독립성이 인정된다고 봄이 타당하다.

2) 리모델링 공사 등으로 격벽이 제거되어 기존 구분건물의 구조상 독립성이 상실되고 새로운 1개의 구분건물이 된 경우와 기존 구분건물에 대한 등기의 효력

1동의 건물 중 구조상 구분된 수개의 부분이 독립한 건물로서 구분소유권의 목적이 되었으나 기존 구분건물들 사이의 격벽이 제거되는 등 방법으로 각 구분건물이 구조상 건물로서의 독립성을 상실하여 일체화되고 이렇게 일체화 후의 구획을 전유부분으로 하는 새로운 1개의 구분건물이 된 경우, 기존 구분건물에 대한 등기의 효력은 기존의 구분건물이 차지하는 비율에 상응하는 공유지분등기로서의 효력만 인정되므로 전유부분의 변경등기가 이루어져야 한다.(대법원 2020.2.27.선고 2018다 232898 판결 참조)

구조상 독립성과 무관한 개방형 상가점포들 사이에 새로운 1개의 구분건물로 일체화되는 경우 각 구분건물의 구조상 건물의 독립성 상실과는 무관하게 1개의 구분건물로 일체화된 경우에도 기존 구분건물에 대한 등기의 효력은 기존의 구분건물이 차지하는 비율에 상응하는 공유지분등기로서의 효력만 인정되므로 전유부분의 변경등기를 완료하여야 함은 동일하다.

3) 구조상 독립성의 일부상실 및 그에 대한 독점적 점유·사용자에 대한 배제청구 방법에 대하여

구분건물의 일부에 해당하는 구분건물들 사이에 구조상의 구분이 일부 소멸하여 공유물이 되었고, 소수지분권자가 다른 공유자와 협의 없이 그 공유물의 전부 또는 일부를 독점적으로 점유·사용하고 있는 경우 다른 지분권자는 **공유물의 보존행위로서 그 인도를 청구할 수는 없다. 그러나 구분소유자 자신의 지분권에 기초하여 공유물에 대한 방해 상태의 제거 또는 공동점유 방해행위의 금지 등을 청구**하는 등 재판상 또는 재판외적의 방법으로 처리할 수 있다.

[대법원 2020. 5. 21. 선고 2018다287522 전원합의체 판결]은 "구분건물로 등기된 1동의 건물 중 일부에 해당하는 구분건물들 사이에서 구조상의 구분이 소멸되는 경우에 그 구분건물에 해당하는 일부 건물 부분은 종전 구분건물 등기명의자의 공유로 되고, 구조상의 독립성이 상실되지 아니한 나머지 구분건물들의 구분소유권은 그대로 유지됨에 따라 그 일부 건물 부분은 나머지 구분건물들과 독립되는 구조를 이룬다고 할 것이고, 또한 집합건

물 중 일부 구분건물에 대한 공유도 당연히 허용되므로 그 일부 건물 부분과 나머지 구분건물들로 구성된 1동의 건물 전체는 본 법의 적용을 받는다.(대법원 2013. 3. 28. 선고 2012다4985 판결 참조) 공유자 사이에 공유물을 사용·수익할 구체적인 방법을 정하는 것은 공유물의 관리에 관한 사항으로서 공유자 지분의 과반수로써 결정하여야 한다.(대법원 2001. 11. 27. 선고 2000다33638, 33645 판결 참조) **공유물의 소수지분권자가 다른 공유자와 협의 없이 공유물의 전부 또는 일부를 독점적으로 점유·사용하고 있는 경우 다른 소수지분권자는 공유물의 보존행위로서 그 인도를 청구할 수는 없고, 다만 자신의 지분권에 기초하여 공유물에 대한 방해 상태를 제거하거나 공동 점유를 방해하는 행위의 금지 등을 청구할 수 있다."고 판결하였다.**

나. 구분건물의 이용상의 독립성

구분건물의 이용(용도)상의 독립성은 출입구의 유무가 일반적인 기준이 된다. 예를 들어 아파트나 연립주택, 오피스텔 등 사무실, 창고, 극장, 강당이 그와 인접한 다른 건물부분을 통과하지 않고 자신의 출입구를 통하여 외부에 출입할 수 있다면 그 구분건물은 이용(용도)상의 독립성이 인정된다고 봄이 타당하다.

본법 제1조의2는 개방형 상가점포 등 상가건물의 구분소유의 경우 구조상의 독립성 성립여부에 관계없이 구분건물의 이용(용도)상의 독립성과 그에 대한 구분행위를 성립요건으로 하여 구분소유권이 성립함을 규정하고 있다.

다. 일시적으로 구조상·이용상의 독립성이 상실된 경우의 구분건물

각 구분건물이 복원을 전제로 일시적으로 구분건물로서의 구조상·이용상의 독립성을 상실한 경우 그 복원이 용이한 경우에는 그에 대한 구분소유권은 소멸하지 않으며, 기존의 구분소유권에 대한 등기 역시 유효하다.

[대법원 1999. 6. 2.선고 98마1438 결정]은 "인접한 구분건물 사이에 설치된 경계벽이 일정한 사유로 제거됨으로써 각 구분건물이 구분건물로서의 구조상 및 이용상의 독립성을 상실하게 되었다고 하더라도, 각 구분건물의 위치와 면적 등을 특정할 수 있고 사회통념상 그것이 구분건물로서의 복원을 전제로 한 일시적인 것일 뿐만 아니라 그 복원이 용이한 것이라면, 각 구분건물은 구분건물로서의 실체를 상실한다고 쉽게 단정할 수는 없고, 아직도 그 등기는 구분건물을 표상하는 등기로서 유효하다고 해석해야 할 것이다."이라고 판결하였다.

4. 구분소유권의 성립요건인 구분행위

가. 구분행위의 의의

1동의 건물에 대하여 구분소유가 성립하기 위해서는 위와 같이 구분된 건물 부분이 **구조상 독립성**과 **이용상 독립성**을 갖추어야 할 뿐 아니라 1동의 건물 중 물리적으로 구획된 건물 부분을 각각 구분소유권의 객체로 하려는 **처분권자의 구분행위**가 있어야 한다.

'구분행위'라 함은 건물의 물리적 형질에 변경을 가함이 없이 법률관념상 건물의 특정 부분을 구분하여 별개의 소유권의 객체로 하려는 일종의 법률행위이며, 행위의 시기나 방식에 특별한 제한이 있는 것은 아니고 처분권자의 구분의사가 객관적으로 외부에 표시되면 인정된다.

나. 구분소유권의 성립요건과 구분행위 사이의 관계

구분건물에 대한 구분소유의 성립요건은 위와 같이 구조상·이용상 독립성과 구분행위인바, 이에 대한 구분소유권은 그 구분건물이 구조상 독립성과 이용상 독립성을 갖추었다고 하더라도 구분행위에 의한 구분소유권의 등기를 종료하여야 비로소 구분소유권이 성립한다.

1) 1동건물의 증축부분에 대한 구분소유권의 성립요건

1동건물의 증축된 각 부분이 구조상, 이용상 독립성을 가지고 있는 경우에 그 각 부분을 1개의 구분건물로 하는 것도 가능하고, 그 1동 전체를 1개의 건물로 하는 것도 가능하기 때문에, 이를 구분건물로 할 것인지 여부는 특별한 사정이 없는 한 소유자의 의사에 의하여 결정된다고 할 것이므로 소유자가 기존 건물을 증축을 한 경우 증축 부분이 구조상, 이용상의 독립성을 갖추었다는 사유만으로 당연히 구분소유권이 성립된다고 할 수는 없고, 소유자가 구분행위로서 기존 건물에 마쳐진 등기를 증축된 건물의 현황과 맞추어 구분소유권으로 변경등기를 하여야 비로소 증축된 구분건물 모두에 대한 구분소유권이 성립한다.(대법원 1999. 7. 27. 선고 98다35020 판결 참조)

2) 허가받지 않은 집합건물 지하층에 대한 소유관계

다세대주택을 신축할 당시 무허가로 증축되었고, 집합건축물대장이나 부동산등기기록에도 등재되어 있지 않은 지하층을 건축주가 창고 등의 용도로 배타적으로 점유·사용해 온 경우에는, 1동의 건물을 신축하면서 건축허가를 받지 않고 위법하게 건축한 지하층에 관하여 처분권자의 구분의사가 명확히 표시되지 않은 경우에 해당하여 구분의사의 구분행위표시의 구분소유권의 성립요건을 갖추었다고 볼 수 없으므로 공용부분으로 추정된다.

[**대법원 2018. 2. 13. 선고 2016다245289 판결**]은 "다세대주택의 지하층은 구분소유자들이 공동으로 사용하는 경우가 적지 않은데, 다세대주택인 1동의 건물을 신축하면서 건축허가를 받지 않고 위법하게 지하층을 건축하였다면 **처분권자의 구분의사**가 명확하게 표시되지 않은 이상 공용부분으로 추정하는 것이 사회 관념이고 거래관행에 부합한다."고 판결하였다.

다. 구분소유권의 객체를 확정하기 위하여 집합건축물대장의 등록이나 등기부의 등재가 필요한지 여부

구분건물에 관하여 집합건축물대장의 등록, 또는 등기부의 등재는 구분소유권의 내용을 공시하는 사후적 절차일 뿐이므로 구분소유권의 객체를 확정하기 위하여 건축물대장의 등록이나 부동산등기부의 등재가 필요한 것은 아니고, 객관적·물리적으로 완성된 구분건물이 처분권자의 구분의사가 객관적으로 외부에 표시된 구분행위가 있으면 구분소유권의 객체로 확정된다.

[**대법원 2019. 10. 17. 선고 2017다286485 판결**]은 "1동의 건물에 대하여 구분소유가 성립하기 위해서는 객관적·물리적인 측면에서

1동의 건물이 존재하고 구분된 건물부분이 구조상·이용상 독립성을 갖추어야 할 뿐 아니라 1동의 건물 중 물리적으로 구획된 건물부분을 각각 구분소유권의 객체로 하려는 구분행위가 있어야 하고, 1동의 건물과 그 구분행위에 상응하는 구분건물이 객관적·물리적으로 완성되면 그 시점에서 구분소유가 성립하며, 이와 같이 구분소유가 성립하는 이상 구분행위에 상응하여 객관적·물리적으로 완성된 구분건물이 구분소유권의 객체가 되고, 구분건물에 관하여 집합건축물대장에 등록하거나 등기부에 등재하는 것은 구분소유권의 내용을 공시하는 사후적 절차일 뿐이다."고 판결하였다.

5. 상가집합건물의 경우의 구분소유권의 성립요건

가. 이용상의 독립성과 구분행위

본 법은 상가건물의 구분소유권에 대하여 개방형 구분점포의 특수성과 상가의 수익성에 따른 고객에 대한 개방·노출의 특성 등으로 일반집합건물의 구분소유의 경우와는 달리, 구조상 독립성 여부를 불문하고 **이용상의 독립성**과 **구분행위**를 그에 대한 성립요건으로 규정하고 있다.

본법 제1조의2제1항은 상가건물의 구분점포의 이용상 구분방식에 대하여 "1. 구분점포의 용도가 **건축법 제2조제2항 제7호의 판매시설 및 제8호의 운송시설일 것**[8]. 3. 경계를 명확하게 알아 볼 수 있는 표지를 바닥에 견고하게 설치할 것. 4. 구분점포별로 부여된 건물번호표지를 견고하게 붙일 것"이라고 규정하고 있다.

여기서 '**이용상 독립성**'이란 구분소유권의 대상이 되는 해당 건물부분이 그 자체만으로 독립하여 하나의 건물로서의 기능과 효용을 갖춘 것을 말하며, 이용상 독립성이 인정되는지 여부는 해당 부분의 효용가치, 외부로 직접 통행할 수 있는지 여부 등을 고려하여 판단하여야 한다. 특히 해당 건물부분이 본법 제1조의2 규정의 '구분점포'인 경우에는 그러한 구분점포의 특성을 고려하여야 하며, 처분권자의 위와 같은 방식의 구분행위의 의사가 객관적으로 외부에 표시되는 **구분행위**가 있어야 한다.

나. 구분점포의 구분행위의 기준시점, 그리고 구분점포에 대한 특정방법과 점포의 실제 이용현황 사이의 관계

1) 구분점포의 구분행위에 대한 소송상 기준시점

---

[8] 건축법 제2조제2항 제7호의 판매시설 및 같은 항 제8호의 운송시설은 건축물의 각 용도에 따라 구분된 판매시설과 운송시설을 말하며, 여기서 '운송시설'은 공항, 항구, 철도, 버스 여객터미널 등 운송시설 내의 구분점포를 말한다.

구분점포의 구분행위의 소송상 기준시점은 변론종결일 또는 심리 종결일을 중심으로 판단하므로 사후에 그에 대한 구분행위도 가 능하므로 특별한 시기제한을 두고 있지 않다.

[대법원 2018. 3. 30.자 2017마1291 결정]은 갑 상가번영회가 신청한 구분상가의 강제경매개시결정에 대한 이의신청사건에서, 1심법원이 위 부동산이 구조상 독립성이 없고 구분점포별로 부여 된 건물번호표지도 구비하지 못하여 구분소유권의 객체로 보기 어렵다는 이유로 강제경매개시결정을 취소하고 '갑 상가번영회의 경매신청을 기각하는 결정을 하자, 갑 상가번영회가 기각결정 이 후 상가 평면도에 따라 점포바닥에 스테인리스로 각 구분점포의 경계표지 및 건물번호표지를 부착하여 항고한 사건'에서, 위 부동 산이 본법 제1조의2, 동법 시행령 제2조, 제3조의 요건을 충족하 여 구분소유권의 객체가 되었다고 볼 여지가 있다는 취지의 결정 을 하였다.

2) 구분점포에 대한 특정방법과 점포의 실제 이용 현황 사이의 관계

구분점포는 실제 이용 현황과 관계없이 집합건축물대장 등 공부 에 의해 구조, 위치, 면적에 의하여 확정된다. 구분점포의 번호, 종류, 구조, 위치, 면적은 특별한 사정이 없는 한 건축물대장의 등록 및 그에 근거한 등기에 의해 특정된다.

[대법원 2012. 5. 24. 선고 2012다105 판결]은 "본법 제1조의2 는 1동의 상가건물이 일정한 요건을 갖추어 이용상 구분된 구분 점포를 소유권의 목적으로 할 수 있도록 하고 있는데, 구분점포 의 번호, 종류, 구조, 위치, 면적은 특별한 사정이 없는 한 건축 물대장의 등록 및 그에 근거한 등기에 의해 특정된다. 따라서 구 분점포의 매매당사자가 집합건축물대장 등에 의하여 구조, 위치, 면적이 특정된 구분점포를 매매할 의사가 아니라고 인정되는 등 의 특별한 사정이 없다면, 점포로서의 실제 이용 현황과 관계없 이 집합건축물대장 등 공부에 의해 구조, 위치, 면적에 의하여

<u>확정된 구분점포를 매매의 대상으로 하는 것으로 보아야 하고,</u> 매매당사자가 매매계약 당시 그 구분점포의 실제 이용현황이 집합건축물대장 등 공부와 상이한 것을 모르는 상태에서 점포로서의 이용현황대로의 위치 및 면적을 매매목적물의 그것으로 알고 매매하였다고 해서 매매당사자들이 건축물대장 등 공부상의 위치와 면적을 떠나 이용현황대로 매매목적물을 특정하여 매매한 것이라고 볼 수 없고, 이러한 법리는 교환계약의 목적물 특정에 있어서도 마찬가지로 적용된다 할 것이다."고 판결하였다.

3) 상가건물의 구분소유에 관한 본법 1조의2가 신설·시행된 이후, 집합건축물대장의 신규 또는 변경등록이 이루어지고 그에 따라 구분등기가 마쳐진 경우 구분점포는 그 등록 및 등기가 마쳐진 그 당시 상가의 구분소유권의 요건을 갖추고 있었다고 추정되는지 여부 및 그에 대한 주장, 입증책임의 귀속여부

[대법원 2022. 12. 29.자 2019마5500 결정]은 본법 제1조의2가 신설·시행된 이후 집합건축물대장의 신규 또는 변경등록이 이루어지고 그에 따라 구분등기가 마쳐진 구분점포에 대하여 그 등록 및 등기가 마쳐질 당시 위 조항에서 정한 구분소유권의 요건을 갖추고 있었다고 추정되므로 그와 다른 사실은 이를 다투는 측에서 주장·증명책임이 있다고 결정하였다.

6. 구분소유권의 해소에 대하여

구분소유권은 구분건물의 위 성립요건이 사라진 경우, 그리고 구분건물 전체에 대한 합병등기가 이루어 진 경우 구분소유권이 해소된다.

전자의 경우는 구분건물의 경계인 격벽(隔壁)을 제거한 경우이다. 이 경우에는 각 부분의 소유자가 동일한지 여부와 관계없이 구분소유권이 해소되며, 건물전체가 멸실된 경우에는 당연히 모든 구분소유권이 해소된다. 한편, 일부가 멸실된 경우, 잔존하는 구분소유권이 1개 이하인 경우에는 구분소유권이 당연히 해소되지만 2개 이상의 잔존하는 구분건물이 존재하는 경우에는 그 잔존하는 각 구분건물에 대하여 구분소유권이 존재하게 되므로 구분소유권이 완전히 해소되지는 않으며,다만 각 구분건물이 '복원을 전제로 일시적으로 구분건물로서의 구조상 및 이용상의 독립성을 상실한 경우'에 복원이 용이한 경우에는 구분소유권은 소멸하지 않으며 그에 대한 등기도 유효하다.(대법원 1999. 6. 2.선고 98다1438 결정)

후자의 경우는 1동의 건물이 구분건물의 요건을 갖추고 집합건물로 등기된 후 그 집합건물이 1개의 건물로 합병등기(合倂登記)를 완료한 경우이며, 이 경우에는 부동산등기법 제42조제1항9)에 규정된 합병제한 규정을 충족하여야만 합병등기를 할 수 있음에 유의하여야 한다.

---

9) 부동산등기법 제42조제1항은 "합병하려는 건물에 다음 각 호의 등기 외의 권리에 관한 등기가 있는 경우에는 합병의 등기를 할 수 없다. 1.소유권·전세권 및 임차권의 등기 2.합병하려는 모든 건물에 있는 등기원인 및 그 연월일과 접수번호가 동일한 저당권에 관한 등기 3.합병하려는 모든 건물에 있는 제81조제1항 각 호의 등기사항이 동일한 신탁등기"라고 규정하고 있다.

7. 구분소유권의 매도청구권

일반적으로 건물을 소유하는 경우 그 건물의 사용대지에 대하여 소유권 또는 임차권, 지상권, 전세권 등 대지사용권이 있어야만 한다. 만일 건물에 그에 대한 대지사용권이 없다면 그 대지의 소유자 등 권리자는 건물의 소유자에게 그 건물의 철거를 청구할 수 있음이 원칙이다.

만일, 집합건물의 경우에 위 법리를 적용한다면, 예를 들어, 건물의 대지를 공유한 구분소유자가 경매에 의해 대지에 대한 공유지분을 상실하는 경우, 또는 구분소유자 1인이 집합건물의 전유부분을 소유하기 위하여 대지에 임차권, 전세권 또는 지상권 등을 준공유(準公有)하던 중에 이를 타인에게 양도하여 그 대지사용권을 상실한 경우 그 대지의 소유자 등 권리자는 대지사용권 없이 건물의 전유부분만 소유하는 구분소유자에게 이론상은 그 전유부분의 철거를 청구할 수 있다.

그러나 전유부분은 1동의 건물의 일부이고, 그 전유부분만의 철거는 1동의 건물 전체에 대한 파손행위이므로 사실상 불가능하며, 본법 제20조 규정의 전유부분과 대지사용권의 일체성의 원칙에도 반한다.

이에 본법 제7조는 "대지사용권을 가지지 아니한 구분소유자가 있을 때에는 그 전유부분의 철거를 청구할 권리를 가진 자는 그 구분소유자에 대하여 구분소유권을 시가(時價)로 매도할 것을 청구할 수 있다."라고 규정하고 있다. 이는 대지의 권리자에게 전유부분의 철거청구권 대신 구분소유권에 대한 매도청구권을 규정하고 있는 것이다.

구분소유권에 대한 매도청구권은 법적 성격이 일종의 형성권10)이

---

10) 형성권(形成權)이란 권리자의 일방적 의사표시에 의하여 법률관계의 발생·변경·소멸을 생기게 하는 권리이며, 단독행위(單獨行爲)에 속하며 가능권(可能權)이라고도 하고, 법률행위의 취소권, 계약의 해지·해제권, 약혼해제권의 경우와 같이 권리자의 의사표시만으로 효과가 생기는 경우와 채

므로 청구권자의 일방적 청구권 행사로 인하여 시가에 의한 매매가
성립하고, 상대방과의 합의 또는 동의를 요하지 않으며, 전유부분에
따른 공용부분에 대한 권리 역시 본법 제13조규정의 전유부분과 공
용부분에 대한 지분의 일체성의 원칙에 따라 매수인에게 자동적으로
이전된다.

권자취소권, 이혼 또는 파양의 권리와 같이 법원의 판결에 의하여 비로소 효과가 생기는 경우로
구별할 수 있다.

8. 분양자(시공자)의 담보책임과 그의 존속기간

가. 분양자(시공자)의 담보책임

본법 제9조제1항은 "제1조 또는 제1조의2의 건물을 건축하여 분양한 자와 분양자와의 계약에 따라 건물을 건축한 자로서 **대통령령으로 정하는 자, 즉 시공자**[11])는 구분소유자에 대하여 담보책임을 진다. 이 경우 그 담보책임에 관하여는 민법 제667조 및 제668조를 준용한다."고 규정하고 있다. 이는 분양자(시공자)는 민법상 도급계약의 수급인의 담보책임에 준하여 부담함을 규정하고 있는 것이다.

아파트나 연립주택, 또는 종합상가 등 집합건물을 신축하여 분양하는 경우, 건물의 공사가 완료되기 이전에 건축의 초기단계에서 그 건물에 대한 사전분양계약이 체결되는 것이 일반적이다. 이 경우 분양계약 역시 특정 목적물에 대한 매매계약에 속하므로 분양자 또는 시공자는 민법상 공사도급계약에 따라 목적물을 완성할 의무를 지며, 그 목적물에 하자가 있는 경우에는 민법 제580조제1항 및 제575조제1항 규정에 의해 매도인으로서의 민법상 하자담보책임(瑕疵擔保責任)을 부담하게 되므로 분양자나 시공자는 매도인으로서 민법상 하자담보책임을 지는 것이 원칙이므로, 본법 제9조제1항규정의 분양자 또는 시공자의 위 담보책임은 집합건물을 건축하여 분양한 자로 하여금 견고한 건물을 짓도록 유도하고 부실하게 건축된 집합건물의 소유자를 두텁게 보호하기 위하여 민법상 수급인의 위 담보책임에 관한 규정을 준용하는 것으로써 위 규정은 강행규정이다.(대법원 2012. 4. 13.선고 2011다72301, 72318 판결 참조)

따라서 본법상의 분양자 또는 시공자의 위 담보책임은 매매계약에 따른 민법상 하자담보책임을 본법이 강행규정으로 도입한 특별책임

---

11) 시행령 제4조는 대통령령으로 정한 시공자의 범위에 관하여 "1. 건물의 전부 또는 일부를 시공하여 완성한 자. 2. 제1호의 자로부터 건물의 시공을 일괄 도급받은 자(제1호의 자가 담보책임을 질 수 없는 경우로 한정함)"로 규정하고 있다.

이다. 분양자 또는 시공자는 구분소유자(수분양자)에게 '<u>하자보수의</u><u>무</u>'와 '<u>손해배상의무</u>', 그리고 '<u>계약해제권</u>'의 담보책임을 부담한다.

1) 하자보수의무

완성된 목적물 또는 완성전의 성취된 부분에 하자가 있는 경우에는 매수인(수분양자)은 분양자에게 상당한 기간을 정하여 그 하자의 보수를 청구할 수 있다. 그러나 그 하자가 중요하지 아니한 경우에 그 보수에 과다한 비용을 요할 때에는 매수인(수분양자)는 보수를 청구하지 못하고, 하자의 보수에 갈음하여 손해배상을 청구할 수 있을 뿐이다(민법 제667조제1항, 제2항 전단).

2) 손해배상의무

매수인(수분양자)는 하자의 보수에 갈음하여 또는 보수와 함께 손해배상을 청구할 수도 있다. 여기서 하자의 보수에 갈음하여 손해배상을 청구할 수 있다는 것은 보수청구권 또는 손해배상청구권 중 하나를 선택적으로 행사할 수 있다는 말이므로 하자의 보수가 가능한 경우에도 보수를 청구하지 않고 곧바로 보수에 갈음하는 손해배상을 청구할 수 있으며, 보수와 함께 손해배상을 청구할 수도 있다. 이는 보수를 하더라도 전보(塡補)되지 못한 손해가 있는 경우에는 그 손해의 배상도 함께 청구할 수 있다는 말이다(민법 제667조제2항).

3) 계약해제권

민법 제668조 전문은 "도급인이 완성된 목적물의 하자로 인하여 계약의 목적을 달성할 수 없는 때에는 계약을 해제할 수 있다."고 규정하고 있다. 즉, 하자의 보수가 불가능한 경우에는 최고 없이 곧바로 계약을 해제할 수 있고, 보수가 가능한 경우에는 이는 수급인의 이행지체에 해당하므로 도급인은 상당한 기간을 정하여 최고한 후에 해제할 수 있으며, 손해가 발생한 경우에는 손해배상도 청구할 수 있다.(민법 제544조, 제551조)

한편, 민법 제668조 후단은 "건물 기타 토지의 공작물에 대하여
는 그러하지 아니하다."고 규정하고 있는바, 건물 기타 토지의 공
작물에 대하여 하자로 인하여 계약의 목적을 달성할 수 없는 때
에는 아무리 중대한 하자가 있다고 하더라도 도급인은 계약을 해
제할 수는 없고 손해배상을 청구할 수 있을 뿐인 것으로 위 규정
을 해석할 수도 있다.

그러나 집합건물의 분양계약은 매매계약에 속하므로 분양자
및 시공자는 민법 제580조제1항규정의 매도인의 하자담보책
임을 지며, 본법 제9조제1항 규정이 위와 같이 피분양자의
보호를 위한 분양자 및 시공자의 법정의 특별책임이므로 건
물 기타 토지의 공작물에 대하여 그 계약을 해제할 수 있다
고 해석하는 것이 타당하다.

나. 분양자(시공자)와 수분양자 사이의 담보책임에 관한 특약의 효력

본법 제9조제4항은 "분양자와 시공자의 담보책임에 관하여 본법과
민법에 규정된 것보다 매수인에게 불리한 특약은 효력이 없다."고
규정하고 있다. 이는 분양자 또는 시공자와 수분양자 사이에 담보책
임에 관한 특약조건으로 분양계약을 체결한 경우 그 계약이 본법과
민법에 규정된 것보다 불리한 특약은 효력이 없음을 규정한 것이다.

다. 본법 제9조 규정에 따른 하자담보책임을 원인으로 한 추급권

집합건물의 수분양자가 건물을 매도한 경우 양도 당시 양도인만이
이를 행사하기 위하여 유보하였다는 등의 특별한 사정이 없는 한 수
분양자(매수인)가 아닌 **현재의 집합건물을 매수한 구분소유자가 분양
자와 시공자**를 상대로 하자담보의 추급권(追及權)을 가지고 있다.

[대법원 2003. 2. 11.선고 2001다47733 판결]은 "집합건물법 제9
조에 의한 하자담보 추급권은 집합건물의 수분양자가 집합건물을 양
도한 경우 양도 당시 양도인이 이를 행사하기 위하여 유보하였다는
등의 특별한 사정이 없는 한 현재의 집합건물의 구분소유자에게 귀

속한다."고 판결하였다.

라. 분양자와 시공자의 담보책임에 대한 제한

본법 제9조제2항은 "제1항에도 불구하고 시공자가 분양자에게 부담하는 담보책임에 관하여 다른 법률에 특별한 규정이 있으면 시공자는 그 법률에서 정하는 담보책임의 범위에서 구분소유자에게 제1항의 담보책임을 진다."고 규정하고 있으므로 분양자와 시공자의 담보책임은 다른 법률에 특별한 규정이 있는 경우 그 범위에서 제한된다.

동조 제3항은 "제1항 및 제2항에 따른 시공자의 담보책임 중「민법」제667조제2항에 따른 손해배상책임은 분양자에게 회생절차개시신청, 파산신청, 해산, 무자력(無資力) 또는 그 밖에 이에 준하는 사유가 있는 경우에만 지며, 시공자가 이미 분양자에게 손해배상을 한 경우에는 그 범위에서 구분소유자에 대한 책임을 면(免)한다." 규정하고 있다. 한편, 민법 제667조제2항은 "도급인은 하자의 보수에 갈음하여 또는 보수와 함께 손해배상을 청구할 수 있다."고 규정하고 있으므로 본법 제9조제3항 규정의 민법 제667조제2항에 따른 위 '하자의 보수에 갈음하여, 또는 보수와 함께 청구할 수 있는 손해배상'은 분양자에게 회생절차개시신청, 파산신청, 해산, 무자력(無資力) 또는 그 밖에 이에 준하는 사유가 있는 경우에만 시공자가 책임을 지게 되므로 위 사유가 발생하지 않은 경우에는 청구할 수 없으며, 이 경우 시공자가 이미 분양자에게 손해배상을 한 경우에는 시공자의 구분소유자에 대한 책임은 그 범위에서 면제(免除)된다.

마. 담보책임의 존속기간

1) 구분소유자의 담보책임에 관한 권리의 행사기간

본법 제9조의2제1항은 "제9조에 따른 담보책임에 관한 구분소유자의 권리는 다음 각 호의 기간 내에 행사하여야 한다. 1.건축법 제2조제1항제7호에 따른 건물의 주요구조부 및 지반공사의 하자:<u>10년</u>. 2.제1호에 규정된 하자 외의 하자는 하자의 중대성, 내구연한, 교체가능성 등을 고려하여 **5년의 범위에서 대통령령으로 정한 기간**"이라고 규정하고 있다. 여기서 '**1.건축법 제2조제1항 제7호에 따른 건물의 주요구조부**'란 내력벽(耐力壁), 기둥, 바닥, 보, 지붕틀 및 주계단을 말하며, '**2.제1호에 규정된 하자 외의 하자의 중대성, 내구연한, 교체가능성 등을 고려하여 5년의 범위에서 대통령령으로 정한 기간**'에 대하여, **본법 시행령(대통령령) 제5조**는 "1. 법 제9조의2제2항 각 호에 따른 기산일 전에 발생한 하자: **5년**, 2. 법 제9조의2제2항 각 호에 따른 기산일 이후에 발생한 하자: 다음 각 목의 구분에 따른다. 가. 대지조성공사, 철근콘크리트공사, 철골공사, 조적(造積)공사, 지붕 및 방수공사의 하자 등 건물의 구조상 또는 안전상의 하자: **5년**. 나.「**건축법」제2조제1항제4호에 따른 건축설비공사**[12](이와 유사한 설비공사를 포함함), 목공사, 창호공사 및 조경공사의 하자 등 건물의 기능상 또는 미관상의 하자: **3년** 다. 마감공사의 하자 등 하자의 발견·교체 및 보수가 용이한 하자: **2년**"으로 각 규정하고 있으며, 본법 제9조의2제2항 각 호에 따른 기산일은 아래와 같다.

2) 담보책임의 존속기간의 기산일

본법 제9조의2제2항은 "제1항의 기간은 다음 각 호의 날부터 기산한다. **1.전유부분: 구분소유자에게 인도한 날 2.공용부분: 주택법 제49조에 따른 사용검사일**(집합건물 전부에 대하여 임시 사용승인을 받은 경우에는 그 임시 사용승인일을 말하고, 주택법 제49조제1항 단서에 따라 분할 사용검사나 동별 사용검사를 받은 경우에는 분할 사용검사일 또는 동별 사용검사일을 말하고, 「주택법」제49조제1항 단서에 따라 분할 사용검사나 동별 사용검사를 받은 경우에는 분할 사용검사일 또는 동별 사용검사일을 말

---

12)「건축법」제2조제1항 제4호에 따른 건축설비란 건축물에 설치하는 전기·전화설비, 초고속정보통신 설비, 지능형 홈네트워크 설비, 가스·급수·배수(配水)·환기·난방·냉방·소화(消火)·배연(排煙) 및 오물 처리의 설비, 굴뚝, 승강기, 피뢰침, 국기게양대, 공동시청안테나, 유선방송 수신시설, 우편함, 저 수조(貯水槽), 방범시설, 그 밖에 국토교통부령으로 정한 설비를 말한다.

함) 또는 「건축법」 제22조에 따른 사용승인일"이라고 규정하고 있고, **동조 제3항은 "제1항 및 제2항에도 불구하고 제1항 각 호의 하자로 인하여 건물이 멸실되거나 훼손된 경우에는 그 멸실되거나 훼손된 날부터 1년 이내에 권리를 행사하여야 한다."**고 각 기산일을 규정하고 있다.

바. 분양 전환된 임대아파트의 분양자(시공자)의 하자담보책임기간

1) 분양으로 전환된 임대아파트의 경우 분양자 및 시공자의 하자담보책임기간

분양으로 전환된 임대아파트의 경우 분양자 및 시공자의 하자담보책임기간은 본법 제9조제1항 및 그에 준용되는 민법 제667조 내지 제668조가 적용되므로 그에 대한 하자담보책임기간은 민법 제671조제1항 단서에 따라 **최초 임차인들에게 인도된 때부터 10년간**이다.

[대법원 2012. 4. 13.선고 2011다72301, 72318 판결]은 "구 집합건물의 소유 및 관리에 관한 법률(2005. 5. 26. 법률 제7502호로 개정되기 전의 집합건물법) 제9조는 집합건물을 건축하여 분양한 자로 하여금 견고한 건물을 짓도록 유도하고 부실하게 건축된 집합건물의 소유자를 두텁게 보호하기 위하여 집합건물을 건축하여 분양한 자의 담보책임에 관하여 민법상 수급인의 담보책임에 관한 규정을 준용하도록 함으로써 담보책임의 내용을 명확히 하는 한편, 이를 강행규정으로 하였고, 위 규정에 의한 **하자담보추급권**은 현재의 집합건물 소유자에게 귀속하는 점, 분양전환가격을 결정할 때 아파트의 노후 정도는 이미 평가에 반영되었다고 하더라도 부실시공으로 인한 아파트 하자까지 모두 반영하여 가격을 결정하였다고 보기는 어려운 점, 분양전환 전의 임차기간 동안 입주자들이 임대차계약에 기해 하자보수를 요구할 수 있다고는 하나 임차인의 지위에서 인정되는 하자보수청구권과 분양받은 소유자의 지위에서 인정되는 하자담보추

급권은 법적 성질과 기능이 동일하다고 볼 수 없는 점 등에 비추어 볼 때, **분양 전환된 임대아파트의 경우**에도 구 집합건물법 제9조제1항 및 그에 의하여 준용되는 민법 제667조 내지 제671조가 적용되고 **하자담보책임기간**은 **민법 제671조 제1항 단서에 의하여 최초 임차인들에게 인도된 때부터 10년간이라고 보아야 한다.**"고 판결하였다.

2) [2012. 12. 18. 법률 제11555호]의 본법 시행 이전에 사용승인을 받고 임대되었다가 개정 법률 시행 이후에 분양전환이 이루어진 아파트의 하자에 관한 담보책임의 존속기간

시공자는 개정 법률 시행 이후 **최초의 임대아파트를 분양받은 구분소유자에게 인도된 때부터 본법 제9조의 2의 위 규정에 따른 각 담보책임의 존속기간**에 따라 담보책임을 진다.(대법원 2020. 4. 29. 선고 2018다245184판결 참조)

9. 분양자의 관리의무 등에 관하여

가. 분양자의 관리의무 기한에 대하여

본법 제9조의3제1항은 "분양자는 **제24조제3항에 따라 선임(選任)된 관리인이 사무를 개시(開始)할 때까지** 선량한 관리자의 주의로 건물과 대지 및 부속시설을 관리하여야 한다."고 규정하고 있고, **동조 제3항**은 "분양자는 예정된 매수인의 2분의 1 이상이 이전등기를 한 때에는 규약 설정 및 관리인 선임을 위한 관리단집회(제23조에 따른 관리인집회를 말함)를 **대통령령**[13]으로 정하는 바에 따라 구분소유자에게 통지하여야 한다. 이 경우 통지받은 날부터 3개월 이내에 관리단집회를 소집할 것을 명시하여야 한다." **동조 제4항**은 "분양자는 구분소유자가 제3항의 통지를 받은 날부터 3개월 이내에 관리단집회를 소집하지 아니하는 경우에는 지체없이 관리단집회를 소집하여야 한다."고 규정하고 있다. 이는 **구 집합건물법(2020. 2. 4.법제16919호로 개정 전의 것) 제9조의3 제1항**은 "분양자는 제23조 제1항에 따른 **관리단이 관리를 개시(開始)할 때까지** 선량한 관리자의 주의로 건물과 대지 및 부속시설을 관리하여야 한다." **동조 제3항**은 "분양자는 예정된 매수인의 2분의 1 이상이 이전등기를 한 날부터

---

[13] **대통령령(시행령) 제5조의 2제1항**은 "법 제9조제1항에 따른 분양자(이하 "분양자"라 함)는 법 제9조의3제3항에 따라 구분소유자에게 규약 설정 및 관리인 선임을 위한 관리단집회(법제23조에 따른 관리단의 집회를 말함)를 소집할 것을 다음 각 호의 사항을 기재한 서면으로 통지해야 한다. 1. 예정된 매수인 중 이전등기를 마친 매수인의 비율 2. 법제33조제4항에 따른 관리단집회의 소집청구에 필요한 구분소유자의 정수(定數) 3. 구분소유자는 해당 통지를 받은 날부터 3개월 이내에 관리단집회를 소집해야 하고 그렇지 않은 경우에는 분양자가 법 제9조의3제4항에 따라 지체 없이 관리단집회를 소집한다는 뜻"이라고 규정하고 있고, **동조 제2항**은 "제1항의 통지는 구분소유자가 분양자에게 따로 통지장소를 알린 경우에는 그 장소로 발송하고, 알리지 않은 경우에는 구분소유자가 소유하는 전유부분이 있는 장소로 발송해야 한다. 이 경우 제1항의 통지는 통상적으로 도달할 시기에 도달한 것으로 본다."라고 규정하고 있으며, **동조 제3항**은 "분양자는 제1항의 통지내용을 건물 내의 적당한 장소에 게시함으로써 건물 내에 주소를 가지는 구분소유자 또는 제2항의 통지장소를 알리지 않은 구분소유자에 대한 소집통지를 갈음할 수 있음을 법 제9조의3제2항에 따른 규약에 상응하는 것으로 정할 수 있다. 이 경우 제1항의 통지는 게시한 때에 도달한 것으로 본다."고 규정하고 있다.

3개월 이내에 구분소유자가 규약 설정 및 관리인 선임(제24조제1항의 경우에만 해당함)을 하기 위한 관리단집회를 소집하지 아니하는 경우에는 지체 없이 이를 위한 관리단집회를 소집하여야 한다."는 각 규정을 개정하여 한 것이다.

나. 본법 제9조의3 규정의 목적 및 취지, 그리고 분양자가 집합건물을 관리하면서 형성된 관리업무에 관한 법률관계의 효력에 대하여

본법 제9조의3제1항, 제3항 및 제4항의 위 각 규정의 목적 및 취지는 집합건물의 분양자에게 한시적으로 집합건물의 관리의무를 부과하면서 일정 기간 이후에는 관리단집회를 소집·개최하여 관리인을 선임할 것을 예정하여, **관리단이 관리업무를 수행할 실질적인 조직을 갖추기 전까지 분양자로 하여금 집합건물을 관리하게 함으로써 관리 공백을 막으면서 동시에 분양자가 집합건물을 장기간 관리함으로써 관리에 관한 사항을 독단적으로 처리하여 구분소유자들의 집합건물의 관리에 관한 권한을 침해하는 상황을 방지하기 위한 목적에** 있다. 따라서 관리단의 집합건물에 대한 관리인의 관리가 개시되면, 본법 제9조의3에 따라 집합건물을 관리하던 분양자는 그때에 관리비 징수권한을 포함한 관리권한을 상실하게 되고, 관리단이 본법에서 부여받은 관리권한을 행사할 수 있게 되므로 분양자가 **집합건물을 관리하면서 형성된 관리업무에 관한 법률관계는** 새롭게 관리를 개시하는 **관리단에게 당연히 승계되는 것은 아니므로 특별한 사정이 없는 한 분양자는 자신이 집합건물을 관리하면서 형성된 관리업무에 관한 법률관계에 관한 효력을 관리단에게 주장할 수 없다.**

[대법원 2022. 6. 30. 선고 2020다229192, 229208 판결]은"집합건물에 구분소유 관계가 성립되어 관리단이 당연 설립되었더라도 관리인 선임 등 관리업무를 수행할 조직을 갖추어 관리를 개시하기 전까지는 관리단이 집합건물에 관한 구체적인 관리업무를 수행하기 어려워 본법 제9조의3은 이때 집합건물의 <u>분양자에게 한시적으로 집합건물의 관리의무를 부과하면서 일정 기간 이후에는 관리단집회를</u>

소집·개최하여 관리인을 선임할 것을 예정하여, 관리단이 관리업무를 수행할 실질적인 조직을 갖추기 전까지 분양자로 하여금 집합건물을 관리하게 함으로써 관리 공백을 막으면서 동시에 분양자가 집합건물을 장기간 관리함으로써 관리에 관한 사항을 독단적으로 처리하여 구분소유자들의 집합건물의 관리에 관한 권한을 침해하는 상황을 방지하기 위한 목적에 있다. 따라서 관리단의 집합건물에 대한 관리인의 관리가 개시되면, 본법 제9조의3에 따라 집합건물을 관리하던 분양자는 그때에 관리비 징수권한을 포함한 관리권한을 상실하게 되고, 관리단이 본법에서 부여받은 관리권한을 행사할 수 있게 되므로 분양자가 집합건물을 관리하면서 형성된 관리업무에 관한 법률관계는 새롭게 관리를 개시하는 관리단에 당연히 승계되는 것은 아니다. 예를 들어 분양자와 관리위탁계약을 체결한 위탁관리업자는 특별한 사정이 없는 한 그러한 관리위탁계약의 효력을 관리단에게는 주장할 수 없다. 분양자와 관리위탁계약을 체결한 위탁관리회사는 분양자가 집합건물을 관리하는 기간 동안 위탁받은 관리업무를 수행할 수 있을 뿐이고, 관리단의 관리인이 관리를 개시한 이후에는 더 이상 관리비 징수 등 집합건물에 관한 관리업무를 수행할 수 없다. 위와 같은 관리단, 분양자, 위탁관리회사의 관계에 관한 법리는 설령 집합건물의 분양계약서에 '구분소유 관계가 성립된 이후 일정 기간 동안 분양자가 지정한 자가 집합건물을 관리한다.'는 등의 내용이 포함되는 사정이 있더라도 마찬가지로 적용되어야 한다. 분양계약서에 포함된 내용을 어떠한 의미로 파악할 것인지는 원칙적으로 개별 분양계약의 해석의 문제이기는 하나 분양자와 수분양자 사이의 구분건물 매매를 주된 목적으로 하는 분양계약에서 분양이 이루어지고, 구분소유 관계가 성립된 이후 집합건물의 관리에 관한 내용을 정하는 것은 분양계약의 부수적 약정에 불과하다. 본법 제9조의3의 위 목적과 취지를 고려할 때 이러한 부수적 약정의 내용을 본법 제9조의3에 우선하여 해석할 수는 없다. 분양계약서의 내용으로 집합건물의 관리에 관한 관리단, 분양자, 위탁관리회사의 관계에 본법 제9조의3의

적용을 배제하거나 본법에서 보장하는 관리단의 관리권한을 제한하는 것은 엄격하게 인정하여야 하므로 **분양계약서**에 위와 같은 내용이 포함되었더라도 **특별한 사정이 없는 한 구분소유자들이 구분소유관계가 성립한 후 관리단이 관리를 개시하기 전까지 분양자의 관리기간 동안 분양자와 관리위탁계약을 체결한 위탁관리회사의 위탁관리업무를 승인한다는 의사표시로 해석**하여야 하지, 분양자가 체결한 관리위탁계약의 효력을 관리단이 관리를 개시한 뒤에도 인정하겠다는 구분소유자들의 서면합의로 해석할 것은 아니다."고 판결하였다. **유의할 점**은 본법 제9조의3제1항이 규정하고 있는 분양자의 관리의무기간은 '선임된 관리인이 사무를 개시(개시)할 때까지'이므로 한시적 의무라는 점이다. 문제는 분양자가 개최한 관리단집회에서 관리인이 선임되지 않은 경우 분양자는 관리인이 선임되어 사무를 개시(開始)할 때까지는 계속 관리단을 관리할 권리와 의무가 있는 결과가 되므로 분양자는 해당 구분건물을 모두 분양한 후에도 계속 관리단을 관리하는 경우가 발생할 수 있고 이 경우 많은 분쟁이 발생할 수 있으므로 이에 대한 입법적 해결의 필요성이 절실하고, 관리인이 선임되지 않은 경우에 대한 입법적 보완이 절실히 필요하다.

다. 분양자의 표준계약의 사전교부의무

본법 제9조의3제2항은 "분양자는 제28조제4항에 따른 표준계약 및 같은 조 제5항에 따른 지역별 표준규약을 참고하여 공정증서로써 규약에 상응하는 것을 정하여 분양계약을 체결하기 전에 분양을 받을 자에게 주어야 한다."고 규정하고 있다. 여기서 **제28조제4항에 따른 표준계약 및 같은 조 제5항에 따른 지역별 표준규약**이라 함은 법무부장관이 본법을 적용받는 건물과 대지 및 부속시설의 효율적이고 공정한 관리를 위하여 마련한 (기본)표준계약을 참고하여 **대통령령(시행령) 제12조**[14])가 규정하는 바에 따라 특별시장, 광역시장, 특별

---

14) 시행령 제12조는 "법 제28조제4항에 따라 법무부장관이 마련해야 하는 표준규약과 같은 조 제5항에 따라 특별시장·광역시장·특별자치시장·도지사 및 특별자치도지사(이하 "시·도지사"라 한다)가 마련해야 하는 지역별 표준규약에는 각각 다음 각 호의 사항이 포함되어야 한다. 1. 구

자차시장, 도지사 및 특별자치도지사(이하 시·도지사라 함)가 마련하여 보급한 표준계약을 말하며, 다음에 관리단의 규약의 형식에서 자세히 설시한다.

라. 분양자의 구분소유자에 대한 관리단집회의 소집통지의무

본법 제9조의3제3항은 "분양자는 예정된 매수인의 2분의 1 이상이 이전등기를 한 때에는 규약 설정 및 관리인 선임을 위한 관리단집회(제23조에 따른 관리단집회를 말함)를 소집할 것을 대통령령으로 정하는 바에 따라 구분소유자에게 통지하여야 한다. 이 경우 통지받은 날로부터 3개월 이내에 관리단집회를 소집할 것을 명시하여야 한다."고 규정하고 있다. 따라서 분양자는 예정된 매수인의 2분의 1 이상이 이전등기를 한 경우 통지서에 위와 같은 내용의 대통령령이 정한 사항 과 통지받은 날로부터 3개월 이내에 관리단집회를 소집할 것을 명시하여 구분소유자에게 관리단집회를 소집할 것을 통지를 하여야 한다.

마. 분양자의 관리단집회의 직접소집의무와 그 요건, 그리고 그에 대한 문제점

본법 제9조의3제4항은 "분양자는 구분소유자가 제3항의 통지를 받은 날부터 3개월 이내에 관리단집회를 소집하지 아니하는 경우에는 지체 없이 관리단집회를 소집하여야 하다."고 규정하고 있다. 이는 구분소유자들이 위 기간 내에 규약 설정 및 관리인 선임을 위한 관리단집회를 소집하지 않을 경우 분양자는 지체 없이 직접 관리단집

분소유자의 권리와 의무에 관한 사항 2. 규약의 설정·변경·폐지에 관한 사항 3. 구분소유자 공동의 이익과 관련된 전유부분의 사용에 관한 사항 4. 건물의 대지, 공용부분 및 부속시설의 사용 및 보존·관리·변경에 관한 사항 5. 관리위탁계약 등 관리단이 체결하는 계약에 관한 사항 6. 관리단집회의 운영에 관한 사항 7. 관리인의 선임 및 해임에 관한 사항 8. 관리위원회에 관한 사항 9. 관리단의 임직원에 관한 사항 10. 관리단의 사무 집행을 위한 분담금액과 비용의 산정방법, 징수·지출·적립내역에 관한 사항 11. 제10호 외에 관리단이 얻은 수입의 사용방법에 관한 사항 12. 회계처리기준 및 회계관리·회계감사에 관한 사항13. 의무위반자에 대한 조치에 관한 사항 14. 그 밖에 집합건물의 관리에 필요한 사항"고 규정하고 있다.

회를 소집하여야 할 의무가 있음을 규정하고 있는 것이다.

문제점은 구분소유자가 관리인집회를 개최하지 않거나 가사 개최한다고 하더라도 분양자의 의도에 따라 관리인이 선임되지 않는 경우 분양자가 계속 집합건물을 관리할 권리·의무가 있게 되므로 분양자가 이를 악용하여 자신이 또는 대행업체를 통하여 계속 집합건물을 불법·부당한 분양자의 권한 남용이 발생할 수 있으며, 실제 사건에서도 확인되므로 이를 방지할 수 있는 입법적 필요성이 강하게 요구된다.

바. 집합건물의 분양자(시행자)의 담보책임과 공동주택관리법 제37조 규정의 사업주체의 담보책임사이의 관계에 대하여

공동주택관리법 제37조제1항은 "사업주체(건설산업기본법 제28조에 따라 하자담보책임이 있는 자로서 제36조제1항에 따른 사업주체로부터 건설공사를 일괄 도급받아 건설공사를 수행한 자가 따로 있는 경우에는 그 자를 말함)는 담보책임기간에 하자가 발생한 경우에는 해당 주택의 제1호부터 제4호까지에 해당하는 자(입주자대표회의 등) 또는 제5호에 해당하는 자의 청구에 따라 그 하자를 보수하여야 한다. 이 경우 하자보수의 절차 및 종료 등에 필요한 사항은 대통령령으로 정한다."고 규정하고 있고, **동조 제2항**은 "사업주체는 담보책임기간에 공동주택에 하자가 발생한 경우에는 하자 발생으로 인한 손해를 배상할 책임이 있다. 이 경우 손해배상책임에 관하여는 「민법」 제667조를 준용한다."고 규정하여 사업주체의 담보책임에 관하여 규정하고 있다.

한편, 공동주택관리법은 주택법 제2조제3호 및 동법 시행령 제3조[15]와 건축법 제11조 규정에 의해 허가를 받은 공동주택에 적용되

---

15) 주택법 시행령 제3조는 공동주택의 종류와 범위에 대하여 1.건축법 시행령 별표1 제1호가목에 따른 아파트 2.건축법 시행령 별표1 제2호나목에 따른 연립주택 3.건축법 시행령 별표1 제2호다목에 따른 다세대주택으로 규정하고 있으므로 공동주택관리법 규정의 공동주택과 본법 규정의 집합건물은 동일하다고 볼 수 있다. 다만, '공동주택관리법'은 공동주택(집합건물)의 소유자인 입주자 및 공동주택(집합건물)을 임차하여 사용하는 사용자들 사이의 관리관계를 규율하기 위한 관

는바, 본법 제2조의2 규정에 의해 본법이「주택법」및「공동주택관리법」에 우선하여 적용된다.

따라서 공동주택관리법 제37조규정이 본법에 저촉된다거나 구분소유자의 기본적인 권리를 해치는 경우에는 본법이 우선 적용되고, 공동주택관리법은 그 외의 범위에서 적용되므로 집합건물의 분양자와 시행자가 동법 규정의 사업주체에 속하는 경우 동법 시행령 제38조 규정의 하자보수청구자16)는 사업주체인 분양자와 시공자에게 하자보수를 청구할 수 있고, 담보책임기간에 공동주택에 하자가 발생한 경우에는 하자 발생으로 인한 손해를 「민법」 제667조를 준용하여 분양자와 시공자는 손해를 배상하여야 한다고 봄이 타당하다.

리주체와의 관계에 적용됨에 차이가 있다.

16) 공동주택관리법 시행령 제38조제1항은 "입주자대표회의 등 또는 임차인대표회의 등 또는 임차인등은 공동주택에 하자가 발생한 경우에는 담보기간 내에 사업주체에게 하자보수를 청구할 수 있다." 제2항은 "하자보수의 청구는 다음 각 호의 구분에 따른 자가 하여야 한다. 이 경우 입주자는 전유부분에 대한 청구를 제2호 나목에 따른 관리주체가 대행하도록 할 수 있으며, 공용부분에 대한 하자보수의 청구를 제2호 각 목의 어느 하나에 해당하는 자에게 요청할 수 있다. 1. 전유부분; 입주자 또는 공동임대주택의 임차인 2.공용부분; 가. 입주자대표회의 또는 공공임대주택의 임차인대표회의 나. 관리주체 다. 집합건물법에 따른 관리단"으로 규정하여 하자보수의 청구자를 규정하고 있다.

10. 건물의 설치·보존상의 흠 추정 규정과 대지공유자의 분할청구 금지
   규정에 관하여

   본법 제6조는 건물의 설치·보존상의 흠 추정에 관하여, **본법 제8조**
   는 대지공유자의 분할청구 금지에 관하여 각 규정하고 있는바, 각 해
   당부분에서 구체적으로 설시하기로 한다.

제2절 전유부분과 공용부분

1. 전유부분

가. 전유부분의 의의

본법 제2조제3호는 "전유부분(專有部分)이란 구분소유권의 목적인 건물부분을 말한다."고 규정하고 있고, 한편, **동조제1호**는 "구분소유권이란 제1조 또는 제1조의2에 규정된 건물부분(제3조제2항 및 제3항에 따라 공용부분(公用部分)으로 된 것은 제외함)을 목적으로 하는 소유권을 말한다."고 규정하고 있다.

공용부분은 앞에서 본바와 같이 제3조제2항 및 제3항에 따른 규약상 공용부분과 제3조1항의 구조상(법정)공용부분 모두를 포함하는바, **전유부분이란** 건물의 구분소유(본법 제1조) 또는 상가건물의 구분소유(본법 제1조의2)의 건물부분으로서 건물 중 위 공용부분 모두를 제외한 건물부분을 말하고, 구분소유권이란 전유부분에 대한 소유권이며, 그 소유자를 구분소유자라고 말한다.(본법 제2조제2호)

결국, 구분소유의 모든 건물부분은 반드시 전유부분 또는 공용부분의 어느 한쪽에 속할 수밖에 없다. 예를 들어 관리사무실 또는 노인복지시설, 주민회의실 등의 경우, 설령 건물의 일정부분이 전유부분의 요건을 갖춘 건물부분이라도 그것이 공용에 제공되는 경우에는 전유부분이 아니라 공용부분에 속한다는 점에 유의하여야 한다.

나. 구분소유건물 중 일부가 구분 폐지된 경우의 권리관계

구분건물로 등기된 1동의 건물 중 일부에 해당하는 구분건물들 사이에 구조상의 구분이 소멸되는 경우에 그 구분건물에 해당하였던 일부 건물부분은 종전 구분소유자들의 공유로 된다. 구조상의 독립성이 상실되지 아니한 나머지 구분건물들의 구분소유권은 그대로 유지되고 그 일부 건물 부분은 나머지 구분건물들과 독립되는 구조를 이루며,일부 구분건물에 대한 공유도 당연히 허용되기 때문이다. 결국 그 일부 건물부분과 나머지 구분건물들로 구성된 1동의 건물 전체는 본법의 적용을 받으며, 이 경우 공유자 사이에 공유물을 사용·수익할 구체적인 방법을 정하는 것은 공유물의 관리에 관한 사항이므로 공유자 지분의 과반수로써 결정하여야 한다.

여기서 유의할 점은 위와 같이 구분소유자들의 공유가 된 공유물을 소수지분권자가 다른 공유자와 협의 없이 공유물의 전부 또는 일부를 독점적으로 점유·사용하고 있는 경우 다른 소수지분권자는 공유물의 보존행위로서 그 인도를 청구할 수는 없고, 다만 자신의 지분권에 기초하여 공유물에 대한 방해 상태를 제거하거나 공동 점유를 방해하는 행위의 금지 등을 청구할 수 있다는 점이다.(대법원 2020. 9. 7. 선고 2017다204810 판결 참조)

2. 공용부분

가. 공용부분의 의의

본법제2조4호는 "공용부분(共用部分)이란 **전유부분 이외의 건물부분, 전유부분에 속하지 아니하는 건물의 부속물 및 제3조제2항 및 제3항에 따라 공용부분으로 된 부속의 건물**을 말한다."고 규정하고 있으며, 본법 제3조 제1항은 구조상(법정) 공용부분에 대하여. 동조 제2항은 규약상 공용부분에 대하여 각 규정하고 있다.

1) 전유부분 이외의 건물부분

'전유부분 이외의 건물부분'이란 구분소유의 건물 중 전유부분을 제외한 나머지 부분은 모두 공용부분이므로 이는 곧 공용부분을 말하는 것이다. 이런 공용부분은 본법 제3조제1항 규정의 여러 개의 전유분으로 통하는 복도, 계단, 엘리베이터 등 구조상 구분소유자의 전원 또는 일부의 공용에 제공되는 건물부분으로써 원래 구분소유권의 목적으로 할 수 없으므로 법률상 당연히 공용부분이 되는 구조상(법정)공용부분과 구분소유권의 목적으로 할 수는 건물부분이나 제3조제2항 및 제3항의 규정에 의해 공용부분으로 되는 규약상 공용부분으로 구별할 수 있으며, 양자가 모두 포함된다.

2) 전유부분에 속하지 아니하는 건물의 부속물

전유부분에 속하지 아니하는 건물의 부속물이란 건물에 부속되어 효용상 그 건물과 일체성(一體性)을 이루는 물건으로서 전유부분에 속하지 않는 부속물을 말하므로 부속건물과는 구별된다.

'건물의 부속물'에는 건물 내·외부에 관계없이 전기·가스·수도·냉난방·소방·엘리베이터 등의 제설비, 저수조나 급배수시설 또는 쓰레기 소각장 등이 이에 속한다. 이 경우에는 구분소유의 성립과 동시에 구조상 또는 법률상 당연히 공용부분이 되는 것이므로 전유부분에 속하지 않는 구조상(법정)공용부분이다. 다만, '건물의 부속물'이 모두 공용부분에 속하는 것은 아니다. 예를 들면, 아파트의 수도배관의 경우 주된 파이프는 공용부분에 속하지만, 각 호실로 통하는 분기 파이프는 각 호실의 부속물이므로 전유부분에 속한다.

3) 제3조제2항 및 제3항에 따라 공용부분으로 된 부속의 건물

제3조제2항에 따라 공용부분으로 된 부속의 건물이란 전유부분에 속하는 건물부분과 부속의 건물이 규약의 설정에 의해 공용부분이 되는 건물을 말하고, 제3조제3항에 따라 공용부분으로 된 부속의 건물이란건물부분의 전부 또는 부속건물을 소유하는 자가 규약에 상응하는 공정증서(公正證書)로써 공용부분으로 정한 건물를 말하며 이들은 모두 규약상 공용부분이다.

결국 공용부분은 건물의 구분소유(본법 제1조) 또는 상가건물의 구분소유(본법 제1조의2)의 건물부분 중 전유부분을 제외한 구조상(법정)공용부분과 규약상 공용부분 모두를 말한다.

나. 구조상(법정) 공용부분

1) 의의

본법 제3조제1항은 "여러 개의 전유부분으로 통하는 복도, 계단, 그 밖에 구조상 구분소유자 전원 또는 일부의 공용(共用)에 제공되는 건물부분은 구분소유권의 목적으로 할 수 없다."고 규정하고 있다.

이는 구분소유관계의 성립과 동시에 법률상 당연히 성립하는 공용부분인 구조상 공용부분(構造上 共用部分) 또는 법정공용부분(法定共用部分)으로써 본법 제2조제4호의 '전유부분 외의 건물부분'을 규정한 것이고, 이 경우의 구조상(법정) 공용부분은 본래 구분소유권의 목적인 전유부분으로 할 수 없음을 규정한 것이다.

구조상(법정) 공용부분은 위와 같이 여러 개의 전유부분으로 통하는 복도, 계단 외에 여러개의 전유부분으로 통하는 현관(출입구)·

로비·엘리베이터·옥상 등의 경우처럼 공용부분이 명확한 경우도 있으나, 여기에 속하는지 여부는 해당 건물에 대한 전체적 설계도에 의해 판단됨이 타당하므로 공용의 화장실·세면장·보일러실·발전실 등과 같이 외형상(형식상)으로는 독립된 방실로 되어 있으나 여기에 속하는 경우 또는 여러 구분소유자들이 공용으로 출입하는 건물의 공용현관(출입구)에 설치된 경비실 등도 역시 여기에 속하는 공용부분에 속한다.

한편, 여기에 속하는지 여부가 문제되는 건물부분의 경우가 있는 바, 아래와 같다.

2) 전유부분 상호간의 장벽(障壁) 등

전유부분 상호간의 장벽(障壁)을 공용부분으로 보는 경우는 구분소유권의 목적인 전유부분이 단순한 공간에 불과하게 되어 전유부분을 건물의 일부로서 구분소유권의 객체로 보는 본법 제2조3호의 전유부분 규정에 부합하지 않고, 그렇다고 장벽을 중앙으로 나누어 내측은 전유부분으로, 외측은 공용부분으로 본다면 본법 제17조 규정의 공용부분의 부담·수익에 관한 문제, 또는 제18조 규정의 공용부분에 관하여 발생한 채권의 효력의 경우, 그리고 제50조 규정의 건물의 일부 멸실 복구문제의 경우 등에서 전유부분과 공용부분을 구분하기 매우 어려워 본법 적용상 많은 난제가 발생할 수 있다.

따라서 전유부분 상호간의 장벽(障壁)에는 전유부분의 성질과 공용부분의 성질의 양면적 성질을 가지고 있으므로 구분소유자 사이의 장벽의 유지 및 관리관계에서는 장벽을 공용부분으로 취급하고, 제3자에 대한 관계를 포함한 그 밖의 관계에서는 장벽의 중앙을 전유부분과 공용부분의 경계로 봄이 타당하며, 이는 장벽 뿐 만아니라 전유부분상호간의 기둥, 마루바닥, 천정, 그리고 전유부분과 복도나 계단 등 공용부분 사이의 경계에 관한 문제에서 동일하다.

3) 건물의 기본적 구성부분

'건물의 기본적 구성부분'이란 건물의 안전과 외관을 유지하기 위한 지주, 내력벽, 지붕, 외벽, 기초공작물 등을 말하며, 이러한 기본적 구성부분은 2개 이상의 전유부분의 안전 또는 건물 외관의 유지에 필요한 것이므로 구분소유관계의 성립과 동시에 법률상 당연히 성립하는 구조상(법정)공용부분으로 봄이 타당하다. 다만, 건물의 기본적 구성부분에 해당하는 지주(支柱)나 내력벽(耐力壁)이 위치와 공간, 그리고 장소적 관계에서 전유부분의 일부로 보이는 경우에는 위 전유부분 상호간의 장벽(障壁) 등에서와 같이 처리함이 타당하다.

다. 규약상 공용부분

1) 의의

규약상 공용부분이란 원래는 전유부분으로서 공용부분으로 할 수 없으나 규약의 설정에 의해 공용부분으로 정한 공용부분을 말한다.

본법 제3조제2항은 "제1조 또는 제1조의2에 규정된 건물부분과 부속의 건물은 규약으로써 공용부분으로 정할 수 있다."고 규정하고 있다.본법 제1조(건물의 구분소유) 또는 제1조의2(상가건물의 구분소유)의 요건을 갖춘 건물부분은 구분소유의 성립과 동시에 구분소유권의 목적인 전유부분이 되므로 본래 법정공용부분이 될 수 없고, 또한 전유부분과 종물의 관계에 있는 전유부분에 부속한 건물(부속건물) 또는 부속건물의 일부는 본법 제2조제4호의 부속물에 해당하지도 않으므로 이것 역시 당연히 공용부분이 되는 것은 아니다. 그러나 예를 들면, 구분소유자가 자신 소유의 별실 하나를 관리사무실 또는 회의실로 사용하거나 부속건물을 공용창고나 차고, 또는 노인정 등으로 사용하기를 원할 경우에는 이를 공용부분으로 인정할 수 있다.

본법 제3조제2항은 이런 사정과 편의를 고려하여 본래는 공용부분으로 될 수 없는 건물부분(전유부분)이나 그의 부속건물, 또는 그 건물의 일부을 규약에 공용부분으로 설정하여 공용부분으로 할 수 있도록 규정한 것이다.

2) 규약의 설정에 의한 공용부분

규약의 **설정 절차**에 관하여 본법 제29조제1항은 관리단집회에서 구분소유자 및 의결권의 각 3/4이상의 찬성의 결의로 또는 본법 제41조제1항 규정의 서면 또는 전자적 방법에 의해 구분소유자 및 의결권의 각 3/4이상의 합의에 의한 방법으로 결의하여야 설정하도록 규정하고 있으므로 규약상 공용부분은 위 절차에 따라 정하여진다.

다만 규약상 공용부분은 공용부분으로 설정하려는 건물부분 또는 부속시설이 저당권이나 전세권 등의 타인의 권리의 목적으로 되어 있는 경우에는 그 권리자가 그 권리의 소멸에 대한 승낙이나 동의가 없는 한 이를 공용부분으로 설정할 수 없다는 점에 유의하여야 하며, 이 경우에는 해당 전유부분 또는 부속건물에 대한 실체법상의 권리의 상실 및 양도가 전제되어야 하는 점이다.

3) 공정증서(公正證書)에 의한 공용부분의 설정

동조 제3항은 "제1조 또는 제1조의2에 규정된 건물부분의 전부 또는 부속건물을 소유하는 자는 공정증서(公正證書)로써 제2항의 규약에 상응하는 것을 정할 수 있다."고 규정하고 있다. 이는 신축하는 집합건물의 분양개시전의 분양자나 건축주의 경우와 같이 건물의 구분소유(상가건물의 구분소유 포함)의 건물부분의 전부 또는 부속건물을 소유하는 자가 규약에 상응하는 공정증서(公正證書)로써 공용부분으로 설정하면 그것도 역시 규약의 설정에 의한 공용부분에 해당되어 공용부분이 된다는 말이다.

이 경우에는 건물에 대하여 구분소유관계가 성립되기 이전이므로 본법 제29조제1항규정의 관리단집회의 특별경의 절차나 본법 41조

제1항 규정의 서면 또는 전자적 방법에 의한 합의절차가 필요 없다.

그러나 일단 위와 같이 규약에 상응하는 공정증서(公正證書)로써 규약상 공용부분이 된 경우에는 이를 변경 또는 폐지하기 위해서는 본법 제29조제1항규정의 규약의 변경·폐지절차를 밟거나, 또는 제41조제1항 규정의 서면 또는 전자적 방법에 의한 합의절차에 의하여 변경 또는 폐지할 수 있다.

라. 일부공용부분 및 그에 대한 결정 기준

본법 제10조제1항 단서는 " 일부의 구분소유자만이 공용하도록 제공되는 것임이 명백한 공용부분(이하 일부공용부분이라 함)은 그들 구분소유자의 공유에 속한다."고 규정하고 있다. 이는 집합건물에 일부구분소유자만이 공용하도록 제공되는 일부공용부분을 인정한다는 말이며, 그 경우 그 일부공용부분은 해당 일부구분소유자의 공유에 속한다는 것을 규정한 것이다.

여기서 '공용부분인지 또는 일부공용부분인지 여부의 결정기준'이 문제될 수 있는바, 이는 소유자들 사이에 특단의 합의가 없는 한 구분소유가 성립될 당시의 건물의 구조에 따른 객관적인 용도에 의하여 결정 되는 것으로 보는 것이 타당하고, 이는 여러 동의 집합건물로 이루어진 단지 내의 특정 동의 집합건물 부분으로서 구분소유의 대상이 아닌 부분이 해당 단지 구분소유자 전원의 공유에 속하는지, 해당 동 구분소유자 등 일부의 구분소유자만이 공유하는 것인지를 판단할 때에도 마찬가지로 적용됨이 타당하다.

[대법원 2021. 1. 14. 선고 2019다294947 판결]은 "건물의 어느 부분이 구분소유자의 전원 또는 일부의 공용에 제공되는지는 <u>소유자들 사이에 특단의 합의가 없는 한 구분소유가 성립될 당시 건물의 구조에 따른 객관적인 용도에 의하여 결정</u>되고, 구분소유가 성립될 당시 건물의 구조에 따른 객관적인 용도에 비추어 일부공용부분인 부분의 구조나 이용 상황을 그 후에 변경하더라도, 그 부분을 공유하는 일부 구분소유자 전원의 승낙을 포함한 소유자들의 특단의 합

의가 없는 한, 그러한 사정만으로 일부공용부분이 전체공용부분이 되는 것은 아니다. 그리고 이러한 법리는 **여러 동의 집합건물로 이루어진 단지 내의 특정 동의 건물 부분으로서 구분소유의 대상이 아닌 부분이 해당 단지 구분소유자 전원의 공유에 속하는지, 해당 동 구분소유자 등 일부의 구분소유자만이 공유하는 것인지를 판단할 때에도 마찬가지로 적용된다**(집합건물법 제52조, 제51조, 제3조제1항 참조). 집합건물 중 여러 개의 전유부분으로 통하는 복도, 계단, 그 밖에 구조상 구분소유자의 전원 또는 일부의 공용에 제공되는 건물 부분과 규약이나 공정증서로 공용부분으로 정한 건물부분 등은 공용부분이다. 집합건물의 공용부분은 원칙적으로 구분소유자 전원의 공유에 속하지만, 일부 구분소유자에게만 공용에 제공되는 일부공용부분은 그들 구분소유자의 공유에 속한다(집합건물법 제3조, 제10조제1항). **건물의 어느 부분이 구분소유자 전원이나 일부의 공용에 제공되는지 여부는 일부공용부분이라는 취지가 등기되어 있거나 소유자의 합의가 있다면 그에 따르고, 그렇지 않다면 건물의 구조·용도·이용 상황, 설계도면, 분양계약서나 건축물대장의 공용부분 기재 내용 등을 종합하여 구분소유가 성립될 당시 건물의 구조에 따른 객관적인 용도에 따라 판단**하여야 한다. 이러한 법리는 여러 동의 집합건물로 이루어진 단지 내 특정 동의 건물부분으로서 구분소유의 대상이 아닌 부분이 해당 단지 구분소유자 전원의 공유에 속하는지, 해당 동 구분소유자 등 일부 구분소유자만이 공유하는 것인지를 판단할 때에도 마찬가지로 적용된다." 판결하였다.

마. 공용부분은 취득시효의 대상이 되는지 여부

집합건물의 공용부분은 구분소유자 전원의 공유에 속하고, 전유부분으로 변경되지 않는 한 구분소유권의 목적이 될 수 없으므로 **공용부분은 취득시효에 의한 소유권 취득의 대상이 될 수 없다.**

[대법원 2019. 10. 17. 선고 2016다32841, 32858 판결]은 "집합건물 중 여러 개의 전유부분으로 통하는 복도, 계단, 그 밖에 구조

상 구분소유자의 전원 또는 일부의 공용에 제공되는 건물 부분은 공용부분으로서 구분소유권의 목적으로 할 수 없다. 이때 건물의 어느 부분이 구분소유자의 전원 또는 일부의 공용에 제공되는지는 소유자들 사이에 특단의 합의가 없는 한 건물의 구조에 따른 객관적인 용도에 의하여 결정된다. 따라서 **구분건물에 관하여 구분소유가 성립될 당시 객관적인 용도가 공용부분인 건물 부분을 나중에 임의로 개조하는 등으로 이용 상황을 변경하거나 집합건축물대장에 전유부분으로 등록하고 소유권보존등기를 하였더라도 그로써 공용부분이 전유부분이 되어 어느 구분소유자의 전속적인 소유권의 객체가 되지는 않는다**(대법원 2016.5.27.선고 2015다77212 판결 참조).

한편, 집합건물의 공용부분은 구분소유자 전원의 공유에 속하고, 전유부분으로 변경되지 않는 한 구분소유권의 목적이 될 수 없다. 공용부분을 전유부분으로 변경하기 위해서는 본법 제15조에 따른 구분소유자들의 집회결의와 그 공용부분의 변경으로 특별한 영향을 받게 되는 구분소유자의 승낙을 얻어야 한다. 그런데 이러한 적법한 절차에 따른 전유부분으로의 변경 없이 공용부분에 대하여 취득시효의 완성을 인정하여 그 부분에 대한 소유권 취득을 인정한다면 전유부분과 분리하여 공용부분의 처분을 허용하고 일정 기간의 점유로 인하여 공용부분이 전유부분으로 변경되는 결과가 되어 본법의 취지에 어긋나게 된다.

따라서 **집합건물의 공용부분은 취득시효에 의한 소유권 취득의 대상이 될 수 없다.**"고 판결하였다.

바. 공용부분의 등기에 관하여

1) 공용부분 등기의 대상은 규약상 공용부분

본법 제3조제4항은 "제2항과 제3항의 경우에는 공용부분이라는 취지를 등기하여야 한다."고 규정하고 있다. 이는 구조상(법정)의 공용부분은 본래 구분소유권의 목적(객체)으로 할 수 없는 건물부분으로서 그에 관한 물권변동 역시 전유부분의 처분과 운명을 같이하므로 이에 대하여 독립하여 등기될 여지가없다. 그러나 규약상 공용부분의 경우에는 본래 전유부분에 속하여 독립하여 거래의 대상이 될 수 있었으므로 이 경우 이를 등기·공시함으로써 본법 제10조 규정의 공용부분의 귀속문제 또는 본법 제13조규정의 전유부분과 공용부분에 대한 지분의 일체성의 문제 등에서 제3자에게 대항할 수 있도록 하여 거래의 안전을 도모하기 위해 필요하므로 구조상(법정)의 공용부분이 아닌 규약상 공용부분에는 공용부분이라는 취지를 등기하여야 한다고 규정한 것이다.

2) 공용부분등기의 절차

규약상 공용부분에 대한 등기는 **소유권의 등기명의인의 신청에 의해** 공용부분이라는 취지를 등기하여야 한다. 이 경우 **공용부분인 건물에 소유권 외의 권리에 관한 등기가 있을 때**에는 그 권리의 등기명의인의 승낙이 있어야 하며(부동산등기법 제47조제1항), **공용부분을 설정한 규약의 폐지로 공용부분이 폐지된 경우**에는 공용부분의 취득자는 지체 없이 소유권보존등기를 하여야 한다.(부동산등기법 제47조제2항)

3. 공용부분의 귀속관계와 공유관계 및 공유자의 공용부분에 대한 지분 권, 그리고 전유부분과 공용부분의 일체성의 원칙에 대하여

가. 공용부분의 귀속관계와 공유관계, 그리고 공용부분에 대한 공유자의 지분권

1) 공용부분의 귀속관계

본법 제10조제1항은 "공용부분은 구분소유자 전원의 공유에 속한 다. 다만, 일부의 구분소유자만이 공용하도록 제공되는 것임이 명 백한 공용부분(일부공용부분)은 그들 구분소유자의 공유에 속한다." 고 규정하고 있다. 이는 공용부분은 수개(數個)의 전유부분에 대한 동시적 종물의 성질을 가지고 있음을 규정한 것이고, 공용부분은 구분소유자 전원에게 제공되는 것이 원칙이나, 다만 일부의 구분 소유자만이 공용하도록 제공되는 것임이 명백한 일부공용부분은 그 일부 구분소유자의 공유로 귀속함을 규정하고 있는 것이다.

예를 들면, 모든 전유부분에 통하는 아파트 1층 입구의 복도나 계 단 등의 공용부분은 구분소유자 전원의 공유가 되나, 오직 일부의 전유부분에만 통하는 복도나 계단의 경우처럼 일부의 전유부분에 만 통하는 일부공용부분은 그 구분소유자들의 공유에 속한다.

이는 규약상 공용부분의 경우에도 역시 일부의 구분소유자에게만 공용·제공된 것이 규약상 명백한 때에는 그 구분소유자만의 공유 에 속한다. 그러나 그렇지 아니한 경우에는 구분소유자 전원의 공유에 속한다고 봄이 타당하다. 그런 이유로 규약상 공용부분은 등기부의 표제부에 공유자의 범위가 표시된다.

2) 공용부분의 공유관계

동조 제2항은 "제1항의 공유에 관하여는 제11조부터 제18조까지의 규정에 따른다. 다만, 제12조, 제17조에 규정한 사항에 관하여는 규약으로써 달리 정할 수 있다."라고 규정하고 있다. 이는 집합건물

에 대한 공용부분의 공유관계인 공유자의 사용권, 지분권, 전유부분과 공용부분에 대한 지분의 일체성, 일부공용부분의 관리, 공용부분의 변경(권리변동 있는 경우 포함), 공용부분의 관리, 공용부분의 부담수익 및 수선적립금, 그리고 공용부분에 관하여 발생한 채권의 효력에 관하여는 본법 제11조부터 제18조까지의 규정에 따르는 것이 원칙이고, 다만, 공유자의 지분권(제12조), 공용부분의 부담수익(제17조)에 관하여는 규약이 달리 규정하고 있으면 그에 따르고 그렇지 않은 경우에는 본법에 따른다는 것을 규정한 것이다.

결국, 집합건물의 공용부분에 대한 본법의 공유관계 규정은 공유물의 분할청구를 규정한 민법 제268조와 공유지분의 처분자유와 공유물의 지분비율에 따른 사용·수익을 규정한 동법 제263조 규정에 대한 예외규정이며, 본법의 위 규정들로 인하여 건물의 구분소유자 사이의 상린관계를 규정한 민법 제215조 규정은 사문화(死文化)되었다.

3) 공유자의 공용부분에 대한 지분권

본법 제12조제1항은 "각 공유자의 지분은 그가 가지는 전유부분의 면적 비율에 따른다."고 규정하고 있다. 이는 공유자의 지분권은 전유면적에 따른 지분권이 원칙임을 규정한 것이며, 위 규정은 공유자의 지분은 균등한 것으로 추정한다는 민법 제262조제2항 규정에 대한 예외 규정이다.

4) 일부공용부분이 인정되는 경우의 지분권

동조 제2항은 "일부공유부분으로서 면적이 있는 것은 그 공용부분을 공용하는 구분소유자의 전유부분의 면적 비율에 따라 배분하여 그 면적을 각 구분소유자의 전유부분 면적에 포함한다."고 규정하고 있다. 이는 일부공용부분이 인정되는 경우 그 공용부분의 면적은 일부구분소유자의 전유부분의 면적비율에 따라 분배된 면적이 각 구분소유자가 소유하고 있는 전유면적에 배분하여 포함된다고 규정한 것이다.

나. 전유부분과 공용부분에 대한 지분의 일체성의 원칙

1) 의의

전유부분과 공용부분에 대한 지분의 일체성의 원칙이란 공유지분은 전유부분의 소유자인 구분소유자의 지위에서 갖는 것으로 전유부분과 공용지분은 분리할 수 없으므로 구분소유자는 자신의 전유부분만을 처분할 수 없으며, 전유부분 처분의 효력은 그의 전유부분에 따른 공유지분에도 미치어 그 공유지분도 함께 처분된다는 원칙이다.

본법 제13조제1항은 "공용부분에 대한 공유자의 지분은 그가 가지는 전유부분의 처분에 따른다."고 규정하고 있다. 이는 구분소유자가 그의 전유부분을 처분한 때에는 그에 따르는 공유지분도 함께 처분된다는 것을 규정한 것이다.

동조 제2항은 "공유자는 그가 가지는 전유부분과 분리하여 공용부분에 대한 지분을 처분할 수 없다." 고 규정하고 있다. 이는 구분소유자는 그의 전유부분과 분리하여 공유지분만을 처분할 수 없다는 전유부분과 공용부분에 대한 지분의 일체성의 원칙을 규정한 것이다.

유의할 점은 본법은 규정상으로는 비록 공유자의 공유지분의 '처분'만을 금지하고 있다. 그러나 전유부분이 아닌 공유지분만의 압류 또는 공유지분만의 경매신청 등도 역시 금지된다는 점이다.

2) 공용부분에 관한 물권의 득실변경(得失變更)에 관한 등기

동조 제3항은 "공용부분에 관한 물권의 득실변경(得失變更)은 등기가 필요하지 아니하다."고 규정하고 있다. 이는 공용부분에 대한 공유자의 지분은 전유부분과 공용부분에 대한 지분의 일체성의 원칙에 따라 그가 가지는 전유부분의 지분의 처분에 따른 권리의 득실변경(得失變更)에 따르므로 별도의 등기가 필요 없다는 것을 규정한 것으로써 위 규정 역시 전유부분과 공용부분에 대한 지분의 처분의 일체성의 원칙에 대한 내용을 말한다.

4. 공용부분의 사용·관리에 관하여

가. 공용부분의 사용에 관하여

본법 제11조는 "각 공유자는 공용부분을 그 용도에 따라 사용할 수 있다."고 규정하고 있다. 이는 각 공유자(구분소유자)는 공용부분을 그 용도(用途)에 따라 각자의 지분에 관계없이 사용할 수 있음을 규정한 것이다.

여기서 '**용도에 따라 사용할 수 있다**'라 함은 각 공유자의 전유면적 비율과 관계없이 공용부분의 경제적 목적에 따라 공용부분을 사용할 수 있음을 의미하며, 민법 제263조이 규정한 바와 같이 각 공유자가 공유물 전부를 지분의 비율로 사용할 수 있음을 말하는 것은 아니다.

이는 본법 제11조가 집합건물의 구분소유라는 공동의 목적을 위한 공용부분의 공유관계의 특수성에 따른 규정이기 때문이다. 다만 규약상 공용부분은 본법 제10조제2항 단서에 따라 규약이 규정한 그 사용목적에 따라 합리적인 범위에서 사용방법을 제한할 수는 있으나 공용부분 사용 그 자체를 금지할 수는 없다는 점에 유의하여야 한다.

나. 공용부분의 관리에 관하여

1) 관리의 의의

'공용부분의 관리'란 모든 공유자들을 위하여 공유물의 사용가치를 실현·증대케 하는 목적물의 보존·이용·개량행위를 말한다. 예를 들면 공용부분의 관리를 위한 손해보험의 가입행위도 일종의 관리행위에 속한다.

2) 관리사항에 관한 의결절차 여부

본법 제16조제1항은 "공용부분의 관리에 관한 사항은 제15조제1항 본문 및 제15조의2의 경우17)를 제외하고는 제38조제1항에

---

17) 본법 제15조제1항 본문은 "공용부분의 변경에 관한 사항은 관리단집회에서 구분소유자 및 의결

따른 통상의 집회결의로써 결정한다. 다만, 보존행위는 각 공유자가 할 수 있다."고 규정하고 있다. 이는 공용부분의 관리 사항을 '이용·개량 관리행위'와 '보존행위'로 구분하여 통상의 관리단집회의 결의를 요하는 경우와 특별결의를 요하는 경우, 그리고 관리단집회의 결의여부와 관계없이 각 공유자가 할 수 있는 보존행위의 경우로 분류하여 규정하고 있다. 여기서 공용부분의 관리의 대상(객체)는 건물부분과 부속건물, 그리고 대지임은 물론이다.

<u>동조 제3항</u>은 "제1항 및 제2항에 규정된 사항의 관리에 대하여는 규약으로써 달리 정할 수 있다."고 규정하고 있는바, 이는 공용부분의 관리에 관한 사항은 규약으로써 위 각 규정과는 달리 정할 수 있음을 규정한 것이다. 위 규정에 의하면 공용부분에 관한 모든 사항은 규약으로 규정할 수 있는 것처럼 보이나, 동조 제1항이 본법 제15조제1항 본문과 제15조의 2의 경우를 제외하고 있고, 본법 제36조제2항은 본법에 관리단집회의 결의에 관하여 특별한 정수가 규정된 사항을 제외하고는 예외적으로 규약으로 달리 정할 수 있다고 규정하고 있으므로 본법 규정상 관리단집회의 특별결의에 의할 것을 규정한 중요사항은 반드시 본법 규정의 각 의결정족수에 의해 의결하여야 하므로 본법에 각 특별결의 사항으로 규정하고 있는 본법 제15조제1항 본문과 제15조의 2의 경우에는 규약으로 달리 정할 수 없음에 유의하여야 한다.

<u>동조 제4항</u>은 "제1항 본문의 경우에는 제15조제2항을 준용한다."고 규정하고 있다. 이는 공용부분의 관리에 관한 사항이 다른 구분소유자의 권리에 특별한 영향을 미칠 때에는 통상의 관리단집회의 결의와 그것과는 별도로 권리에 특별한 영향을 미치는 해당 구분소유자의 승낙도 함께 받아야 함을 규정하고 있는 것이다.

권의 각 2/3이상의 결의로써 결정한다."는 특별결의 요건, 제15조의2제1항 본문은 "제15조에도 불구하고 건물의 노후화 억제 또는 기능 향상 등을 위한 것으로 구분소유권 및 대지사용권의 범위나 내용에 변동을 일으키는 공용부분의 변경에 관한 사항은 관리단집회에서 구분소유자 및 의결권의 각 4/5이상의 결의로 결정한다."는 더 강화된 특별결의요건을 규정하고 있다.

유의할 점은 위 관리단집회의 결의의 경우에도 본법 제41조 규정의 서면 또는 전자적 방법에 의한 합의절차가 준용됨은 당연하다.

3) 세입자 등 점유자의 의결권

동조 제2항은 "구분소유자의 승낙을 받아 전유부분을 점유한 자는 제1항 본문에 따른 집회에 참석하여 그 구분소유자의 의결권을 행사할 수 있다. 다만, 구분소유자와 점유자가 달리 정하여 관리단에 통지한 경우에는 그러하지 아니하며, 구분소유자의 권리·의무에 특별한 영향을 미치는 사항을 결정하기 위한 집회의 경우에는 점유자는 사전에 구분소유자에게 의결권 행사에 대한 동의를 받아야 한다."고 규정하고 있다. 이는 구분건물의 세입자의 경우처럼 구분소유자의 승낙을 받아 전유부분을 점유한 자는 관리비 부담자로써 이해관계가 있으므로 관리단집회에서 구분소유자의 승낙을 받아 의결권을 행사할 수 있으며, 이 경우 구분소유자와 점유자가 의결권 행사에 대하여 달리 정하여 관리단에 통지한 경우에는 구분소유자의 의결권이 우선하므로 점유자는 의결권을 행사할 수 없음을 규정한 것이다. 특히 구분소유자의 권리·의무에 특별한 영향을 미치는 사항을 결정하기 위한 집회의 경우에는 사전에 구분소유자에게 의결권 행사에 대한 동의를 받은 경우에 한하여 점유자가 구분소유자의 의결권을 행사할 수 있음을 규정하고 있는 것이다.

4) 보존행위와 집합건물의 대지에 대한 배타적 사용에 대하여

'보존행위'란 공유물의 멸실·훼손을 방지하고 그 현상을 유지하기 위하여 하는 사실적, 법률적 행위를 말한다. 본법이 보존행위에 대하여 위와 같이 관리단집회의 결의여부와 관계없이 각 공유자가 할 수 있도록 규정한 것은 보존행위는 구분소유자(공유자) 전체에게 이익이 되는 것이 보통이기 때문이다. 민법 제265조 역시 "공유물의 관리에 관한 사항은 공유자의 지분의 과반수로써 결정한다. 그러나 보존행위는 각자가 할 수 있다."라고 같은 취지로

규정하고 있다.

집합건물의 대지의 경우에도 대지를 공유하고 있는 각 구분소유자는 별도의 규약이 존재하는 등의 특별한 사정이 없는 한 그 대지를 배타적으로 점유·사용할 수 없다.(본법 제12조, 제21조제1항) 이에 각 구분소유자는 집합건물의 대지 일부를 배타적으로 점유하는 다른 구분소유자에 대하여 '보존행위'로서 그 부분대지의 인도를 구할 수 있다. 예를 들면, 집합건물의 구분소유자인 갑(甲)이 건물 1층 외벽에 자신들 소유의 점포에 잇대어 건물 또는 구조물을 임의로 축조하여 집합건물의 대지인 토지 일부를 그 건물 또는 구조물의 부지로 사용함으로써 이를 배타적으로 점유하고 있는 경우 집합건물의 다른 구분소유자인 을(乙)이 갑(甲)에 대하여 보존행위로서 그 토지 부분의 인도를 청구할 수 있다.(대법원 2013. 6. 27. 선고 2012다114813 판결 참조)

다. 공용부분에 대한 관리권한 관계

1) 집합건물의 관리단과 입주자대표회의 사이의 관리 권한 관계

'입주자대표회의'란 공동주택관리법에서 규정한 공동주택의 입주자 등을 대표하여 관리에 관한 중요사항을 결정하기 위하여 둔 입주자들의 자치의결기구인바, **입주자대표회의는 집합건물의 관리단으로부터 공용부분 변경에 관한 업무를 위임받은 경우**에는 특별한 사정이 없는 한 공용부분 변경에 관한 업무를 수행할 수 있고, 그 과정에서 체납된 비용을 추심하기 위하여 구분소유자들을 상대로 입주자대표회의 이름으로 소를 제기하여 공용부분 변경에 따른 비용을 청구할 권한이 있다.

[대법원 2017. 3. 16. 선고 2015다3570 판결]은 "집합건물의 관리단이 본법 제15조제1항 또는 제15조의2에서 정한 특별결의나 집합건물법 제41조 제1항에서 정한 서면이나 전자적 방법 등에 의한 합의의 방법으로 입주자대표회의에 공용부분 변경에 관한 업무를 포괄적으로 위임한 경우, 공용부분 변경에 관한 업무

처리로 인하여 발생하는 비용을 최종적으로 부담하는 사람은 구분소유자들이라는 점을 고려하면, 통상적으로 그 비용에 관한 재판상 또는 재판외 청구를 할 수 있는 권한도 입주자대표회의에 함께 수여한 것으로 볼 수 있는바, 이 경우 <u>입주자대표회의가 공용부분 변경에 관한 업무를 수행하는 과정에서 체납된 비용을 추심하기 위하여 직접 자기 이름으로 그 비용에 관한 재판상 청구를 하는 것은 임의적 소송신탁에 해당하므로 원칙적으로는 허용되지 않는다.</u> 그러나 <u>이 경우에는 민사소송법 제87조에서 정한 변호사대리의 원칙이나 신탁법 제6조에서 정한 소송신탁의 금지 등을 회피하기 위한 탈법적인 것이 아니고, 이를 인정할 합리적인 이유와 필요가 있는 경우에는 예외적·제한적으로 허용될 수 있다</u>(대법원 2012. 5. 10. 선고 2010다87474 판결, 대법원 2016. 12. 15. 선고 2014다87885, 87892 판결 등). 한편 구분소유자들의 비용 부담 아래 그 구분소유자들로 구성되는 집합건물의 관리단이 입주자대표회의에 위임하여 공용부분 변경에 관한 업무를 수행하도록 하는 데에는 합리적인 이유와 필요가 있고, 그러한 업무처리방식이 일반적인 거래현실이며, 공용부분 변경에 따른 비용의 징수는 그 업무수행에 당연히 수반되는 필수적인 요소라고 할 것이고, 공동주택에 대해서는 주택관리업자에게 관리업무를 위임하고 있으므로(공동주택관리법 제5조제1항) 이러한 점 등을 고려해 보면, <u>집합건물법 제15조제1항 또는 제15종의2 제1항에서 정한 특별결의나 집합건물법 제41조 제1항에서 정한 서면이나 전자적 방법 등에 의한 합의의 방법으로 집합건물의 관리단으로부터 공용부분 변경에 관한 업무를 위임받은 입주자대표회의는 특별한 사정이 없는 한 구분소유자들을 상대로 자기 이름으로 소를 제기하여 공용부분 변경에 따른 비용을 청구할 권한이 있다.</u>"고 판결하였다.

다만, 입주자대표회의[18]는 위와 같이 공동주택관리법에 법적 근

---

18) 상가건물의 경우 입주자대표회의와 같은 취지의 상가번영회가 있는바, 그에 대한 특별법상의 설

거를 두고 공동주택(아파트, 연립주택, 다가구주택 등)의 임차인을 포함한 입주자들로부터 선출된 소수의 동대표들의 모임으로써 관리비 징수·운영, 엘리베이터, 주차장 등 입주민의 공동시설 관리, 입주민들의 공동규율 제정관리 등을 할 권한이 있을 뿐이고, 구분소유권과 관련된 권한은 없으므로 구분소유자에게는 관리단과 같은 물권적 청구권을 행사할 수 없다.

[대법원 2019.9.29. 선고 2015다208252 판결 건물 등 철거]은 「입주자대표회의에서 소송을 제기하기로 결의하였으나 관리단집회의 결의를 거치지 아니하고 입주자대표회의 회장, 동대표와 그 배우자들이 아파트 건축 시 시행사로부터 사용기간 영구, 무상의 사용승낙을 얻어, 아파트 대지의 지상에 사건 아파트와 인근 지역에 도시가스를 공급하기 위해 필수적인 시설도시인 정압기실을 설치한 시설도시가스사업자를 상대로 제기한 정압기실의 철거와 부지 인도를 구하는 사건소송」에서 '시설도시가스사업자는 아파트 건축 시 시행사의 사용승낙을 받아 적법하게 이 사건 정압기실을 설치하였고 그 후 현재까지 이 사건 정압기실이 이 사건 아파트의 대지에 존재해 왔으므로, 그 철거를 구하는 것이 이 사건 아파트 대지의 현상을 유지하기 위한 행위라고 보기도 어려우므로 위 청구는 보존행위가 아니라 아파트 대지의 관리를 위한 행위로서 **집합건물법 제16조제1항에 따라 아파트 관리단집회의 결의를 거쳐야** 하는데도, 결의를 거치지 않았으므로 청구는 허용될 수 없다'고 판결하였다.

2) 관리단과 위탁전문 위탁관리업자사이의 관리권한에 대하여

위탁관리업자의 관리단의 관리업무의 권한과 범위는 관리위탁계약에서 정한 바에 따르며, 이 경우 관리비의 부과·징수를 포함한 포괄적인 관리업무를 위탁관리업자에게 위탁하는 것이 통상적이며, 여기에는 관리비에 관한 재판상 청구 권한 역시 수여하는 것

치 근거는 없으나 상인들의 사적자치단체로 설치되어 있는 것이 일반적이다.

도 포함되었다고 봄이 타당하므로 **위탁관리업자는 관리비를 청구할 당사자적격이 있으므로 위탁관리업자는 구분소유자 등을 상대로 관리비청구 소송을 수행할 수 있다.** 여기서 <u>유의할 점</u>은 위탁관리업자가 소송을 진행하던 중 관리위탁계약이 종료되어 그 자격을 잃게 되면 소송절차는 중단되며, 이 경우 같은 자격을 가진 새로운 위탁관리업자가 소송절차를 수계하거나 새로운 위탁관리업자가 없으면 관리단이나 관리인이 직접 소송절차를 수계하여야 한다는 점이며, 다만, 이 경우에도 선임된 소송대리인이 소송을 진행하고 있는 경우에는 비록 관리위탁계약이 종료하더라도 소송절차가 중단되지 않고 계속 진행된다는 점도 유의하여야 한다.

[대법원 2022. 5. 13. 선고 2019다22951 판결]은 "집합건물의 관리업무를 담당할 권한과 의무는 관리단과 관리인에게 있고(본법 제23조의2, 제25조), 관리단이나 관리인은 집합건물을 공평하고 효율적으로 관리하기 위하여 전문적인 위탁관리업자와 관리위탁계약을 체결하고 건물 관리업무를 수행하게 할 수 있다. 이 경우 **위탁관리업자의 관리업무의 권한과 범위**는 관리위탁계약에서 정한 바에 따르나 **관리비의 부과·징수를 포함한 포괄적인 관리업무를 위탁관리업자에게 위탁하는 것이 통상적이므로, 여기에는 관리비에 관한 재판상 청구 권한을 수여하는 것도 포함되었다고 봄이 타당하다.** 관리업무를 위탁받은 위탁관리업자가 관리업무를 수행하면서 구분소유자 등의 체납 관리비를 추심하기 위하여 직접 자기 이름으로 관리비에 관한 재판상 청구를 하는 것은 임의적 소송신탁에 해당하지만, 집합건물 관리업무의 성격과 거래현실 등을 고려하면 이는 특별한 사정이 없는 한 허용되어야 하고, 이때 **위탁관리업자는 관리비를 청구할 당사자적격이 있다고 보아야 한다.**(대법원 2016. 12. 15.선고 2014다87885, 87892 판결 등 참조)

관리비징수 업무를 위탁받은 위탁관리업자는 민사소송법 제237조 제1항에서 정한 '일정한 자격에 의하여 자기의 이름으로 남을 위하여 소송당사자가 된 사람'에 해당한다. 따라서 **위탁관리업자가 구분소유자 등을 상대로 관리비청구 소송을 수행하던 중 관리위탁계약이 종료되어 그 자격을 잃게 되면 소송절차는 중단되고, 같은 자격을 가진 새로운 위탁관리업자가 소송절차를 수계하거나 새로운 위탁관리업자가 없으면 관리단이나 관리인이 직접 소송절차를 수계하여야 한다**(민사소송법 제237조 제1항). 다만 **소송대리인이 있는 경우에는 관리위탁계약이 종료하더라도 소송절차가 중단되지 않는다**(민사소송법 제238조)."고 판결하였다.

라. 일부공용부분의 관리

본법 제14조는 "일부공용부분의 관리에 관한 사항 중 구분소유자 전원에게 이해관계가 있는 사항과 제29조제2항의 규약으로써 정한 사항은 구분소유자 전원의 집회결의로써 결정하고, 그 밖의 사항은 그것을 공유하는 구분소유자만의 집회결의로써 결정한다."고 규정하고 있다.이는 일부공용부분의 관리에 관한 사항이 구분소유자 전원에게 이해관계가 있는 사항과 이에는 해당하지 않으나 규약에서 구분소유자 전원의 집회결의로써 결정하도록 규정된 사항은 구분소유자 전원의 집회결의로써 결정하고 그 밖의 일부공용부분의 관리에 관한사항(제29조제2항의 규약으로써 정한 사항)은 그것을 공유하는 일부구분소유자만의 집회결의로써 결정할 수 있음을 규정한 것이다.

5. 공용부분의 변경에 관하여

　공용부분의 변경이란 기존의 공용부분의 외관과 구조를 변경하거나, 그 기능과 용도를 변경함으로써 공용부분의 형상 또는 효용을 실질적으로 변경시키는 것을 말하는바, 여기에 해당하는지 여부는 변경되는 부분과 그 범위, 변경의 방식이나 태양, 변경 전과 변경 후의 외관이나 용도에 있어서 동일성 여부, 그 밖에 변경에 소요되는 비용 등을 고려하여 판단하여야 한다.(대법원 2008. 9. 25. 선고 2006다86597 판결 참조)

　2020. 2. 4. 법16919호로 개정된 본법은 제15조에서 **공용부분의 용도 및 형상 등의 단순한 변경 사항에 관하여**, 제15조의2에서 **구분소유자의 구분소유권 및 대지사용권의 범위나 내용의 변동, 기타 권리관계에 특별한 변동을 일으키는 사항에 관하여**, 두 가지 경우로 분류하여 각 규정하였고, [법률 제19262호. 2023.3.28. 일부개정]로 다시 개정된 **제15조의2제1항은 단서**에서 「관광진흥법」상의 휴양 콘도미니엄의권리변동 있는 공용부분의 변경에 관한 사항에 관한 의결정족수를 구분소유자 및 의결권의 각 2/3이상으로 다시 개정하였다.

　예를 들면, 공용부분에 집합건물을 증축하여 전유부분을 새로 만든 경우, 증축된 전유부분에 관한 대지사용권의 성립으로 구분소유자들의 기존 전유부분에 대한 대지사용권에 변동을 가져오게 되고, 구분소유자들은 증축된 전유부분에 관한 지분을 새로이 취득하게 되고, 한편으로는 관련 공사비용을 부담하게 되는 경우이며, 이 경우에는 '공용부분의 용도 및 형상의 변경이 이용관계의 단순한 변화를 넘어서서 집합건물의 구조를 변경하여 구분소유자의 구분소유권의 범위 및 대지사용권의 내용에 변동을 일으키는 경우이므로 본법 제15조규정의 공용부분의 용도 및 형상 등의 단순한 변경에 해당하지 아니한다.

가. 공용부분의 용도 및 형상 등의 공용부분의 단순한 변경에 관하여

　1) 관리단집회의 의결정족수

　　본법 제15조제1항은 "공용부분의 변경에 관한 사항은 관리단집회에서 구분소유자 및 의결권의 각 2/3 이상의 결의로써 결정한다. 다만, 다음 각 호의 어느 하나에 해당하는 경우에는 제38조제1항에 따른 통상의 집회결의로써 결정할 수 있다. 1.공용부분의 개량을 위한 것으로서 지나치게 많은 비용이 드는 것이 아닐 경우. 2. 관광진흥법 제3조제1항 나목에 따른 휴양 콘도미니엄의 운영을 위한 휴양 콘도미니엄의 공용부분 변경에 관한 사항인 경우"라고 규정하고 있다.

　　이는 공용부분의 용도 및 형상 등의 단순한 변경에 관한 사항은 구분소유자 및 의결권의 각 2/3 이상의 결의로써 결정하는 것이 원칙이나, 비록 '공용부분의 변경에 해당하는 사항 중 개량을 위한 것으로서 지나치게 많은 비용이 드는 것이 아닌 사항'과 '휴양 콘도미니엄의 공용부분 변경에 관한 사항'은 통상의 집회결의 방법인 구분소유자 및 의결권의 각 과반수로 결정할 수 있음을 규정한 것이다.

　　여기서 '<u>공용부분의 개량을 위한 것으로서 지나치게 많은 비용</u>'이 <u>드는 사항인지 여부의 판단기준</u>은 구체적 사항에 따라 판단할 수밖에 없다. 공용부분의 변경에 상당히 고액을 요하는 경우는 물론이나, 그 금액이 비록 그다지 고액은 아니라고 하더라도 지출하는 금액에 비하여 개량의 효과가 그다지 크지 아니한 경우에는 과다한 비용이 드는 것으로 보아야 타당하기 때문이다.

　2) 특별 이해관계에 있는 구분소유자로부터의 승낙

　　본법 제15조제2항은 "제1항의 경우에 공용부분의 변경이 다른 구분소유자의 권리에 특별한 영향을 미칠 때에는 그 구분소유자의 승낙을 받아야 한다."고 규정하고 있다. 예를 들면, 공사로 인

하여 전유부분의 출입이 자유롭지 못한 경우 또는 공사의 결과 다른 구분소유자의 일조권이나 조망권 또는 통풍관계가 악화되는 경우 등에서 발생할 수 있다. 이 경우에는 '특정 전유부분의 사용에 특별한 영향을 주는 경우'에 해당하므로 관리단집회의 구분소유자 및 의결권의 각 2/3이상의 결의와는 별도로 그런 특별한 이해관계가 있는 해당 구분소유자의 승낙을 얻어야 한다. 다만, 위와 같이 공사로 인하여 전유부분의 출입이 자유롭지 못한 경우에도 공사기간이 아주 단기간인 경우에는 공용부분의 변경에 의한 영향이 비교적 경미하므로 특별한 사정이 없는 한 해당 구분소유자는 승낙을 거절할 수 없다고 봄이 타당하다.

위와 같이 특별결의와 함께 그와는 별도로 권리에 특별한 영향을 받는 구분소유자로부터 개별적인 승낙을 받도록 한 취지는 다수결에 의한 결의만으로는 정당화될 수 없는 일부 소수 구분소유자들의 '특별한 희생'을 따로 배려하도록 한 것인바, 여기서 **'특별한 영향을 받는 구분소유자'**란 공용부분의 변경으로 다른 구분소유자는 받지 않는 불이익을 차별적으로 받게 되는 구분소유자를 말하므로 공용부분의 변경에 필요한 공사비용 등을 구분소유자들이 지분별로 분담하는 경우처럼 **'공용부분의 변경이 모든 구분소유자에게 동일하게 영향을 미치는 경우'**에는 **여기에 해당하지 않음에 유의**하여야 한다.(대법원 2014.9.4.선고201두 25955 판결 참조)

나. 권리변동 있는 공용부분의 변경의 특별결의 요건에 대하여

1) 각 특별결의 요건 및 결의사항 등에 관하여

본법 제15조의2제1항은 "제15조에도 불구하고 건물의 노후화 억제 또는 기능 향상 등을 위한 것으로 구분소유권 및 대지사용권의 범위나 내용에 변동을 일으키는 공용부분의 변경에 관한 사항은 관리단집회에서 구분소유자의 4/5이상 및 의결권의 4/5이상의 결의로써 결정한다. 다만, 「관광진흥법」 제3조제1항제2호나목에 따른 휴양 콘도미니엄업의 운영을 위한 휴양 콘도미니엄의 권리변동 있는 공용부분 변경에 관한 사항은 구분소유자의 2/3 이상 및 의결권의 2/3 이상의 결의로써 결정한다."고 규정하고 있다.

이는 제15조규정의 공용부분의 용도 및 형상 등의 단순한 변경을 넘어서 구분소유권 및 대지사용권의 범위나 내용에 변동을 일으키는 권리변동 있는 공용부분의 변경사항은 구분소유자 전원에게 더욱더 중차대한 이해관계가 있으므로 관리단집회에서 구분소유자의 4/5이상 및 의결권의 4/5이상의 특별의결정족수의 결의로, 「관광진흥법」 제3조제1항제2호나목에 따른 휴양 콘도미니엄업[19]의 권리변동 있는 공용부분 변경사항은 구분소유자의 2/3 이상 및 의결권의 2/3 이상의 특별의결정족수의 결의로써 결정하여야 함을 규정한 것이며, 위 단서규정은 신설된 규정이다.

동조 제2항은 "제1항의 결의에서는 다음 각 호의 사항을 정하여야 한다. 이 경우 제3호부터 제7호까지의 사항은 각 구분소유자 사이에 형평이 유지되도록 정하여야 한다. 1.설계의 개요 2. 예상 공사 기간 및 예상 비용(특별한 손실에 대한 전보 비용을 포함) 3. 제2호에 따른 비용의 분담 방법 4. 변경된 부분의 용도, 5. 전유부분 수의 증감이 발생하는 경우에는 변경된 부분의 귀속에 관한 사항 6. 전유부분이나 공용부분의 면적에 증감이 발생하는 경우에는 변경된 부분의 귀속에 관한 사항 7. 대지사용권의 변경에 관한 사항 8. 그 밖에 규약으로 정한 사항"이라고 규정하고 있다.

이는 권리변동 있는 공용부분의 변경사항은 관리단집회에서 위 제1호부터 제8호까지의 모든 사항을 반드시 위 특별의결정족수

---

19) 「관광진흥법」 제3조제1항제2호나목에 따른 휴양 콘도미니엄업이란 관광객의 숙박과 취사에 적합한 시설을 갖추어 이를 그 시설의 회원이나 공유자, 그 밖의 관광객에게 제공하거나 숙박에 딸리는 음식·운동·오락·휴양·공연 또는 연수에 적합한 시설 등을 갖추어 이를 이용하게 하는 업을 말한다.

로 의결하여야 하고, 그 중 제3호부터 제7호까지의 사항은 각 구분소유자 사이에 형평이 유지되도록 결정하여야 함을 규정한 것으로써 본법 제47조 규정의 재건축결의 요건이나 도시 및 주거환경정비법 제36조 규정의 재건축사업을 위한 조합설립동의서의 기재사항과 거의 동일하며, 이를 위 결의사항을 위반한 경우 그 결의는 하자로 인하여 당연 무효가 될 수 있으며, 이 경우 결의 무효확인의 소를 제기할 수 있다.

동조 제3항은 "제1항의 결의를 위한 관리단집회의 의사록에는 결의에 대한 각 구분소유자의 찬반 의사를 적어야 한다."고 규정하고 있다. 이는 관리단집회의 결의사항에 대한 구분소유자들의 의사의 투명성 및 명확성을 기하기 위하여 반드시 의사록을 작성하고 각 구분소유자의 각 찬반 의사를 기재하도록 하는 것이다.

동조 제4항은 "제1항의 결의가 있는 경우에는 제48조 및 제49조를 준용한다."고 규정하고 있다. 이는 권리변동 있는 공용부분의 변경사항에 대한 결의가 있는 경우 위 결의에 찬성하지 않은 구분소유자(그의 승계인 포함)에 대하여는 재건축결의의 경우의 절차인 구분소유권 등의 매도청구 등을 규정한 본법 제48조 및 재건축 결의에 찬성한 각 구분소유자, 재건축결의 내용에 참여할 뜻을 회답한 각 구분소유자 및 구분소유권 또는 대지사용권을 매수한 각 매수지정인(이들의 승계인 포함)은 재건축결의 내용에 재건축에 합의한 것으로 간주함을 규정한 본법 제49조 규정을 준용함을 규정한 것이다.

2) 공용부분의 변경 사항(본법 제15조)과 권리변동 있는 공용부분의 변경 사항(본법 제15조의2)에 대한 서면 또는 전자적 방법에 의한 결의요건의 세분화

본법 제41조는 [시행 2023. 9. 29.][법률 제19282호, 2023. 3. 28. 일부개정]으로 위 공용부분의 변경 사항(본법 제15조)과 권리변동 있는 공용부분의 변경 사항(본법 제15조의2)에 대한 서면

또는 전자적 방법에 의한 결의요건을 세분화하여 규정하고 있다는 점이다. 즉, **공용부분의 변경이 「관광진흥법」 제3조제1항제2호나목에 따른 휴양콘도미엄업의 운영을 위한 휴양 콘도미니엄의 공용부분 변경에 관한 사항의 경우**에는 구분소유자 및 의결권의 각 과반수의 합의로(제15조제1항제2호), **구분소유권 및 대지사용권의 범위나 내용에 변동을 일으키는 권리변동 있는 공용부분의 변경에 관한 사항의 경우**에는 제15조의2제1항 본문에 규정된바와 동일하게 구분소유자 및 의결권의 각 4/5 이상의 합의로, **「관광진흥법」 제3조제1항제2호나목에 따른 휴양콘도미엄업의 운영을 위한 휴양 콘도미니엄의 권리변동 있는 공용부분 변경에 관한 사항의 경우**에는 구분소유자 및 의결권의 각 2/3이상의 합의에 의해 관리단집회의 결의가 있는 것으로 간주된다는 점이며, **본법 제41조는 서면에 의한 합의의 절차, 합의서·결의서의 형식 및 내용 등에 관하여 아무런 제한을 두고 있지 않으므로 구분소유자들이 서면에 의한 합의의 구체적 내용을 충분히 인식하고 합의에 이르렀다는 사정이 인정된다면 그 합의는 유효하다고 보는 것이 대법원판례의 입장(대법원 2014.9.4.선고2013두25955 판결 참조)이며, 소송의 승소 여부에 중대한 영향을 미침에 유의하여야 한다.**

다. 일부 구분소유자가 공용부분을 전용(專用)하는 경우

1) 구분소유자 중 일부로 하여금 집합건물의 복도, 계단 등과 같은 공용부분을 전용하여 사용하도록 하는 사항에 대한 결의에 대하여

공용부분을 구분소유자 일부로 하여금 전용으로 사용하게 하는 사항은 **본법의 공용부분의 변경(제15조) 또는 관리(제16조)에 관한 사항에 해당한다. 전자의 경우** 본법 제15조제1항 본문에 해당하는 경우에는 구분소유자 및 의결권의 각 2/3이상의 관리단집회의 결의로, 단서규정에 해당하는 경우에는 통상의 결의방법인 구분소유자 및 의결권의 과반수 결의로, 그리고 **후자의 경우**

에는 본법 제16조제1항 규정에 따라 본법 제15조제1항 본문과 제15조의2제1항 단서의 경우에는 구분소유자 및 의결권의 각 2/3이상의 결의로, 제15조의2제1항 본문의 경우에는 구분소유자 및 의결권의 각 4/5이상 결의로, 그리고 나머지 경우에는 통상의 결의방법인 구분소유자 및 의결권의 각 과반수 의결로 결의하여야 한다.(대법원 2020. 5. 21.선고2017다220744 전원합의체 판결 참조)

2) 구분소유자 중 일부가 정당한 권원 없이 집합건물의 복도, 계단 등과 같은 공용부분을 배타적으로 점유·사용하게 하는 경우의 부당이득 반환의 의무 여부에 대하여

공용부분을 무단 점유한 구분소유자는 특별한 사정이 없는 한 해당 공용부분을 점유·사용함으로써 얻은 이익을 부당이득으로 반환할 의무가 있으며, 해당 공용부분이 구조상 이를 별개 용도로 사용하거나 다른 목적으로 임대할 수 있는 대상이 아니더라도 무단점유로 인하여 다른 구분소유자들이 해당 공용부분을 사용·수익할 권리가 침해되었고 이는 그 자체로 민법 제741조에서 정한 손해로 볼 수 있으므로 해당 공용부분을 점유·사용함으로써 얻은 이익을 부당이득으로 반환할 의무가 있고, 이러한 법리는 구분소유자가 아닌 제3자가 집합건물의 공용부분을 정당한 권원 없이 배타적으로 점유·사용하는 경우에도 마찬가지로 적용된다.(대법원 2020. 5. 21.선고2017다220744 전원합의체 판결 참조)

라. 공용부분의 변경결의로 상가집합건물에 대한 수직증축형리모델링이 가능한지 여부

리모델링이란 건축물의 노후화를 억제하거나 기능 향상 등을 위하여 대수선하거나 건축물의 일부를 증축 또는 개축하는 행위를 말하는바(건축법 제2조제10호), 공용부분의 변경에 관한 본법의 개정으로 인하여 공용부분의 변경결의로 상가집합건물의 리모델링이 가능한지 여부가 문제된다.

본법 제15조의2의 '권리변동 있는 공용부분의 변경' 규정이 신설되기 이전의 대법원 판례는 본법 제15조의 '공용부분의 변경'절차에 의한 상가집합건물의 수직증축형리모델링은 허용될 수 없다는 입장(대법원 2014. 9. 4. 선고 2013두25955호 판결 참조)이었다.

한편, 2020. 2. 4. 법16919호로 신설된 **본법 제15조의2제1항**은 '제15조(공용부분의 변경)에도 불구하고 건물의 노후화 억제 또는 기능향상 등을 위한 것으로 구분소유권 및 대지사용권의 범위나 내용에 변동을 일으키는 공용부분의 변경에 관한 사항은 관리단집회에서 구분소유자 및 의결권의 각 4/5이상의 결의로써 결정한다.'라고 규정하고있고, **[법률 제19262호. 2023. 3. 28. 일부개정]로 개정된 본법 제47조제2항**은 재건축 결의사항의 의결정족수를 구분소유자 및 의결권의 각 4/5이상으로, 단서에서 「관광진흥법」 제3조제1항제2호나목에 따른 휴양콘도미엄업의 운영을 위한 휴양 콘도미니엄의 재건축 결의의 의결정족수를 구분소유자 및 의결권의 각 2/3이상으로 규정하며, 여기서 상가집합건물에 대한 재건축 결의사항을 제외하고 있지 않다.

또한, **주택법 제2조제1항제10호는 "리모델링"**에 대하여, '**건축물의 노후화 억제 또는 기능 향상 등을 위한 행위**로써 가. 대수선(大修繕) 나. 사용검사일(주택단지 안의 공동주택전부에 대한 임시사용승인일) 또는 사용일로부터 15년이 경과된 공동주택은 각 세대의 주거전용면적의 30%이내(세대의 주거전용면적이 85㎡ 미만인 경우에는 40%이내)에서 증축하는 행위 다. 나목에 따른 각 세대의 증축 가능면적을 합산한 면적의 범위에서 기존 세대수의 15% 이내에서 세대수를 증가하는 증축행위(세대수증가형리모델링). 다만, 수직으로 증축하는 행위(수직증축형리모델링)의 경우에는 1) 최대 3개층 이하로서 대통령령으로 정하는 범위에서 증축할 할 것과 2) 리모델링대상 건축물의 구조도 보유 등 대통령령으로 정하는 요건을 갖출 것의 위 2가지 요건을 모두 충족하는 행위에 한정하는 행위'라고 규정하고 있고, 시행령 제13조제1항은 위 수직증축형 리모델링의 허용요건의 대통령령으로 정하는 범위에 대하여 1. 수직으로 증축하는 행위의 대상이 되는 기존 건축물의 층수가 15층 이상인 경우: 3개층 2. 14층 이하인 경우: 2개층로 규정하고 있고, 제2항은 위 '리모델링대상 건축물의 구조도 보유'에 대하여 수직증축형 리모델링의 대상이 되는 기존 건축물의 신축 당시 구조도를 보유하고 있는 것을 말한다고 규정하고 있고, 동법 제70조는 수직증축형리모델링의 설계자는 국토교통부장관이 고시하는 구조기준에 맞게 구조설계도를 작성하여야 한다고 수직증축형리모델링의 구조기준을 규정함으로써 공동주택의 경우의 수직증축형리모델링을 허용하고 있다.

따라서 본법 제15조의2가 규정한 '권리변동 있는 공용부분의 변경'의 요건이 본법 제47조규정의 재건축 결의 요건에 상당하는 요건을 규정하고 있으며, 여기서 상가집합건물의 경우를 제외하고 있지 않고 있는 점, 주택법이 위와 같은 기준으로 공동주택의 경우의 수직증축형리모델링을 허용하고 있는 점, 그리고 위 대법원 판례의 입장은 본법 제15조의2의 '권리변동 있는 공용부분의 변경' 규정이 신설되기 이전의 입장이라는 점 등을 종합하면, **상가집합건물의 리모델링 역시 본법 제15조의2의 '권리변동 있는 공용부분의 변경' 규정 절차에 따라 주택법이 허용하는 범위 내에서 허용하여야 한다고 봄이 타당하다.**

6. 공용부분의 관리비용의 부담·수익, 수선적립금, 그리고 공용부분에 관하여 발생한 채권의 효력

가. 공용부분의 부담·수익에 관하여

1) **본법 제17조**는 "각 공유자는 규약에 달리 정한 바가 없으면 그 지분의 비율에 따라 관리비용 기타 의무를 부담하며, 공용부분에서 생기는 이익을 취득한다."고 규정하고 있다. 이는 공용부분의 관리비용 기타 의무의 부담과 공용부분으로부터 발생하는 수익은 규약에 달리 정한 바 없으면 전유면적의 비율에 따라 부담하고, 수익을 취득하는 것이 원칙임을 규정한 것이며, 여기에서 '**지분의 비율**'이란 전유면적의 비율을 말한다. 여기서 공용부분의 유지, 개량 등을 위한 필요비, 유익비는 관리비용에 속하고, 공용부분에 대한 조세 등은 부담에 속하며, 공용부분을 특정한 자에게 임대하여 얻은 수입은 수익에 해당한다.

2) 관리단의 전유부분 관리비에 대한 징수권한 여부

집합건물의 공용부분과 달리 전유부분은 구분소유자가 직접 관리하는 것이 원칙이므로 본법은 관리단에게 전유부분 관리비에 대한 징수권한은 부여하고 있지 않다. 그러나 규약에서 관리단이 공용부분과 관련된 전유부분에 대한 관리비 역시 구분소유자로부터 징수할 수 있도록 규정하고 있다면 관리단은 그 규약에 따라 구분소유자에게 전유부분의 관리비 역시 청구할 수 있다고 봄이 타당하다.

한편, 본법 제25조제1항 제2호는 공용부분의 관리비용 등 관리단의 사무 집행을 위한 비용과 분담금을 각 구분소유자에게 청구·수령하는 행위 및 그 금원을 관리하는 행위에 대한 권한과 의무를 관리인에게 주고 있으므로 관리단은 관리비징수에 관한 유효한 규약이 있으면 그에 따라, 유효한 규약이 없더라도 본법 제17조 및 제25조제1항에 따라 적어도 공용부분에 대한 관리비에

대하여는 이를 그 부담의무자인 구분소유자에 대하여 청구할 수 있으며(대법원 2011. 3. 24.선고 2010다94076, 94083 판결 등 참조). 이러한 법리는 **무효인 관리인 선임 결의에 의하여 관리인으로 선임된 자가 집합건물에 관하여 사실상의 관리행위를 한 경우에도** 마찬가지로 적용된다. (대법원 2021. 9. 16. 선고 2016다260882 판결)

유의할 점은 본법 제17조는 집합건물의 구분소유자에게 전유부분의 면적 비율에 따라 공용부분에 대한 관리의무가 귀속된다는 원칙을 규정한 것일 뿐, 구분소유자가 제3자와 개별적인 계약을 통해 관리방식을 선택하고 그에 따른 비용부담과 정산방법 등을 구체적으로 정하는 것을 제한하는 규정이 아니므로 **관리규약이나 관리단, 관리인 등이 제대로 갖춰지지 않은 집합건물의 구분소유자들이 개별적인 계약을 통해 제3자에게 건물관리를 위탁한 경우**에는 구분소유자와 제3자 사이의 법률관계는 당사자가 체결한 계약의 내용에 따라 정해지고, 특별한 사정이 없는 한 집합건물법상 관리단 또는 관리인에 관한 **본법 제17조규정이 적용되지 않으므로 관리단이나 관리인이 아닌 제3자에게 비용부담청구권이 있다고 보는 것이 타당하다는 점**(대법원 2021. 9. 30. 선고 2020다295304 판결 참조), 그리고 **본법 제17조규정의 공용부분의 부담·수익문제는 공유자들 사이의 내부관계이므로 각 공유자와 제3자사이의 외부관계는 별도의 문제로서 해당 법률관계에 따른다는 점**이다.

나. 공용부분을 위한 수선적립금에 대하여

1) 공용부분의 수립절차

본법 제17조의2제1항은 "제23조에 따른 관리단은 규약에 달리 정한 바가 없으면 관리단집회 결의에 따라 건물이나 대지 또는 부속시설의 교체 및 보수에 관한 수선계획을 수립할 수 있다."고 규정하고 있다. 이는 본법 제23조 규정에 따라 구분소유관계가 성립하면 당연 설립되는 1동의 집합건물의 관리단은 건물이나 대지 또는 부속시설의 교체 및 보수에 관한 수선계획의 수립에 관하여 규약에 달리 정한바 없으면 관리단집회의 결의에 따라 각 계획을 수립할 수 있음을 규정한 것이다.

2) 수선적립금의 적립

동조 제2항은 "관리단은 규약에 달리 정한 바가 없으면 관리단집회의 결의에 따라 수선적립금을 징수하여 적립할 수 있다. 다만, 다른 법률에 따라 장기수선을 위한 계획이 수립되어 충당금 또는 적립금이 징수·적립된 경우에는 그러하지 아니한다."고 규정하고 있다.

이는 관리단은 수선적립금에 대하여 규약에 달리 정한바 있으면 그에 따르고, 규약에 정한바 없으면 관리단집회의 결의에 따라 수선적립금을 징수하여 적립할 수 있으며, 다만, 공동주택관리법 등 다른 법률에 따라 장기수선을 위한 계획이 수립되어 충당금 또는 적립금이 징수·적립된 경우에는 그에 따르고 위 규정이 적용되지 않음을 규정한 것이다.

3) 수선적립금의 귀속

동조 제3항은 "제2항에 따른 수선적립금은 구분소유자로부터 징수하며 관리단에 귀속된다."고 규정하고 있다. 이는 구분소유자로부터 징수한 수선적립금은 관리단의 소유로 귀속됨을 규정한 것이다.

4) 수선적립금의 용도

동조 제4항은 "관리단은 규약에 달리 정한 바가 없으면 수선적립금을 1. 제1항의 수선계획에 따른 공사, 2. 자연재해 등 예상하지 못한 사유로 인한 수선공사, 3. 제1호 및 제2호의 용도로 사용한 금원의 변제에 사용하여야 한다."고 규정하고 있다. 이는 관리단은 수선적립금의 용도에 대하여 규약에서 특정한바 있으면 그에 따르고, 규약에 없으면 관리단집회의 결의에 따라 수선적립금을 달리 사용할 있음을 규정한 것이다.

5) 수선계획의 수립 및 수선적립금에 대한 시행령 규정

동조 제5항은 "제1항에 따른 수선계획의 수립 및 수선적립금의 징수·적립에 필요한 사항은 대통령령으로 정한다."고 규정하고 있다. 한편, **제1항에 따른 수선계획의 수립 및 수선적립금의 징수·적립에 필요한 사항**에 대하여 **시행령(대통령령) 제5조의 3**은 "법 제23조에 따른 관리단이 법 제17조의2제1항에 따라 수립하는 수선계획에는 다음 각 호의 사항이 포함되어야 한다. 1. 계획기간 2. 외벽 보수, 옥상 방수, 급수관·배수관 교체, 창·현관문 등의 개량 등 수선대상 및 수선방법 3. 수선대상별 예상 수선주기 4. 계획기간 내 수선비용 추산액 및 산출근거 5. 수선계획의 재검토주기 6. 법 제17조의2제2항 본문에 따른 수선적립금(이하 "수선적립금"이라 함)의 사용절차 7. 그 밖에 관리단집회의 결의에 따라 수선계획에 포함하기로 한 사항"라고 규정하고 있고, **시행령(대통령령) 제5조의4**는 수선적립금의 징수적립에 대하여 "① 관리단은 법 제17조의2제2항 본문에 따라 수선적립금을 징수하려는 경우 관리비와 구분하여 징수해야 한다. ② 수선적립금은 법 제28조에 따른 규약이나 관리단집회의 결의로 달리 정한 바가 없으면 법 제12조에 따른 구분소유자의 지분 비율에 따라 산출하여 징수하고, 관리단이 존속하는 동안 매달 적립한다. 이 경우 분양되지 않은 전유부분의 면적 비율에 따라 산출한 수선적립금 부담 분은 분양자가 부담한다. ③ 수선적립금의 예치방법에 관하여 규약이나 관리단집회의 결의로 달리 정한 바가 없으면, 「은행법」제2조제1항제2호에 따른 은행 또는 우체국에 관리단의 명의로 계좌를 개설하여 예치해야 한다. ④ 구분소유자는 수선적립금을 법 제5조제4항에 따른 점유자가 대신하여 납부한 경우에는 그 금액을 점유자에게 지급해야 한다."라고 규정하고 있으며, 여기서 **「은행법」제2조제1항제2호에 따른 은행**이란 은행업을 규칙적·조직적으로 경영하는 한국은행 외의 모든 법인을 말하며, **법**

제5조제4항에 따른 점유자란 세입자 등 전유부분을 점유하는 자로서 구분소유자가 아닌 자를 말한다.

따라서 **관리단은 위 각 호의 사항이 포함된 수선계획을 규약 또는 관리단집회의 결의에 의해 수립**하여야 하고, 관리단은 **수선적립금은 관리비와 구분하여 징수**해야 하며, 규약이나 관리단집회의 결의로 달리 정한 바가 없으면 수선적립금은 **구분소유자의 전유면적의 지분 비율에 따라 산출하여 징수하고, 관리단이 존속하는 동안 매달 적립**하며, 이 경우 **분양되지 않은 전유부분의 면적 비율에 따라 산출한 수선적립금 부담 분은 분양자가 부담**하고, **수선적립금의 예치방법은 규약이나 관리단집회의 결의로 달리 정한 바가 없으면, 은행 또는 우체국에 관리단의 명의로 계좌를 개설하여 예치**해야 하며, **구분소유자의 수선적립금을 점유자가 대신하여 납부한 경우에는 구분소유자는 그 금액을 점유자에게 지급해야** 한다.

다. 공용부분에 관하여 발생한 채권의 효력

1) 공용부분에 관하여 발생한 채권에 대한 특별승계인의 승계

본법 제18조는 "공유자가 공용부분에 관하여 다른 공유자에 대하여 가지는 채권은 그 특별승계인에 대하여도 행사할 수 있다."고 규정하고 있다.

이는 집합건물의 공용부분은 전체 공유자의 이익에 공여하는 것이어서 공동으로 유지·관리되어야만 하고 그에 대한 적정한 유지·관리를 도모하기 위하여 소요되는 경비에 대한 공유자 간의 채권은 이를 특히 보장할 필요가 있어 공유자의 특별승계인에게 그 승계의사의 유무에 관계없이 청구할 수 있도록하기 위하여 특별규정을 둔 것이며, 공용부분에 관하여 발생한 공유자의 다른 공유자에 대한 채권은 그의 특별승계인에게 승계되어 특별승계인에게도 그 승계의사 유무에 관계없이 채권을 행사할 수 있으므로 만일, 전(前) 구분소유자의 특별승계인에게 전(前) 구분소유자의

체납관리비를 승계하도록 하는 관리규약의 규정이 있다면, 그 규정 중 공용부분 관리비에 관한 부분은 위 규정에 터 잡은 것으로 유효하다.

예를 들면, 공유자가 공유물의 관리를 위하여 입체(立替)한 상환청구권은 '공용부분에 관하여 발생한 채권'이므로 공유자는 그 특별(특정)승계인20)에 대하여도 채권을 행사할 수 있다.

2) 공용부분에 관하여 발생한 채권에 대한 특별승계인의 승계 및 합리성의 원칙과 민법상 신의성실의 원칙 사이의 관계

민법상 신의성실의 원칙은 법률관계의 당사자가 상대방의 이익을 배려하여 형평에 어긋나거나 신뢰를 저버리는 내용 또는 방법으로 권리를 행사하거나 의무를 이행하여서는 아니 되는 추상적 규범을 말하는 것인바, 사적자치의 영역을 넘어 공공질서를 위하여 공익적 요구를 선행시켜야 할 사안에서는 원칙적으로 합법성의 원칙은 신의성실의 원칙보다 우월한 것이므로 신의성실의 원칙은 합법성의 원칙을 희생하여서라도 구체적 신뢰보호의 필요성이 인정되는 경우에 비로소 적용된다고 봄이 상당하다.(대법원 2000. 8. 22. 선고 99다62609, 62616 판결 등 참조)

한편, 집합건물의 공용부분은 전체 공유자의 이익에 공여하는 것이므로 공동으로 유지·관리해야 하고 그에 대한 적정한 유지·관리를 도모하기 위해서는 소요되는 경비에 대한 공유자 간의 채권은 이를 특히 보장할 필요가 있어 공유자의 특별승계인에게 그 승계의사의 유무에 관계없이 청구할 수 있도록 본법 제18조에서 특별규정을 두고 있으므로, 공공질서를 위하여 공익적 요구되는 합리성의 원칙에 따라 아파트의 특별승계인은 전 입주자의 체납관리비 중 공용부분에 관하여 이를 승계하여야 한다고

---

20) 승계취득에는 각 권리가 매매, 또는 증여 등 법률행위를 원인에 의해 취득하는 경우를 특정승계, 하나의 취득원인에 의하여 다수의 권리를 일괄해서 취득되는 권리를 포괄승계로 분류할 수 있고, 상속, 포괄유증, 회사의 합병 등은 후자에 속한다.

봄이 타당하다(대법원 2021. 6. 10. 선고 2021다207489, 207496 판결)

3) 구분소유자의 특정승계인이 승계하는 공용부분 관리비의 범위

본법 제18조는 위와 같은 입법취지로 공유자는 전(前) 구분소유자의 특별승계인에게 그 승계의사 유무에 관계없이 청구할 수 있도록 특별규정을 두고 있으므로 구분소유자의 특별승계인은 **전 구분소유자의 체납관리비 중 공용부분 관리비에 한하여 이를 승계**하여야 한다고 봄이 타당하다.(대법원 2001. 9. 20. 선고2001다8677 전원합의체 판결 참조)

특정승계인에게 승계되는 공용부분 관리비에는 집합건물의 공용부분 그 자체의 직접적인 유지·관리를 위하여 지출되는 비용뿐만 아니라 집합건물의 규약상 관리비 중 일반관리비, 장부기장료, 위탁수수료, 화재보험료, 청소비, 수선유지비, 소독비 등 전유부분을 포함한 집합건물 전체의 유지·관리를 위해 지출되는 비용, 그 가운데에서도 입주자 전체의 공동의 이익을 위하여 집합건물을 통일적으로 유지·관리해야 할 필요가 있어 이를 일률적으로 지출하지않으면 안 되는 성격의 비용은 모두 이에 포함되는 것으로 봄이 원칙이다. 다만, 그것이 중앙집중식 난방방식에 의한 세대별 난방비, 일괄계약에 의한 유선방송료 등의 경우와 같이 입주자 각자의 개별적인 이익을 위하여 현실적·구체적으로 귀속되는 부분에 사용되는 비용으로 명확히 구분될 수 있으면 포함되지 않는다고 봄이 타당하다.

여기서 관리비 납부를 연체할 경우 부과되는 연체료가 승계되는지 문제가 되는바, 위 연체료는 위약벌의 일종이고, 전(前) 구분소유자의 특별승계인이 전 구분소유자가 체납함으로 인하여 이미 발생하게 된 법률효과까지 그대로 승계하는 것은 아니므로 이는 특별승계인에게 승계되는 공용부분 관리비에 포함되지 않는다.(대법원 2006.6.29. 선고 2004다3598,3604 판결 참조)

4) 구 구분소유자가 체납한 관리비의 징수를 명분으로 관리단이 새로운 구분소유자에게 조치한 단전·단수 및 엘리베이터 운행정지 등의 행위가 불법행위인지 여부

전(前) 구분소유자가 체납한 관리비의 징수를 위하여 새로운 구분소유자에게 관리단의 단전·단수 및 엘리베이터 운행정지 조치 등의 사용방해 행위는 불법행위를 구성하고, 위와 같은 불법행위로 인하여 건물의 구분소유자가 그 건물을 사용·수익하지 못하였다면, 새로운 구분소유자는 그로 인한 손해배상을 청구할 수 있고, 그 구분소유자는 관리단에 대해 그 기간 동안 발생한 관리비채무를 부담하지 않는다.(대법원 2006.6.29.선고 2004다3598,3604 판결 참조)

7. 공용부분에 관한 규정의 준용

본법 제19조는 "건물의 대지 또는 공용부분외의 부속시설(이들에 대한 권리들 포함함)을 구분소유자가 공유하는경우에는 그 대지 및 부속시설에 관하여 제15조, 제15조의2, 제16조 및 제17조를 준용한다."고 규정하고 있다. 이는 **건물의 대지 또는 공용부분 외의 부속시설을 구분소유자가 공유하는 경우 이들은 공용부분에 속하므로** 공용부분의 변경에 관한 본법 제15조와 제15조의2 규정, 공용부분의 관리, 부담수익에 관한 본법 제16조와 제17조 규정을 준용함을 규정한 것이다.

제3절 건물의 대지 및 대지사용권

1. 건물의 대지와 부동산등기법에 따른 대지사용권의 공시(公示)

가. 건물의 대지의 의의 및 그에 대한 명확한 범위의 필요성

1) 의의

건물의 대지(垈地)에 대하여 **본법 제2조제5호**는 "건물의 대지란 전유부분이 속하는 1동의 건물이 있는 토지 및 제4조에 따라 건물의 대지로 된 토지를 말한다."고 규정하고 있다.여기서 '전유부분이 속하는 1동의 건물이 있는 토지'란건물이 실제로 서 있는 저지(底地)를 말하며 이를 법정대지(法定垈地)라 하며, '제4조에 따라 건물의 대지로 된 토지'란 본법 제4조 규정의 규약에 따른 건물의 대지를 말하며, 이를 규약상대지(規約上垈地)라고 하므로 **건물의 대지**란 법정대지(法定垈地)와 규약상대지(規約上垈地)를 말한다.

건물의 대지는 건물과 일체로 관리 또는 사용되는 것이므로 토지에 대하여 소유권, 지상권, 전세권, 임차권 등 대지사용권을 가질 수 있는 경우에는 모두 가능하므로 그 대지에 소유권이 있는 경우에만 인정되는 것은 아니라는 점에 유의하여야 하며, 그 토지에 대하여 어떠한 권리도 갖지 않은 경우에는 불법점유가 된다.

대지는 「공간정보의 구축 및 관리 등에 관한 법률」(약칭;공간정보관리법)에 따라 각 필지로 나눈 토지를 말하는바 토지는 원래 1필지를 단위로 산정되고, 건물은 보통 1필지의 토지상에 건축하는 것이 일반적이므로 건물이 1필지의 토지 일부에만 서 있는 경우에도 그 1필지의 토지는 모두 그 건물이 소재하는 건물의 대지이며, 하나의 건축물을 두 필지 이상에 걸쳐 건축하는 경우에는 그 건축물이 건축되는 각 필지의 토지를 합한 수필지의 토지 전체가 1개의 건물이 소재하는 건물의 대지로 되는 것이므로(건축법 제2조제1호 및 동법 시행령 제3조제1항제1호 참조) 건물의 대지는 반드시 1필지의 토지임을 요하는 것은 아니다.

2) 건물의 대지에 대한 명확한 범위의 필요성

건물의 대지는 본법 제2조제6호 규정의 대지사용권의 대상 토지를 말하고, 본법 제20조는 전유부분과 대지사용권의 일체성의 원칙을 규정하고 있는바, 위 원칙을 위반하는 경우 그 처분은 무효가 되므로 건물의 대지에 대한 범위를 명확히 할 필요가 있고, 위 원칙에 부건물의 대지와 부동산등기법에 따른 대지사용권의 공시(公示)합하는 거래를 함으로써 거래의 안전을 기하고 그와 일치하는 부동산등기를 이루기 위함에 있다.

나. 건물의 대지와 부동산등기법의 대지사용권의 공시(公示)에 대하여

부동산등기법 제60조는 대지사용권의 취득신청에 관하여, **동법 제61조**는 구분건물의 등기기록에 대지권등기가 되어 있는 경우의 등기의 효력 등에 관하여 규정하고 있고, **부동산등기법 제40조제3항**은 구분건물의 전유부분과 분리하여 처분할 수 없는 대지사용권이 있는 경우 등기관은 1동의 건물의 표제부에 대지권의 목적인 토지의 표시에 관한 사항을 기록하고 전유부분의 등기기록의 표제부에는 대지권의 표시에 관한 사항을 기록하도록 하였으며, **동조 제4항**은 등기관이 위와 같이 대지권등기를 하였을 경우 직권으로 대지권의 목적인 토지의 등기기록에 소유권, 지상권, 전세권 또는 임차권이 대지권이라는 뜻을 기록하도록 하여 그 대지사용권이 전유부분과 분리하여 처분할 수 없는 권리임을 공시하도록 하였다.

2. 건물의 대지의 종류

가. 법정대지(法定垈地)

본법 제2조5호는 "건물의 대지란 전유부분이 속하는 1동의 건물이 있는 토지 및 제4조에 따라 건물의 대지로 된 토지를 말한다."고 정의하고 있다. 여기에서 '**전유부분이 속하는 1동의 건물이 있는 토지**'란 위와 같이 전유부분에 속하는 1동의 건물이 실제로 소재하는 저지(底地)를 말하므로 이는 구분소유관계성립으로 당연히 건물의 대지가 성립되므로 **법정대지(法定垈地)**라고 말한다.

나. 규약상대지(規約上垈地)

1) 규약상대지의 의의

본법 제2조5호는 규약상대지에 대하여 '제4조에 따라 건물의 대지로 된 토지'라고 정의하고 있고, **본법 제4조제1항**은 "통로, 주차장, 정원, 부속건물의 대지, 그 밖에 전유부분이 속하는 1동의 건물 및 그 건물이 있는 토지와 하나로 관리되거나 사용되는 토지는 규약으로써 건물의 대지로 할 수 있다."고 규정하고 있는바, 이는 관리 또는 사용상의 측면에서 1동의 건물 및 위 법정토지와 함께 일체(一體)로서 관리 또는 사용하기 위하여 규약으로써 건물의 대지로 삼은 토지를 규약상대지라고 함을 규정하고 있고, **동조 제2항**은 "제1항의 경우에는 제3조제3항을 준용한다."고 규정하고 있는바, 이는 예를 들어 분양용 집합건물을 건축한 분양 개시전의 건축주의 경우처럼 집합건물(상가집합건물 포함)의 전부 또는 부속건물을 소유한 자는 단독으로 규약에 상응하는 공정증서(公正證書)로써 규약상대지를 정할 수 있음을 규정한 것이며, 이는 건물의 대지의 범위를 구분소유관계가 성립되기 전에 확정할 수 있도록 함이 거래상 또는 건물에 대한 등기절차상 합리적이기 때문이며, 이 경우에도 규약상대지에 속하며, **동조 제3항**은 "건물이 있는 토지가 건물의 일부 멸실함에 따라 건물이 있는 토지가 아닌 토지로 된 경우에는 그 토지는 제1항에 따라 규약으로써 건물의 대지로 정한 것으로 본다. 건물이 있는 토지의 일부가 분할로 인하여 건물이 있는 토지가 아닌 토지로 된 경우에도 같다."고 규정하고 있는바, 이는 1동의 건물이 소재하는 법정대지가 건물의 일부 멸실되거나 토지의 일부가 분필(分筆)됨에 따라 법정대지가 아닌 토지로 된 경우에 제1항의 규약상대지로 간주함을 규정한 것이며, 위 규정은 구분소유자가 위 각 토지를 여전히 일체적(一體的)으로 관리 또는 사용하는 경우가 일반적이고 이를 규약상대지로 삼으려면 새로운 규약의 설정이 필요하여 절차상 복잡하고, 만일, 위 토지를 법정대지에서 당연히 제외하여 그 토지를 분리하여 처분할 수 있다면 전유부분과 대지사용권의 일체성의 원칙에 위반되고, 부동산등기법의 등기절차상으로도 합리적이라고 할 수 없기 때문에 둔 규정이다. 따라서 '규약상대지'는 본법 제4조제1항 따른 규약상대지, 규약에 상응하는 공정증서(公正證書)로써 정한 규약상대지, 그리고 규약상대지로 간주되는 간주규약상대지(看做規約上垈地)로 구분할 수 있다.

한편, 규약상대지는 위와 같이 관리 또는 사용상의 측면에서 1동의 건물 및 법정토지와 일체(一體)를 이루어 관리 또는 사용하기 위하여 규약의 설정 등에 의해 건물의 대지로 삼은 토지이므로 그것이 불가능하다고 인정할 만한 특별한 사정이 있는 토지는 규약상대지가 될 수 없음에 유의하여야 하며, 규약상대지는 반드시 법정대지와 인접해 있을 필요는 없고. 등기소의 관할이 동일할 필요도 없으며, 다른 건물의 법정대지 또는 규약상대지인 경우에도 이를 규약상대지로 삼을 수 있다.

2) 본법 제4조제1항에 따른 규약상대지의 설정 절차 등에 대하여

어떠한 범위의 토지를 규약상대지로 할 것인지 여부는 구분소유자들의 의사의 합의 내지 의결에 달려 있고, 본법 제4조제1항은 규약의 설정으로써 규약상대지로 삼을 수 있다고 규정하고 있고,

규약의 설정, 변경, 폐지는 본법 제29조제1항 규정에 따르므로 규약상대지를 설정하는 규약 역시 관리단집회에서 구분소유자 및 의결권의 각 3/4 이상의 찬성의 결의로 설정하거나 위 결의로 간주되는 본법 제41조제1항 규정의 서면 또는 전자적 방법에 의한 구분소유자 및 의결권의 각 3/4이상의 합의절차에 의해 설정되며, 다만 규약에 상응하는 공정증서에 의한 규약상대지 또는 간주규약상대지(看做規約上垈地)는 본법 제4조제2항과 제3항의 각 규정에 의해 인정되므로 그런 절차가 필요 없다.

3) 규약상대지의 효력 범위

규약은 구분소유자 및 그의 특별승계인에 한하여 효력이 미치고 제3자에 대하여는 효력이 미치지 않기 때문에 규약상대지의 효력 범위는 구분소유자 및 그의 특별승계인에 한하며, 가사 구분소유자가 소유권, 지상권, 전세권 또는 임차권 등의 위와 같은 권원 없이 토지를 규약상대지로 설정한 경우 그 토지를 현실적으로 관리 또는 사용할 수 없음은 물론이고 본법 제20조 규정의 전유부분과 대지사용권의 일체성의 원칙에 여러 가지 복잡한 법적 문제가 발생할 수 있다.

규약상대지는 구분소유자가 장래에 그 토지에 관한 위와 같은 권원을 취득할 것을 전제로 하는 경우에도 인정될 수 있으므로 그 토지에 대한 위 권원의 권리를 미리 취득해야만 하는 것은 아니고, 이 경우의 규약상대지의 효력은 대지사용권을 취득한 때에 발생한다고 봄이 타당하다.

4) 규약상대지의 폐지 절차

규약상대지가 성립한 후 이를 전유부분과 분리하여 처분하려는 경우에는 본법 제29조제1항 규정의 규약의 폐지절차에 따라 관리단집회의 구분소유자 및 의결권의 각 3/4이상 찬성의 의결에 의하거나 또는 본법 제41조제1항 규정의 서면 또는 전자적 방법에 의한 구분소유자 및 의결권의 각 3/4이상의 합의에 의해야 하며, 규약에 상응하는 공정증서에 의한 규약상대지 또는 간주규약상대지(看做規約上垈地)의 경우에도 동일하다.

한편, **본법 제8조**는 "대지 위에 구분소유권의 목적인 건물이 속하는 1동의 건물이 있을 때에는 그 대지의 공유자는 그 건물 사용에 필요한 범위의 대지에 대하여는 분할을 청구하지 못한다."고 규정하고 있는바, 이는 '대지공유자의 분할청구 금지의 원칙'을 규정하고 있다. 그러나 위 원칙은 그 건물 사용에 필요한 범위의 대지에 한하므로 나머지 대지는 분할 청구가 가능하다는 점에 유의하여야 한다.

다. 집합건물의 대지는 점유취득시효의 완성으로 취득할 수 있는지 여부

집합건물의 대지는 점유취득시효의 완성으로 취득할 수 있다는 것이 대법원 판례의 입장이다.

[대법원 2017. 1. 25. 선고 2012다72469 판결]은 "건물은 일반적으로 그 대지를 떠나서는 존재할 수 없으므로, 건물의 소유자가 건물의 대지인 토지를 점유하고 있다고 볼 수 있다. 이 경우 건물의 소유자가 현실적으로 건물이나 그 대지를 점유하지 않고 있더라도 건물의 소유를 위하여 그 대지를 점유한다고 보아야 한다.(대법원 2003. 11. 13. 선고 2002다57935 판결 등 참조)

점유란 물건을 사실상 지배하는 것을 가리키므로, 1개의 물건 중 특정 부분만을 점유할 수는 있지만, 일부 지분만을 사실상 지배하여 점유한다는 것은 상정하기 어려우므로 <u>1동의 건물의 구분소유자들은 그 전유부분을 구분소유하면서 공용부분을 공유하므로 특별한 사정이 없는 한 그 건물의 대지 전체를 공동으로 점유한다고 할 것이며</u> (대법원 2014. 9. 4. 선고 2012다7670 판결 참조), 이는 <u>집합건물의 대지에 관한 점유취득시효에서 말하는 '점유'에도 적용되므로, 20년간 소유의 의사로 평온, 공연하게 집합건물을 구분소유한 사람은 등기함으로써 그 대지의 소유권을 취득할 수 있다.</u> 이와 같이 점유취득시효가 완성된 경우에 집합건물의 <u>구분소유자들이 취득하는</u>

대지의 소유권은 전유부분을 소유하기 위한 대지사용권에 해당한다.

본법 제20조제1항과 제2항은 전유부분과 대지사용권의 일체성을 규정하면서 구분소유자는 규약에 달리 정한 경우를 제외하고는 그가 가지는 전유부분과 분리하여 대지사용권을 처분할 수 없음을 선언하고 있다. 나아가 본법은 각 공유자의 지분은 그가 가지는 전유부분의 면적 비율에 따르고(제12조제1항), 구분소유자가 둘 이상의 전유부분을 소유한 경우에 규약으로써 달리 정하지 않는 한 대지사용권이 전유부분의 면적 비율대로 각 전유부분의 처분에 따르도록 규정하고 있다(제21조제1항, 제12조). 이 규정은 전유부분을 처분하는 경우에 여러 개의 전유부분에 대응하는 대지사용권의 비율을 명백히 하기 위한 것인데, 대지사용권의 비율은 원칙적으로 전유부분의 면적 비율에 따라야 한다는 것이 본법의 취지라고 할 수 있다. 이러한 취지에 비추어 보면, **집합건물의 구분소유자들이 대지 전체를 공동 점유하여 그에 대한 점유취득시효가 완성된 경우에도 구분소유자들은 대지사용권으로 그 전유부분의 면적 비율에 따른 대지 지분을 보유한다**고 보아야 한다.

집합건물의 대지 일부에 관한 점유취득시효의 완성 당시 구분소유자들 중 일부만 대지권등기나 지분이전등기를 마치고 다른 일부 구분소유자들은 이러한 등기를 마치지 않았다면, 특별한 사정이 없는 한 구분소유자들은 각 전유부분의 면적 비율에 따라 대지권으로 등기되어야 할 지분에서 부족한 지분에 관하여 등기명의인을 상대로 점유취득시효완성을 원인으로 한 지분이전등기를 청구할 수 있다."고 판결하였다.

라. 구분소유자는 대지사용권 없이 전유부분만 소유하는 구분소유자에 대하여 그 전유부분의 철거 및 토지 인도를 구할 수 있는지 여부

집합건물 대지의 소유자는 대지사용권을 갖지 아니한 구분소유자에 대하여 전유부분의 철거를 구할 수 있고, 일부 전유부분만의 철거가 사실상 불가능하다고 하더라도 이는 집행개시의 장애요건에 불과할

뿐이어서 대지 소유자의 건물 철거 청구가 권리남용에 해당한다고 볼 수 없다는 것이 대법원 판례의 입장이다.

[대법원 2021. 7. 8. 선고 2017다204247 판결]은 "1동의 집합건물의 구분소유자들은 그 전유부분을 구분소유하면서 건물의 대지 전체를 공동으로 점유·사용하는 것이므로, **대지 소유자는 대지사용권 없이 전유부분을 소유하면서 대지를 무단 점유하는 구분소유자에 대하여 그 전유부분의 철거를 구할 수 있다.**

집합건물은 건물 내부를 (구조상·이용상 독립성을 갖춘) 여러 개의 부분으로 구분하여 독립된 소유권의 객체로 하는 것일 뿐 1동의 건물 자체는 일체로서 건축되어 전체 건물이 존립과 유지에 있어 불가분의 일체를 이루는 것이므로, 1동의 집합건물 중 일부 전유부분만을 떼어내거나 철거하는 것은 사실상 불가능하다. 그러나 구분소유자 전체를 상대로 각 전유부분과 공용부분의 철거 판결을 받거나 동의를 얻는 등으로 집합건물 전체를 철거하는 것은 가능하고 이와 같은 **철거 청구가 구분소유자 전원을 공동피고로 해야 하는 필수적 공동소송이라고 할 수 없으므로**, 일부 전유부분만을 철거하는 것이 사실상 불가능하다는 사정은 집행개시의 장애요건에 불과할 뿐 철거 청구를 기각할 사유에 해당하지 않는다. **집합건물 대지의 소유자는 대지사용권을 갖지 아니한 구분소유자에 대하여 전유부분의 철거를 구할 수 있고, 일부 전유부분만의 철거가 사실상 불가능하다고 하더라도 이는 집행개시의 장애요건에 불과할 뿐이어서 대지 소유자의 건물 철거 청구가 권리남용에 해당한다고 볼 수 없다.**"고 판결하였다.

마. 집합건물의 분양자가 수분양자에게 대지지분의 소유권이전등기나 대지권변경등기를 지적정리 후에 해주기로 하고 전유부분의 소유권이전등기만을 마쳐 준 상태에서 전유부분에 대한 경매절차가 진행되어 제3자가 이를 경락받은 경우, 경락인은 대지사용권을 취득하는지 여부

수분양자가 비록 분양대금을 완납하지 않았더라도 경락인은 대지사

용권을 취득하며, 경락인은 분양자와 수분양자를 상대로 대지지분의 소유권이전등기절차 이행 등을 청구할 수 있다는 것이 대법원 판례의 입장이다.

[대법원 2006. 9. 22. 선고 2004다58611 판결]은 "집합건물의 분양자가 수분양자에게 대지지분에 관한 소유권이전등기나 대지권변경등기는 지적정리 후 해 주기로 하고 우선 전유부분에 관하여만 소유권이전등기를 마쳐 주었는데, 그 후 대지지분에 관한 소유권이전등기나 대지권변경등기가 되지 아니한 상태에서 전유부분에 대한 경매절차가 진행되어 제3자가 전유부분을 경락받은 경우, 그 **경락인은 본법 제2조 제6호의 대지사용권을 취득**하고, 이는 수분양자가 분양자에게 그 분양대금을 완납한 경우는 물론 그 분양대금을 완납하지 못한 경우에도 마찬가지이다. 따라서 그러한 경우 **경락인은 대지사용권 취득의 효과로서 분양자와 수분양자를 상대로 분양자로부터 수분양자를 거쳐 순차로 대지지분에 관한 소유권이전등기절차를 마쳐줄 것을 구하거나 분양자를 상대로 대지권변경등기절차를 마쳐줄 것을 구할 수 있고, 분양자는 이에 대하여 수분양자의 분양대금 미지급을 이유로 한 동시이행항변을 할 수 있을 뿐이다.**"고 **판결**하였다.

3. 대지사용권(垈地使用權)

가. 의의

대지사용권이란 구분소유자가 전유부분을 소유하기 위하여 건물의 대지에 대하여 가지는 권리를 말하며(본법 제2조제6호), 그의 대상이 되는 토지는 위 법정대지(法定垈地)와 규약상대지(規約上垈地)이다. 대지사용권은 통상 소유권이 원칙이나 지상권, 전세권, 임차권 등도 대지사용권이 될 수 있다.(부동산등기법 제40조제4항 참조)

구분소유자가 복수인 경우 대지사용권이 소유권이면 구분소유자 전원이 공유(共有) 형태로 가지게 되나 구분소유자가 건물의 대지를 분필하여 그 소유권을 대지사용권으로 단독소유 하는 경우도 가능하며, 소유권이외의 권리인 경우에는 준공유(準共有)[21]형태로 대지사용권을 가지게 되며, 이 경우 대지사용권의 권원은 동일하여야 함에 유의하여야 하며, 대지사용권은 본법 제20조규정의 전유부분과 대지사용권의 일체성[22]의 원칙에 따라 건물과 분리할 수 없으므로 그의 목적인 토지 권원이 위와 같이 등기로 공시되어야 한다.

나. 대지사용권의 유의 사항

1) 미등기된 토지인 소유권이나 임차권과 대지사용권의 성립 여부

대지사용권이 지상권 또는 전세권인 경우에는 등기되지 않으면 대지사용권이 성립할 수 없으므로 위 권원에 대한 등기가 되어야 함은 당연하므로[23] 특별한 문제가 없다.

---

21) 수인이 공동으로 소유권 이외의 재산권을 소유하는 것을 준공동소유(準共同所有)라고 말하고, 이에는 공동소유자사이의 법률관계에 따라 준공유(準共有), 준합유(準合有), 준총유(準總有)로 분류할 수 있으며, 본법상의 경우에는 인적 결합관계 또는 단체적통제가 없고, 다만 그 목적의 대상인 권리관계만을 공유하고 있으므로 준공유(準共有)에 속한다고 봄이 상당하다.

22) 본법 제20조 규정의 전유부분과 대지사용권의 일체성의 원칙과 본법 제13조 규정의 전유부분과 공용부분에 대한 지분의 일체성 원칙은 구별하여야 한다.

23) 민법상 지상권이나 전세권은 그에 대한 등기되어야 성립한다.

그러나 '미등기된 토지인 소유권이나 임차권의 경우'에는 그 권원을등기할 수 없고 그 권리에 대한 대지사용권 역시 등기 할 수 없으므로전유부분과 대지사용권의 처분의 일체성을 공 시(公示)할 수 없게 되어 거래의 안전을 해할 수 있으므로 미등기된 토지인 소유권이나 임차권의 경우에는 그 권리가 등기되어야 대지사용권이 될 수 있다.

2) 대지사용권의 동일한 권원을 요하는지 여부

동일한 토지에 대하여 구분소유자의 일부는 소유권을, 다른 구분 소유자는 소유권 이외의 권리(지상권, 전세권, 임차권)를 각자 대 지사용권으로 가질 수는 없으며, 대지사용권의 권리는 동일하여 야 한다.

이는 구분소유자의 일부 토지소유권은 다른 구분소유자가 건물을 소유하도록 소유권 이외의 권리를 설정할 경우 그 소유권에 대한 대지사용권의 법적성질은 없어지고 소유권 이외의 권리가 대지사 용권이 되기 때문이다. 예를 들면, 갑(甲)이 자신 소유의 토지에 집합건물의 1층 부분을 소유하고, 을(乙), 병(丙), 정(丁)이 2층, 3 층, 4층의 각 부분을 소유하기 위하여 갑(甲) 소유의 위 토지에 지상권을 설정하는 경우 갑(甲)이 1층 부분을 위하여 갖는 대지 사용권인 소유권은 을(乙), 병(丙), 정(丁)이 위 지상권을 설정함으 로써 대지사용권의 성질은 잃게 되므로 갑(甲)에 대한 대지사용권 은 결국 을(乙), 병(丙), 정(丁)이 갖는 지상권이 되며, 이 경우에 갑(甲)은 을(乙), 병(丙), 정(丁)으로부터 지상권의 일부를 양도받 아야 한다. 다만, 건물의 대지를 수필지로 분할하여 구분소유자가 각 필지의 토지에 대한 소유권을 갖거나 또는 소유권이외의 권리 를 단독으로 갖는 경우에는 그 토지의 소유권이나 소유권이외의 권리는 구분소유자의 대지사용권이 될 수 있다.

3) 대지사용권이 토지의 소유권인 경우 그 토지에 지상권이나 토지 일부에 임차권 설정이 가능한지 여부

대지사용권이 소유권인 경우 그 소유자가 전유부분을 소유함에 장애가 되지 않는 범위에서 그 토지에 지상권(예; 지하철건설을 위한 구분지상권)이나 토지일부에 임차권을 설정할 수 있으며, 그로 인하여 그 소유권은 대지사용권의 성질을 잃지 않는다.

4) 구분소유자가 수개의 전유부분을 갖는 경우 각 전유부분과 분리하여 처분할 수 없는 각 대지사용권의 비율

동일한 구분소유자가 수개의 전유부분을 갖는 경우 각 전유부분과 분리하여 처분할 수 없는 각 대지사용권의 비율은 규약에 따르고, 규약에 없는 경우에는 각 전유면적의 비율에 따른다.(본법 제21조제1항, 제12조 참조)

5) 건물의 대지를 수필지로 분할하여 각 구분소유자가 각 토지를 대지사용권으로 할 수 있는지 여부

건물의 대지를 수필지로 분할하여 구분소유자가 각 필지의 토지에 대한 소유권 또는 그 외의 권리를 단독으로 갖는 경우 구분소유자의 각 토지에 대한 각 권리는 각 전유부분을 소유하기 위한 권리이므로 각각대지사용권이 될 수 있다.

6) 대지사용권의 권원이 된 일부토지가 대지사용권이 될 수 있는지 여부

구분소유자의 대지사용권이 소유권 또는 그 밖의 권리인 경우 그 각 권리의 일부를 대지사용권으로 할 수는 없다. 그러나 대지사용권의 일부(즉 지분)에 대하여 전유부분과 분리하여 처분할 수 있다는 취지의 규약을 설정할 수는 있다. 예를 들면, 1필지의 토지 상에 3동의 구분건물을 순차로 건설할 경우, 규약의 설정으로 1차의 각 전유부분에 대한 대지사용권의 비율과 나머지 부분의 비율을 분리 가능하도록 하고, 2차, 3차 순차로 건설하는 구분건물의 각 해당 대지사용권의 비율을 유보하도록 규약을 설정할 수 있다.

7) 부동산신탁과 대지사용권의 성립 여부

부동산이 신탁된 경우 대지사용권의 성립 여부나 성립된 대지사용권의 법적 성질은 신탁계약의 체결 경위, 신탁계약의 목적이나 내용에 비추어 신탁재산 독립의 원칙에 반하는 등 특별한 사정이 없는 한 대내외적으로 수탁자가 신탁 부동산의 소유자임을 전제로 판단하여야 한다.(대법원 2021. 11. 11. 선고 2020다판결) 이는 신탁법상의 신탁은 위탁자가 수탁자에게 특정의 재산을 이전하거나 담보권의 설정 또는 그 밖의 처분을 하여 수탁자로 하여금 신탁 목적의 달성을 위하여 그 재산권을 관리·처분하게 하는 등 필요한 행위를 하게 하는 것이므로(신탁법 제2조) 부동산의 신탁에 있어서 수탁자 앞으로 소유권이전등기를 마치게 되면 대내외적으로 소유권이 수탁자에게 완전히 이전되며, 위탁자와의 내부관계에 있어서 소유권이 위탁자에게 유보되어 있는 것은 아니기 때문이다.

다. 아파트 입주자대표회의가 아파트 단지 출입구에 차단기를 설치하여 외부차량의 출입을 통제하는 행위가 아파트 단지 내 상가건물 구분소유자들의 대지사용권을 침해한다고 볼 수 있는지 여부

공용부분에 해당하는 대지의 관리는 본법 제16조제1항 규정에 의해 통상의 집회결의로써 결정하거나 동조 제3항 규정에 따라 규약으로써 달리 정할 수 있으므로 위 사항에 대하여 관리단집회의 특별한 결의가 없다면, 우선, 규약상 특별한 규정이 있으면 그에 따르고, 그렇지 않은 경우에는 아파트 단지 내 상가건물과 그 부속주차장의 위치 및 이용관계, 아파트 단지 안으로의 출입 통제 방법, 아파트 및 상가건물 부근의 지리적 상황, 아파트 입주자들과 상가건물의 소유자 또는 이용자의 이해득실 기타 제반 사정을 참작하여 사회통념에 따라 판단하여야 함이 타당하다.

[대법원 2009. 12. 10. 2009다49971 판결]은 "아파트 단지를 관리하는 단체가 외부차량의 아파트 단지 내 출입을 통제하는 행위가 아

파트 단지 내 상가건물 구분소유자들의 대지사용권을 방해하는 침해 행위가 되는지 여부는 아파트 단지 내 상가건물과 그 부속주차장의 위치 및 이용관계, 아파트 단지 안으로의 출입 통제 방법, 아파트 및 상가건물 부근의 지리적 상황, 아파트 입주자들과 상가건물의 소유자 또는 이용자의 이해득실 기타 제반 사정을 참작하여 사회통념에 따라 판단하여야 한다."고 판결하였다.

라. 건축주가 대지를 매수하였으나 아직 소유권이전등기를 마치지 아니한 상태에서 그 지상에 집합건물을 건축한 경우의 대지사용권에 대하여

집합건물의 건축자가 그 대지를 매수하였으나 아직 소유권이전등기를 마치지 아니하였다고 하더라도 매매계약의 이행으로 대지를 인도받아 그 지상에 집합건물을 건축하였다면 매매계약의 효력으로서 전유부분의 소유를 위하여 그 대지를 점유·사용할 권리가 생긴 것이고, 이러한 점유·사용권은 단순한 점유권과는 차원을 달리하는 본권으로서 구분소유자가 전유부분을 소유하기 위하여 가지는 대지사용권에 해당한다.(대법원 2008. 9. 11. 선고 2007다45777 판결)

4. 전유부분과 대지사용권의 일체성의 원칙과 분리처분금지의 원칙

가. 두 원칙의 의의

전유부분과 대지사용권의 일체성의 원칙이란 대지사용권은 전유부분에 대한 종속성이 극히 강하여 전유부분과 일체(一體)로 처분된다는 원칙인바, **본법 제20조제1항**은 "구분소유자의 대지사용권은 그가 가지는 전유부분의 처분에 따른다."고 규정함으로써 집합건물에 위 원칙을 채택하고 있다.

한편, **분리처분금지의 원칙**이란 전유부분과 대지사용권의 일체성의 원칙에 따라 전유부분과 대지사용권은 분리하여 처분할 수 없다는 원칙이며, **동조 제2항 본문**은 "구분소유자는 그가 가지는 전유부분과 분리하여 대지사용권을 처분할 수 없다."고 규정하여 분리처분금지의 원칙을 규정하고 있다.

나. 선의로 물권을 취득한 제3자에 대한 분리처분금지의 원칙의 제한

구분건물의 전유부분과 대지사용권을 분리하여 처분한다면, 이는 위 일체성의 원칙에 위반하는 처분이므로 무효임이 원칙이다.

부동산등기법 제40조제3항과 제4항은 대지사용권을 등기하도록 규정하고 있으므로 이 경우에는 대지사용권이 등기부에 공시되어 전유부분과 대지사용권 사이에 일체성을 있음을 알지 못하고 처분되는 경우는 물권을 선의로 취득한 자로 인정할 수 없다. 그러나 대지사용권의 등기가 구분건물의 성립요건을 아니므로 대지사용권이 등기되지 않은 상태에서 집합건물이 신축된 경우 등을 상정할 수 있고, 어떤 건물이 외관상 구분건물에 적합한 구조의 건물이 언제나 구분건물이 되는 것은 아니며, 분양할 수 있는 구조로 건축된 건물이라고 하더라도 구분건물로 하지 않고 1인이 1동의 건물 전체를 단독으로 소유하면서 구분하여 임대하는 경우도 있으므로 이런 경우들은 구분건물인지 여부를 알 수 없다. 또한, 대지사용권이 법정대지인 경우에는 조사하면 곧

바로 알 수 있으나 규약상대지는 관리 또는 사용상의 측면에서 1동의 건물 및 법정토지와 일체(一體)를 이루어 관리 또는 사용하기 위하여 규약의 설정 등에 의해 건물의 대지로 삼은 토지이므로 이용관계나 규약관계를 확인하기 용이한 것은 아니다. 이 경우에는 실질적으로는 일체성이 존재함에도 그런 사실을 알지 못하고 거래하는 경우가 발생할 수 있으며, 이를 일체성의 원칙에 위반하는 처분으로 간주하여 무조건 무효라고 한다면 거래의 안전을 해하게 된다.

동조 제3항은 "제2항 본문의 분리처분금지는 그 취지를 등기하지 아니하면 선의(善意)로 물권을 취득한 제3자에게 대항하지 못한다."고 규정하고 있는바, 여기서 '선의(善意)로 물권을 취득한 제3자'라 함은 집합건물의 대지로 되어 있는 사정을 모른 채 대지사용권의 목적이 되는 토지를 취득한 제3자를 뜻한다.(대법원 2013. 1. 17.선고 2010다71578 전원합의체 판결) 이는 부동산등기법 제40조제3항과 제4항에 규정에 따라 전유부분과 대지사용권의 분리처분을 금지하는 취지의 대지권의 등기가 행하여지지 아니한 상태에서의 일체성의 원칙에 위반하는 처분이라도 거래상대방이 선의인 경우 처분자는 그 처분의 무효를 주장할 수 없으나 그 처분이 대지권의 등기가 행하여진 상태에서 이루어진 거래라면 그 처분의 무효를 주장할 수 있음을 규정한 것이다. 이와 같은 경우는 건물을 신축한 후 소유권보존등기가 되기 전에, 건물구분후 구분등기가 되기 전에, 건물의 대지가 추가된 후 대지권변경의 등기가 되기 전의 경우에 위와 같이 일체성을 모르고 거래한 제3자가 생길 수 있다.

여기서 선의의 제3자가 처분에 따른 등기를 종료하기 전에대지권의 등기 및 대지권인 취지가 행하여졌다면 어떻게 되는지 문제가 된다.

이 경우에는 위와 같이 대지권 등기가 된 상태에서는 분리처분의 등기를 할 수 없으므로 위 대지권등기를 말소한 후 분리처분에 의하여 취득한 권리이전등기를 할 수 밖에 없다. 그러나 선의의 상대방이 위와 같이등기를 종료하기 전에대지권의 등기 및 대지권인 취지가 행하여지고, 그 건물이 제3자에게 이전등기가 되면 설령 선의의 상대방이라고 하더라도 제3자에게 그 권리를 주장할 수 없게 된다.

한편, **동조 제2항 단서**는 "다만, 규약으로써 달리 정한 경우에는 그러하지 아니하다."고 규정하면서, **동조 제4항**은 "제2항 단서의 경우에는 제3조제3항을 준용한다."고 규정하고 있는바, 이는 규약과 규약에 상응하는 공정증서(公正證書)로써 위 일체성의 원칙과 그에 따른 분리처분금지의 원칙의 예외를 인정할 수 있다는 말인바, 이에 대하여는 후술하는 「 4. 일체성의 원칙에 따른 분리처분금지의 원칙에 대한 예외 」에서 다시 설시하기로 한다.

다. 본법 제20조상의 위 양 원칙의 규정취지

1) 위 양 원칙의 규정취지는 대지사용권은 구분소유자가 이를 공유(共有)하거나 준공유(準共有)하는 것이 통상적이고, 전유부분에 대한 종속성이 매우 강하여 양자를 일체(一體)로 처분하는 것이 거래의 실정이며, 양자가 분리하여 처분됨에 따라 여러 가지 복잡난해한 법적 분쟁이 발생할 수 있기 때문에 집합건물의 전유부분과 대지사용권이 분리되는 것을 최대한 억제하여 대지사용권 없는 구분소유권의 발생을 방지함으로써 집합건물에 관한 법률관계의 안정과 합리적 규율을 도모하는 데 있으므로 전유부분과 대지사용권의 일체성에 반하는 대지의 처분행위는 그 효력이 없다(대법원 2000. 11. 16. 선고 98다45652, 45669 전원합의체 판결 참조)는 것이며, 다만, 구분소유자가 이를 공유(共有) 또는 준공유(準共有) 형태로 가지지 않은 경우가 있을 수 있고, 전유부분의 수가 적은 연립주택의 경우처럼 비교적 단기간 내에 철거되어 별도의 용도에 사용할 수 있는 경우가 있고, 아파트의 경우에도 증축하여 전유부분의 수가 증가하거나 기존의 빈공간의 대지에 별개 동의 구분건물을 신축할 수 있는 등 양자가 분리되어 처분될 수 있는 예외적인 경우가 있으므로 규약으로써 위 원칙에 따른 분리처분금지의 예외를 규정하고 있는 것이다.

[대법원 2013. 7. 15.선고 2012다18038 판결]은 아파트의 각 전유부분이 구조상·이용상 독립성을 갖추었고, 그에 앞서 조합이 사업계획을 승인받아 각 전유부분에 대하여 분양계약을 체결함으로써 구분의사를 외부에 표시하여 구분행위의 존재가 인정된 후의 근정당권설정등기에 대하여, 근저당권자는 본법 제20조제3항 규정의 선의의 제3자에 해당하지 아니하여 근저당권설정등기는 위 원칙에 반하는 대지의 처분이므로 위 일체성의 원칙에 위반되어 무효이므로 근저당권등기는 말소되어야 한다는 취지로 판결하였다.

2) 구분소유가 성립하기 전의 대지는 분리처분이 금지되는지 여부

전유부분과 분리하여 처분할 수 없는 것은 각 전유부분에 딸린 각 대지사용권이며, 분리처분이 금지되는 대지사용권이란 구분소유자가 전유부분을 소유하기 위하여 건물의 대지에 대하여 가지는 권리로서 구분소유의 성립을 전제로 하므로 구분소유가 성립하기 전의 그 대지는 분리처분이 금지되지 않는다는 것이다.

3) 위 일체성의 원칙에 따른 부동산등기법의 대지사용권에 관한 규정

부동산등기법 제40조제3항은 전유부분과 대지사용권의 일체성의 원칙에 맞추어 '**구분건물에 건물과 분리하여 처분할 수 없는 대지사용권(垈地使用權)이 있는 경우**' 등기관은 동조 제2항에 따라 기록할 사항 외에, 즉 1동의 건물의 소재와 지번, 건물명칭 및 번호, 전유부분의 표제부의 건물번호 외에 1동 건물의 등기기록의 표제부에 대지권의 목적인 토지의 표시에 관한 사항을 기록하고 전유부분의 등기기록의 표제부에는 대지권의 표시에 관한 사항을 기록하여야 한다고 규정하여, 전유부분과 대지사용권의 일체성이 등기부에 의하여 공시되도록 하였으며, **동조 제4항**은 '등기관이 제3항에 따라 대지권등기를 하였을 때에는 직권으로 대지권의 목적인 토지의 등기기록에 소유권, 지상권, 전세권, 또는 임차권이 대지권이라는 뜻을 기록하여야 한다.'고 규정하여 대지사

용권의 권원에 대한 등기를 구체적으로 공시하도록 규정하고 있다. 또한, **동법 제60조**는 구분건물의 대지사용권의 취득에 대한 신청에 관하여, **동법 제61조**는 구분건물의 등기기록에 대지권등기가 되어 있는 경우 전유부분과 대지권이 일체가 되어 생기는 권리변동은 건물의 등기부에만 의하여 공시하도록 함으로써 등기부의 복잡·방대성을 완화하여 등기절차의 합리화를 기하고 있다.

라. 양 원칙에 따라 분리하여 처분할 수 없는 '처분'의 의미 및 그에 따른 대지사용권의 지분비율에 대하여

　1) 전유부분과 대지사용권을 분리하여 처분할 수 없는 '처분'의 의미

　　위 일체성의 원칙에서 '처분'이란 **법률행위에 의한 처분만을 의미**한다. 즉, 소유권의 양도, 저당권의 설정 등의 경우처럼 전유부분과 대지사용권을 일체로 하는 것이 가능한 처분을 말한다.

　　따라서 **법률의 규정에 의하여 생기는 권리변동**의 원인에 속하는 수용, 시효, 상속 등은 위 처분에 포함되지 않으며, 또한 전유부분에 대한 임차권, 토지에 대한 지상권, 임차권, 지역권, 기존 저당권의 실행으로 인한 압류, 토지 또는 전유부분만을 목적으로 하는 가처분 등은 전유부분과 대지사용권 양자를 일체로 취급할 수 없는 성질의 처분이므로 위 "처분"에 포함되지 않으며, 대지권이 생기기 전에 전유부분 또는 토지만을 가등기한 후, 대지권이 생긴 후에 본등기를 하는 경우에도 위 양자 중의 일방만을 처분할 수 있으므로 위 "처분"에 포함되지 않으므로 이에 유의하여야 한다.

　2) 전유부분의 처분에 따르는 대지사용권의 지분비율

　　본법 제21조제1항은 "구분소유자가 둘 이상의 전유부분을 소유한 경우에는 각 전유부분의 처분에 따르는 대지사용권은 제12조에 규정된 비율에 따른다. 다만, 규약으로써 달리 정할 수 있다."고 규정하고 있고, **동조 제2항**은 "제1항 단서의 경우에는 제3조제3

항을 준용한다."고규정하고 있다.

이는 1인의 구분소유자가 2개 이상의 전유부분을 소유한 경우, 각 전유부분과 분리하여 처분할 수 없는 각 대지사용권의 비율은 전유부분의 면적의 비율에 따른다는 것을 규정한 것이며, 동조 제1항 단서와 제2항은 규약으로써, 또는 규약에 상응하는 공정증서로써 각 대지사용권의 비율을 달리 정할 수 있음을 규정한 것이다. 여기서 "규약" 또는 "규약에 상응하는 공정증서"란 분리처분을 가능하게 하는 것을 의미하며, 이로 인하여 면적 비율에 따른 단수비율(端數比率)의 복잡성도 해결할 수도 있다.

마. 기존의 구분건물이 증축에 의하여 전유부분이 증가하거나 동일한 대지상의 공지(空地;빈터)에 새로운 별개 동의 구분건물을 신축하는 경우와 대지사용권의 지분비율의 변경 여부 및 그에 대한 처리 절차

기존의 구분건물이 증축에 의하여 전유부분이 증가하거나 동일한 대지상의 공지(空地;빈터)에 새로운 별개 동의 구분건물을 신축하는 경우, 그 증축 또는 신축되는 구분건물의 전유부분의 새로운 소유자에게도 대지사용권을 갖게 하여야 하므로 이를 위하여 기존의 구분소유자는 그가 가지는 대지사용권의 일부를 전유부분과 분리하여 양도할 수밖에 없으며, 본법 제21조제1항 단서의 위 '규약' 및 이에 상응하는 공정증서는 위와 같이 분리처분을 가능하게 하는 경우를 의미하므로 분리처분을 위하여 '법정대지의 경우'는 본법 제29조제1항의 규정절차에 따라 관리단집회에서 구분소유자 및 의결권의 각 3/4이상의 찬성에 의한 결의에 의하여 규약을 설정하거나 또는 본법 제41조제1항 규정의 서면 또는 전자적 방법에 의한 구분소유자 및 의결권의 각 3/4이상의 합의에 의해 분리처분이 가능하도록 결의하여야만 하고, '규약상대지의 경우'에는 위와 동일한 절차들에 따라 규약상대지의 설정을 정한 규약의 규정을 폐지함으로써 가능하다.

한편, 위와 같은 분리처분이 **본법 제15조 규정의 공용부분의 변경사**

항에 해당하는 경우에는 동조 제1항 본문 규정에 따라 관리단집회에서 구분소유자 및 의결권의 각 2/3이상의 찬성으로 결의하여야 하는바, 이는 본법 제29조제1항에 따른 관리단집회에서의 구분소유자 및 의결권의 각 3/4이상의 찬성의 결의로 충족되며, 본법 제41조제1항 규정에 따라 서면 또는 전자적 방법에 의한 구분소유자 및 의결권의 각 3/4이상의 찬성의 합의로도 그 결의요건이 충족되고, **제15조의2 규정의 권리변동 있는 공용부분의 변경사항에 해당하는 경우**에는 동조 제1항 본문의 규정에 따라 관리단집회에서 구분소유자 및 의결권의 각 4/5이상의 찬성의 결의를 하거나 본법 제41조제2항제2호 규정에 따라 서면 또는 전자적 방법에 의한 구분소유자 및 의결권의 각 4/5이상의 찬성의 합의로도 그 결의요건이 충족된다.

대지사용권은 본법 제20조규정의 전유부분과 대지사용권의 일체성24)의 원칙에 따라 건물과 분리할 수 없으므로 그의 목적인 토지 권원이 위와 같이 등기로 공시되어야 한다.

---

24) 본법 제20조 규정의 전유부분과 대지사용권의 일체성의 원칙과 본법 제13조 규정의 전유부분과 공용부분에 대한 지분의 일체성 원칙은 구별하여야 한다.

5. 일체성의 원칙에 따른 분리처분금지의 원칙에 대한 예외

가. 위 원칙에 예외의 근거

본법 제20조제1항과 제2항 본문은 위와 같이 전유부분과 대지사용권의 일체성의 원칙과 그에 따른 분리처분금지의 원칙을 규정하면서도 한편으로는 **본법 제20조제2항 단서**는 "다만, 규약으로써 달리 정한 경우에는 그러하지 아니하다."고 규정하면서, **동조 제4항**은 "제2항 단서의 경우에는 제3조제3항을 준용한다."고 규정하고 있다. 이는 규약상대지의 경우25) 규약 및 규약에 상응하는 공정증서(公正證書)로써 위 일체성의 원칙과 그에 따른 분리처분금지의 원칙의 예외를 규정하고 있는 것이다.

위와 같이 전유부분과 대지사용권의 일체성의 원칙에 따른 분리처분금지의 원칙의 예외가 인정될 수 있는 경우의 예(例)를 들어 본다.

대지사용권은 아파트의 경우처럼 위와 같이 구분소유자가 공유(共有)로 또는 준공유(準共有) 형태로 가지는 것이 통상적이나 그렇지 않은 형태로 대지사용권을 가지는 경우가 있을 수 있다. 구분소유자가 대지사용권의 대상인 건물의 토지를 분필하여 각 토지를 각 대지사용권으로 단독소유하는 경우가 그 예라고 할 수 있다. 또한 전유부분의 수가 적은 연립주택의 경우처럼 비교적 단기간 내에 철거되어 별도의 용도로 사용할 수 있는 경우도 있으며, 아파트의 경우에도 증축하여 전유부분의 수가 증가하거나 기존의 빈공간의 대지에 별개동의 구분건물을 신축할 수 있으며, 이 경우에는 양자가 분리되어 처분될 수 있으며, 이 경우를 상정하여 본법 제20조는 전유부분과 대지사용권의 일체성의 원칙을 채택하면서도 예외적으로 규약에 의하여 위와 같이 위 원칙의 적용을 배제하는 본법 제20조 제2항 단

---

25) 법정대지는 전유부분에 속하는 1동의 건물이 실제로 소재하는 저지(底地)로서 구분소유관계성립으로 당연히 건물의 대지가 성립되므로 전유부분과 법정대지에 대한 대지사용권의 분리처분이 불가하다고 봄이 타당하다.

서 및 동조 제4한의 규정을 둔 것이다.

나. 위 분리처분금지의 원칙의 예외와 소송실무에서의 문제점

분리처분금지의 원칙의 예외는 위와 같이 본법상 규약 및 규약에 상응하는 공정증서(公正證書)로써 인정될 수 있다. 그러나 실제로 규약에 예외를 설정하는 경우는 현실적으로 매우 어렵고, 소송상 집합건물의 대지다는 사정을 모르는 선의의 제3자로 인정되기 매우 어려워 위 예외사유의 주장이 실제소송에서 인용되기 매우 어려운 경우가 있는바, 아래에서 그에 대한 사례를 아래에서 살펴본다.

1) 집합건물이 성립하기 이전에 대지 위에 근저당권이 설정된 경우

구분소유자 아닌 자가 집합건물의 건축 전부터 전유부분의 소유와 무관하게 집합건물의 대지로 된 토지에 대하여 가지고 있던 권리는 본법 제20조의 분리처분금지의 제한을 받는다고 할 수 없으므로 근저당권이 집합건물이 성립하기 이전에 대지 위에 설정되어 있었다면, 그 근저당권의 실현으로 인하여 해당 대지의 소유권을 취득한 자는 유효하게 해당 대지의 소유권을 취득할 수 있으므로(대법원 2015.6.24. 선고 2012다109538 판결 참조) 위 원칙이 적용되지 않는다.

2) 대지사용권에 대한 미등기의 경우

구분건물 신축 후 소유권보존등기가 되기 전의 경우나 건물구분 후 구분등기가 되기 전의 경우, 또는 구분건물의 대지가 추가된 후 대지권변경등기가 되기 전의 경우, 전유부분과 대지사용권의 일체성이 있음에도 불구하고 등기부상 양자의 분리처분을 금하는 취지의 대지권의 등기가 공시되어 있지 아니하여 그 사실을 모르고 거래한 제3자가 발생할 수 있으며, 특히 규약상 대지의 경우 그 사실을 알지 못하고 거래한 선의의 제3자의 경우가 발생할 수 있다. 그렇다고 하여 그런 사실을 알지 못하고 거래한 선의의 제3자에 대하여 위 전유부분과 대지사용권의 일체성의 원칙에 반하는 처분이라 하여 무조건 무효라고 한다면 거래의 안전을 심히 해하게 된다.

본법 제20조의 규정취지는 전유부분과 대지사용권의 일체성의 원칙에 따라 집합건물의 전유부분과 대지사용권이 분리되는 것을 최대한 억제하여 대지사용권 없는 구분소유권 발생을 방지함으로써 집합건물에 관한 법률관계의 안정과 합리적 규율을 도모하려는 것이라는 점과 본법 제20조제3항이 위 원칙에 대한 예외의 요건을 '분리처분금지의 취지를 등기하지 아니할 것'과 '선의로 물권을 취득할 것'을 요건으로 정하고 있는 점 등을 종합하면, 단지 집합건물 대지에 관하여 대지권등기가 되어 있지 않다거나 그 일부 지분에 관해서만 대지권등기가 되었다는 사정만으로는 그 대지나 대지권등기가 되지 않은 나머지 대지 지분을 취득한 자를 선의의 제3자로 볼 수는 없다.

따라서 <u>대지나 그 지분을 취득한 제3자가 선의인지 여부</u>는 대지 일부에만 집합건물이 자리 잡고 있어 분양자가 나머지 대지 부분을 활용할 필요가 있는 경우 등 <u>집합건물과 대지의 현황 등에 비추어 볼 때 규약의 설정의 확인여부, 공정증서 등으로 분리처분이 가능하도록 정할 필요성이 있었는지 여부, 분양자에게 유보된 대지지분이 필요에 상응하는 것인지 여부, 제3자가 경매나 공매 등의 절차에서 대지지분을 매수한 경우라면 해당 절차에서 공고된 대지의 현황과 권리관계 등 제반 사정까지 종합하여 판단하여야 함이 타당하다.</u>

<u>[대법원 2018. 12. 28. 선고 2018다219727 판결]</u>은 "집합건물의 대지인 토지 중 일부 지분에 관해서만 대지권등기가 되었다는 사정만으로는 대지권등기가 되지 않은 나머지 지분을 취득한 자는 집합건물법 제20조제3항에 정한 선의의 제3자에 당연히 해당한다고 볼 수 없고, 오히려 건물과 토지의 현황 등에 비추어 볼 때 사건 지분을 나머지 대지 부분과 분리 처분할 수 있도록 정할

필요성을 찾기 어려울 뿐만 아니라 취득자 역시 그와 같은 필요성이 있다고 오신하였다고 볼 사정도 없는 점, 사건 토지 중 일부 지분에 관해서만 대지권등기가 되어 있었다는 사정 외에 취득자가 분리처분을 허용하는 규약이나 공정증서 등이 작성되었을 것으로 오신할 만한 별다른 근거를 제시하지 못하고 있는 점 등 기록에 나타난 제반 사정에 비추어 보면, 취득자는 선의의 제3자에 해당한다고 보기 어렵다."고 판결하였다.

또한, [대법원 2013.1.17.선고 2010다71578 전원합의체 판결]은 '(갑)이 아파트를 신축하면서 내부 구분건물 각각에 대하여 분양계약을 체결한 후 토지에 관하여 (을)주식회사와 부동산담보신탁계약을 체결하고 신탁등기를 마쳐 준 사건'에서, "신탁등기를 마친 당시 아파트 각 층의 기둥, 주벽 및 천장 슬래브 공사가 이루어져 건물 내부의 각 전유부분이 구조상·이용상의 독립성을 갖추었고, 그보다 앞서 (갑)이 구분건물 각각에 대하여 분양계약을 체결함으로써 구분의사를 외부에 표시하였으므로 구분행위의 존재도 인정된다고 보아, 아파트의 전유부분에 관하여 이미 구분소유권이 성립한 이상 부동산담보신탁계약은 집합건물법 제20조에 위배되어 무효이므로 신탁등기는 말소되어야 하고, 신탁계약 체결 당시 아파트가 집합건물로서 모습을 갖춘 점 등에 비추어 (을)회사는 위 토지가 집합건물의 대지로 되어 있는 사정을 알고 있었다고 보이므로 선의의 제3자에 해당하지 않는다."고 판결한 원심이 정당하고 판결하였다.

3) 구분소유자 아닌 자가 집합건물의 건축 전부터 전유부분의 소유와 무관하게 집합건물의 대지로 된 토지에 대하여 물권을 취득한 경우

본법 제20조에 의하여 분리처분이 금지되는 대지사용권은 구분소유자가 전유부분을 소유하기 위하여 건물의 대지에 대하여 가지는 권리이므로 구분소유자 아닌 자가 집합건물의 건축 전부터 전

유부분의 소유와 무관하게 집합건물의 대지로 된 토지에 대하여 가지고 있던 권리는본법 제20조에 규정된 분리처분금지의 제한을 받지 않는다.(대법원 2013. 10. 24. 선고 2011다12149, 12156 판결 등 참조)

4) 집합건물의 구분소유자가 애초부터 대지사용권을 보유하고 있지 않거나 대지사용권 보유의 원인이 된 계약의 종료 등에 따라 대지사용권이 소멸한 경우

구분소유자가 애초부터 대지사용권을 보유하고 있지 않거나 대지사용권 보유의 원인이 된 계약의 종료 등에 따라 대지사용권이 소멸한 경우에는 특별한 사정이 없는 한 본법 제20조가 정하는 전유부분과 대지사용권의 일체적 취급이 적용될 여지가 없다.(대법원 2011.9.8. 선고 2011다23125 판결 참조)

다만, 대지사용권은 전유부분과 종속적 일체불가분성이 인정되므로 전유부분에 대한 가압류결정의 효력은 종물 또는 종된 권리인 대지사용권에도 미치며, 가사 건축주가 대지소유권에 관하여 부동산등기법에 따른 구분건물의 대지권등기를 마쳐지지 않았다 하더라도 전유부분에 관한 경매절차에서 전유부분을 매수한 매수인은 전유부분과 함께 대지사용권을 취득하게 된다(대법원 2021. 11. 11.선고2020다278170 판결)는 점에 유의하여야 한다.

[대법원 2021. 6. 24. 선고 2020다286638 판결]은 "대지를 매수하여 그 지상에 다가구용 단독주택을 신축한 갑(甲)이 다가구용 단독주택을 다세대주택으로 전환하면서 각 세대에 대하여 구분등기를 마쳤으나 대지권등기는 마치지 않았는데, 구분건물 중 한 세대가 여러 사람을 거쳐 매도되었고, 을(乙)이 공매절차에서 그 대지만 따로 낙찰 받아 소유권이전등기를 마친 사안에서, 집합건물의 대지에 관해서만 (乙)앞으로 마친 소유권이전등기는 전유부분과 대지사용권의 분리처분금지 규정(본법 제20조제2항)을 위반하여 무효라고 본 원심판단이 정당하다."고 판결하였다.

5) 집합건물의 대지에 구분소유자 외에 다른 공유자가 있는 경우, 다른 공유자는 구분소유자에게 부당이득반환을 청구할 수 있는지 여부

집합건물의 대지에 관하여 구분소유자 외의 다른 공유자가 있는 경우, 다른 공유자 역시 공유물에 관한 일반 법리에 따라 대지를 사용·수익·관리할 수 있다고 보아야 하므로, 특별한 사정이 없으면 구분소유자들이 무상으로 그 대지를 전부 사용·수익할 수 있는 권원을 가진다고 할 수 없으므로 다른 공유자는 그 대지 공유지분권에 기초하여 부당이득의 반환을 청구할 수 있다.

[대법원 2018. 6. 28. 선고 2016다219419, 219426 판결]은 '갑(甲)주식회사가 오피스텔에 관한 건축허가를 받아 공사에 착수하면서 구분건물 세대별로 분양을 하였고, 약 10층까지 골조공사만 마친 상태에서 을(乙)에게 오피스텔 부지인 토지에 관하여 근저당권을 설정해주었는데, 을(乙)이 근저당권 실행을 위한 경매절차에서 위 토지를 매수한 후 오피스텔이 완공되자 전유부분 소유자들에게 전유부분 면적에 상응하는 공유지분권을 매도하였고, 그 후 공유지분권을 매수하거나 임차하지 아니한 전유부분 소유자인 병(丙)등을 상대로 부당이득반환을 구한 사건'에서, "1동 건물의 구분소유자들이 당초 건물을 분양받을 당시, 대지 공유지분 비율대로 그 건물의 대지를 공유하고 있는 경우에는 별도의 규약이 존재하는 등 특별한 사정이 없는 한 구분소유자들이 그 대지에 대하여 가지는 공유지분의 비율과 상관없이 대지 전부를 용도에 따라 사용할 수 있는 적법한 권원이 있으므로, 그 구분소유자들 사이에서는 대지 공유지분 비율의 차이를 이유로 부당이득반환을 구할 수 없다. 그러나 그 대지에 관하여 구분소유자 외의 다른 공유자가 있는 경우에는 공유물에 관한 일반 법리에 따라 대지를 사용·수익·관리할 수 있다고 보아야 하므로, 특별한 사정이 없으면 구분소유자들이 무상으로 그 대지를 전부 사용·수익할

수 있는 권원을 가진다고 할 수 없고 다른 공유자는 그 대지 공유지분권에 기초하여 부당이득의 반환을 청구할 수 있다(대법원 2013. 3. 14. 선고 2011다58701 판결 등 참조). 근저당권 설정 당시 이 사건 오피스텔은 그 건물의 구조와 형태 등이 건축허가의 내용과 사회통념상 동일하다고 인정되는 정도로 건물이 축조된 상태에 있었다고 보기 어렵다. 따라서 이 사건 근저당권 설정 이전에는 이 사건 오피스텔은 객관적·물리적 측면에서 그 구조와 형태 등이 1동의 건물과 그 구분행위에 상응하는 구분건물로서 완성되지 않았으므로 근저당권 설정 당시 구분소유가 성립하였다고 할 수 없으므로 을(乙)이 토지 소유권을 취득한 것은 유효하고, 병(丙) 등은 대지 공유지분권자인 을(乙)에게 자기의 전유부분이 집합건물 전체 전유면적에서 차지하는 비율만큼의 차임에 해당하는 부당이득을 반환할 의무가 있고, 전유부분의 일부 지분만을 공유하고 있더라도 자신의 공유지분 비율과 상관없이 전유부분 전체 면적에 관한 부당이득금을 반환하여야 한다."고 판결하였다.

6. 전유부분과 대지사용권의 일체성의 원칙 및 민법 제267조 및 제278 조 규정의 적용 배제에 대하여

가. 민법 제267조(제278조 포함) 규정과 위 일체성의 원칙과의 관계 및 적용 배제의 이유

본법 제22조는 "제20조제2항 본문의 경우 대지사용권에 대하여는 「민법」 제267조(같은 법 제278조에서 준용하는 경우를 포함함)를 적용하지 아니한다."고 규정하고 있다. 이는 전유부분과 대지사용권 의 일체성의 원칙은 민법 제267조 및 제278조를 적용하지 아니함 을 규정한 것이다.

그런데, 민법 제267조는 "공유자가 그 지분을 포기하거나 상속인 없 이 사망한 때에는 그 지분은 다른 공유자에게 각 지분의 비율로 귀 속한다."고 규정하고 있으며, 민법 제278조는 "본 절의 규정은 소유 권이외의 재산권에 준용한다. 그러나 다른 법률에 특별한 규정이 있 으면 그에 의한다."고 규정하고 있다. 만일 민법 제267조와 제278 조를 집합건물에 그대로 적용하여 그 지분이 다른 구분소유자(공유 자)에게 귀속된다면, 포기(抛棄)의 경우 건물의 대지의 공유자인 구 분소유자가 자신의 공유지분을 포기하여 그 지분이 다른 구분소유자 에게 귀속하게 되어 분리처분금지의 원칙에 위반된다. 한편, 상속인 없이 사망한 경우26)를 상정해 보자. 본법상의 위 두 원칙이 민법에 대한 특칙으로 인정되는 것은 구분소유자의 의사표시에 따른 처분에 한하므로 이 경우 민법 제267조를 그대로 적용한다면 그 지분은 사 망한 구분소유자의 의사표시는 관계없이 다른 구분소유자(공유자)에 게 귀속하게 되어 매우 부당하다.

결국, 본법 제22조에서 민법 제267조(제278조 포함) 규정을 배제하 는 이유는 지분의 포기 또는 상속인 없이 사망하는 경우 등 어느 경 우에나 민법 제267조의 규정의 적용 배제를 명백히 함으로써 전유

---

26) 상속인 없이 사망하는 경우에는 민법 제1058조 규정에 의해 최종적으로 국가에 귀속된다.

부분과 대지사용권의 분리처분을 방지하기 위함이다. 즉, 전유부분과 대지사용권을 분리되는 결과가 되어 결국 위 일체성의 원칙에 반하기 때문에 본법에서 위 각 민법규정의 적용을 배제하는특별규정을 둔 것이다.

나. 위 일체성의 원칙 배제에서 유의할 사항

본법상 전유부분과 대지사용권의 일체성의 원칙은 위와 같이 **법률행위에 의한 처분**을 말하는 것이므로 **민법 제267조 및 제278조 규정의 상속인 없이 사망한 경우** 그에 따른 법률효과는 **법률규정에 의한 효과**이므로 원래 본법의 위 일체성의 원칙이 적용되지 않으므로 당연한 규정이나, **건물의 대지를 공유하는 구분소유자가 공유지분을 포기한 경우**에는 **법률행위에 의한 처분에 해당**하므로 본법 제22조 규정에 따라 민법 제267조(제278조 포함)의 적용이 배제된다는 점이고, **상속인 없이 사망한 경우** 그 상속지분이 다른 공유자에게 분할되어 귀속되지 않는 이유는 본법 제22조 규정에 의해 민법 제267조 규정이 배제되기 때문이 아니며, 이 경우에는 전유부분과 대지사용권의 일체성은 그대로 유지되며, 그 지분에 대하여 상속인이 없거나 특별연고자가 없는 경우에는 민법 제1058조의 규정에 의해 국가에 귀속되기 때문이라는 점, 그리고 민법 제267조는 공유 또는 준공유를 전제로 한 규정이고, 본법 제22조 규정 역시 대지사용권 자체가 공유 또는 준공유인 경우에 한하여 적용되므로 **구분소유자가 건물의 대지를 분필하여 소유하는 소위 분유(分有)의 경우**에는 민법 제267조 규정이 배제되는 본법 제22조 규정이 적용되지 않는다는 점이다.

다. 공로로 통행할 수 있는 구분소유적 공유토지를 두고 타인의 토지를 통행하는 주위토지통행권이 허용될 수 있는지 여부

구분소유적 공유토지란 1필의 토지의 위치와 면적을 특정하여 2인 이상이 구분소유하기로 하는 약정하고, 그 구분소유자의 공유로 등기하는 토지이고, **주위토지통행권**이란 어느 토지와 공로(公路)와의

사이에 그 토지의 용도에 필요한 통로가 없어서 주위의 토지를 통행하거나 또는 통로를 개설하지 않고서는 공로(公路)에 출입할 수 없는 경우 또는 공로(公路)에 통행하려면 과다한 비용을 요하는 경우 그 토지소유자가 주위의 토지를 통행할 수 있고, 필요한 경우에는 통로를 개설할 수 있는 권리를 말한다.(민법 제219조)

[대법원 2021. 9. 30. 선고 2021다245443, 245450 판결 주위토지통행권확인등 · 토지인도등]은 '공로에 통할 수 있는 자기의 공유토지를 두고 공로에의 통로라 하여 남의 토지를 통행한다는 것은 민법 제219조, 제220조에 비추어 허용될 수 없고, 설령 위 공유토지가 구분소유적 공유관계에 있고 공로에 접하는 공유 부분을 다른 공유자가 배타적으로 사용, 수익하고 있다고 하더라도 허용되지 않는다.' 고 판결하여 주위토지통행권이 허용되지 않는다는 입장이다.

제4절 관리단 및 그의 기관

1. 관리단

가. 관리단 및 일부공용부분관리단의 의의

1) 관리단의 의의

집합건물에 대하여 구분소유관계가 성립되면 필연적으로 공동 관리의 문제가 생기므로 구분소유자 각자의 의사와 상관없이 자연발생적으로 구분소유자 전원을 구성원으로 하여 공동사업의 시행을 목적으로 하는 하나의 단체적관계가 만들어 진다. 본법은 이를 **관리단**이라 칭한다. **본법 제23조제1항**은 "건물에 대하여 구분소유관계가 성립되면 구분소유자 전원을 구성원으로 하여 건물과 그 대지 및 부속시설의 관리에 관한 사업의 시행을 목적으로 하는 관리단이 설립된다."고 규정하고 있다. 이는 관리단은 별다른 설립절차 없이 구분소유관계의 성립으로써 관리단이 당연 설립됨을 규정한 것이다.

1동의 집합건물을 1인이 소유에 속하는 경우에는 단체관계가 존재할 수 없으므로 관리단은 존재할 수 없다. 그러나 그 집합건물이 분양되어 구분소유자가 다수 발생하는 경우에는 자연적으로 단체관계가 당연히 성립된다. 이에 본법 제23조제1항은 구분소유관계가 성립되면 관리단집회에서 규약의 설정이나 관리인의 선임 등 실체적 단체의 설립행위가 없다고 하더라도 관리단이 당연 설립됨을 규정하고 있는 것이다. 부연하면, 1동의 집합건물을 1인이 소유하는 경우에는 단체관계가 존재할 수 없으므로 관리단은 존재할 수 없으나 그 집합건물이 분양되어 구분소유자가 다수 발생하는 경우에는 자연적으로 단체관계가 당연히 성립되므로 본법 제23조제1항은 위와 같이 구분소유관계가 성립되면 관리단집회에서 규약의 설정이나 대표자나 관리인의 선임 또는 관리위원회 구성등 관리단 조직에 대한 실체적 단체 설립행위가 없다고 하더라도 관리단이 당연 설립됨을 규정하고 있는 것이다.

따라서 1동의 집합건물의 경우 관리단은 위와 같이 관리단의 실체적 조직체 구성여부와 관계없이 당연 설립되며, 구분소유자는 개인적 의사와 상관없이 의무적이고 강제적으로 관리단의 구성원이 된다. 이는 단체법의 법리를 도입하여 집합건물의 공동 관리를 둘러싼 법률관계를 단순화 효율화 그리고 적정화하기 위한 것이다.

2) 일부공용부분관리단의 의의

본법 제10조제1항 단서는 " 다만, 일부의 구분소유자만이 공유하도록제공된 것임이 명백한 공용부분(이하 일부공용부분이라 한다)은 그들 구분소유자의 공유에 속한다."고 규정하고 있고, **본법 제23조제2항**은 "일부공용부분이 있는 경우 그 일부의 구분소유자는 제28조제2항의 규약에 따라 그 공용부분의 관리에 관한 사업의 시행을 목적으로 관리단을 구성할 수 있다."고 규정하고 있다. 이는 일부의 구분소유자만이 공유하도록 제공된 것임이 명백한 일부공용부분은 전체 규약에 규정한바 없으면 해당 일부구분소유자의 공유로 귀속하고, 그 일부공용부분의 관리를 위해 ㅎ당 일부구분소유자들의 규약으로써 일부공용부분의 관리단을 구성할 수 있음을 규정한 것이다.

유의할 점은 **일부공용부분 관리단**은 일부공용부분의 성립으로 당연 설립되는 것이 아니고, 전체 규약에 규약이 그것에 대한 다른 규약이 없는 경우 일부공용부분구분소유자들이 그들 사이의 관리단집회의 결의로 설정된 규약에 따라 그들 사이의 설립행위에 의해 **임의적으로 설립**될 수 있는 것이므로 관리단과 일부공용부분관리단은 서로 별개의 단체로써 후자가 전자의 일부 기관이 아니라는 점이다.

3) 관리단의 성립시기에 대하여

본법 제23조제1항은 건물에 대하여 구분소유관계가 성립되면 구분소유자 전원을 구성원으로 하여 관리단이 당연 설립된다고 규정하고 있으므로 관리단이 당연 설립되는 정도의 구분소유관계가 성립되는 시기가 문제될 수 있다.

그런데, 본법 제9조의3제3항은 분양자에게 '예정된 매수인의 1/2 이상이 이전등기를 한 때'에는 규약의 설정 및 관리인의 선임을 위한 제23조제1항에 따른 관리단집회를 소집할 것을 대통령령으로 정하는 바에 따라 구분소유자에게 통지받은 날로부터 3개월 이내에 관리단집회를 소집할 것을 명시하여 통지할 의무를 규정하고 있고, 동조 제4항은 구분소유자가 분양자로부터 위 통지를 받은 날부터 3개월 이내에 관리단집회를 소집하지 아니하는 경우에는 지체 없이 분양자가 관리단집회를 소집할 의무가 있음을 규정하고 있으므로 관리단의 성립시기는 적어도 '예정된 매수인(구분소유자)의 1/2이상이 이전등기를 한 때'에 본법 제23조제1항 규정에 의해 관리단이 당연 설립된다고 봄이 타당하다.

4) 관리단과 단지관리단의 구별 및 그에 대한 필요성에 대하여

본법 제1장 제1절 총칙, 제2절 공용부분, 제3절 대지사용권, 제4절 관리단 및 관리단의 기관, 제5절 규약 및 집회, 제6절 의무위반자에 대한 조치, 제7절 재건축 및 복구의 각 규정은 1필지 또는 수 필지를 "1동의 집합건물"의 대지로 **본법 제23조제1항 규정에 의해 당연 설립하는 관리단**을 중심으로 규정하고 있다. 한편, 본법 제2장 단지에서 규정한 단지관리단은 **한 단지에 여러 동의 건물이 있는 집합건물 단지 전체에 관하여** 본법 제51조 규정에 의해 **임의적으로 설립되는 임의적 관리단**이며, 본법 제51조는 단지관리단의 각 형태, 각 관리단집회의 결의에 의한 단지단리단의 규약의 설정, 관리인 선임 등의 설립행위에 의해 단지관리단의 임의적 설립절차를 규정하고 있고, 제52조는 본법 제1장의 위 일부규정들을 단지관리단에 준용하고 있다.

따라서 관리단과 단지관리단은 명확한 구별이 필요하다.

나. 관리단의 법적 성격

1) 권리능력 없는 사단으로서의 관리단

관리단 또는 일부공용부분관리단은 일정한 목적 하에 집합한 사람들의 단체로서 법률상 권리·의무의 귀속주체가 될 수 있는 단체이며, 비록 모두 법인격을 가지고 있지 않으나 사단(社團)으로서의 실체를 가지고 있으므로 법적 성격은 **모두 권리능력 없는 사단(비법인사단)**으로 봄이 타당하며, 관리단은 구분소유자들의 의사에 따라 사단법인의 형태로 만들 수 있음은 당연하다.

관리단은 위와 같이 법적 성격이 권리능력 없는 사단(비법인사단)이고, 민법 제275조는 비사단법인의 재산귀속관계를 총유(總有)로 규정하고 있을 뿐이고 그 밖에 아무런 실체법적 규정을 두고 있지 않으나, 소송법상의 당사자능력이 있으며(민사소송법제52조), 부동산등기능력도 인정되고(부동산등기법제26조), 비법인사단에 사단으로서 향유할 수 있는 권리의 범위, 행위의 범위와 형식, 불법행위능력 등에 관하여민법의 사단법인의 규정이 준용된다는 것이 통설이며, 대법원 판례도 비법인사단에 대하여 사단법인에 관한 민법규정 가운데 법인격을 전제로 하는 것을 제외하고는 모두 민법의 사단법인 규정을 유추·적용하여야한다는 입장(대법원 2011. 4. 28.선고2008다15438판결 참조)이므로 **관리단에 관하여 본법과 규약에 없는 사항은 민법상 사단법인에 관한 규정이 준용된다고** 봄이 타당하다.

2) 관리단집회에서 규약의 설정이나 관리인의 선임 등의 관리단체의 실체적 조직체를 갖추지 못한 경우의 관리단의 법적 성격

관리단은 위와 같이 구분소유관계의 성립으로 당연 설립되지만, 관리단집회에서 규약의 설정이나 관리인의 선임 등의 관리단체의 실체적 조직체를 갖추지 못한 경우에는 그 관리단의 법적 성질에 문제가 있을 수 있다.

관리단은 구분건물의 관리를 둘러싼 법률관계에 관한 처리를 위하여 특별히 인정된 단체인 점, **본법 제28조제1항**이 "건물과 대지 또는 부속시설의 관리 또는 사용에 관한 구분소유자들 사이의 사항 중 이 법에서 규정하지 아니한 사항은 규약으로써 정할 수 있다."고 규정하고 있는 점, 본법에 관리단의 내부조직과 운영에 관한 대강의 사항들을 규정하고 있으므로 관리단집회에서 관리규약의 설정이나 관리인의 선임 등 관리단의 조직체를 갖추지 못한 경우에도 관리단은 본법규정에 의해 관리·운영될 수 있는 점, 그리고 본법 제9조의3 규정에 의해 분양자가 일정 기간 동안 건물을 관리할 수 있다는 점 등을 종합하면, 관리단집회에서 규약의 설정이나 관리인의 선임 등의 관리단의 실체적 조직체를 갖추지 못한 경우에도 역시 관리단은 권리능력 없는 사단(비법인사단)으로 봄이 타당하다.

유의할 점은 관리단은 집합건물의 공동관리라는 특수목적을 위하여 설립이 인정된 권리능력 없는 사단이므로 그 특수목적외의 영리사업 등은 일체 허용되지 않는 다는 점이다.

3) 관리단의 법적 성격과 그의 존립의 형식이나 형태 또는 명칭의 관계(상법상 주식회사의 경우)

「관리단의 권리능력 없는 사단(비법인사단)의 법적 성격이 관리단의 존립의 형식이나 형태 또는 명칭에 의해 결정되는 지 여부 및 명칭이나 존립형식이 상법상의 주식회사인 경우에도 관리단이 될 수 있는지 여부」

대법원 판례는 **본법 제23조제1항 규정에 의해 당연 설립된 관리단에 해당하는지 여부**에 대하여 **관리단의 존립형식이나 명칭에 관계없이 구분소유자 전원을 구성원으로 하여 성립되는 단체인지, 본법 제23조제1항의 취지에 부합하는 단체인지, 본법을 준수하는 관리단인지 등 실질적 존립형태를 기준으로 판단**하며 **명칭**

이나 존립형식·형태가 반드시 비법인사단 또는 사단법인임을 요하지 않으므로 명칭이나 존립형식이 관리위원회이거나 재단법인에 속하는 상법상의 주식회사인 경우에도 관리단이 될 수 있다는 입장이다.

[대법원 2014. 10. 30. 선고 2012다 96915 판결]은 "본법 제23조제1항 소정의 관리단은 어떠한 조직행위를 거쳐야 비로소 성립되는 단체가 아니라 구분소유관계가 성립하는 건물이 있는 경우 당연히 그 구분소유자 전원을 구성원으로 하여 성립되는 단체라 할 것이므로 본법 제23조제1항의 취지에 부합하는 것이면 그 존립형식이나 명칭에 불구하고 관리단으로서의 역할을 수행할 수 있으며, 집합건물인 상가의 구분소유자 전부가 주주가 되어 설립한 주식회사가 그 상가를 관리한다면 그 주식회사는 관리단의 성격을 함께 지닌다."고 판결하였다.

다. 관리단의 구성원

1) 구분소유자 전원

본법 제23조제1항 규정에 의해 구분소유관계가 성립하면 구분소유자 전원은 자신의 의사와 관계없이 법률의 규정에 의해 당연히 관리단의 구성원이 되고, 이를 거부하지 못하며, 구분소유자의 지위를 가지는 동안은 탈퇴를 할 수 없다. 관리단의 구성원은 당연히 구분소유자 전원이며, 구분소유권이 양도되면 구성원의 지위는 새로운 구분소유권자에게 당연히 이전되므로 구분소유자가 바뀌고, 구분소유권과 구성원의 지위는 분리하여 양도할 수 없으므로 구분소유권의 양도인과 양수인은 각자 별도의 탈퇴 또는 가입 절차가 필요 없다.

여기서 '구분소유자'라 함은 일반적으로 구분소유권을 취득한 자, 즉,등기부상 구분소유권자로 등기되어 있는 자를 지칭하는 것이며, 다만, 수분양자로서 분양대금을 완납하였음에도 분양자 측의 사정으로 인하여 소유권이전등기를 경료 받지 못한 경우 등 특별한 사정이 있는 경우에는 이러한 경우의 수분양자는 구분소유자에 준하는 것으로 보아 관리단의 구성원이 되어 의결권을 행사할 수 있다는 것이 대법원 판례의 입장이다.(대법원 2005. 12. 16. 자 2004마515 결정)

또한, **본법 제42조제1항**은 "규약 및 관리단집회의 결의는 구분소유자의 특별승계인에 대하여도 효력이 있다."고 규정하고 있다. 이는 구분소유권의 양도에 따른 법률효과를 규정한 것으로 여기에서 **"구분소유자의 특별승계인"**이란 **계약 등 법률행위에 의해 구분소유권을 양수한 구분소유자**를 말하며, 특별승계인 역시 구분소유자이 속한다.

2) 전유부분을 수인이 공동 매매하여 구분소유권을 수인이 공유하는 경우의 구분소유자

전유부분을 수인이 공동 매매하여 구분소유권을 공유하는 경우 모든 각 공유자는 관리단의 각 구성원으로써 모두 구분소유자이다.

다만, **본법 제37조제2항**이 "전유부분을 여럿이 공유하는 경우에는 공유자는 관리단집회에서 의결권을 행사할 1인을 정한다."고 규정하고 있으므로 공유자들이 관리단집회에서 행사할 수 있는 의결권은 1개이며, 이를 위해 의결권을 행사할 자 1인을 정하여야 하는 제한을 받을 뿐이고 구분소유자의 지위는 각자 동일하며, 이는 소송 실무상 원고 적격성 여부와 직접 관련성이 있다.

라. 관리단 구성원인 구분소유자의 권리 또는 권한

1) 구분소유자의 공용부분의 용도에 따른 사용권

본법 제11조는 "각 공유자는 공용부분을 그 용도에 따라 사용할 수 있다."고 규정하고 있다. 이는 구분건물의 공유자, 즉 각 구분소유자는 법정공용부분과 규약상 공용부분, 즉 모든 공용부분을 자신의 전유면적 비율에 따른 지분과 관계없이 그 용도에 따라 사용권을 가지고 있음을 규정하고 있는 것이며, 위 권리(권한) 역

시 본법 또는 규약에 특별한 규정이 없는 경우에는 민법의 사단법인에 관한 규정이 적용된다.

2) 구분소유자의 다른 구분소유자의 전유부분 또는 자기의 공유(共有)에 속하지 아니하는 공용부분의 사용청구권

본법 제5조제3항은 "구분소유자는 그 전유부분이나 공용부분을 보존하거나 개량하기 위하여 필요한 범위에서 다른 구분소유자의 전유부분 또는 자기의 공유(共有)에 속하지 아니하는 공용부분의 사용을 청구할 수 있다. 이 경우 다른 구분소유자가 손해를 입었을 때에는 보상하여야 한다."고 규정하고 있다. 이는 각 구분소유자는 자신의 전유부분이나 공용부분을 보존하거나 개량하기 위하여 필요한 범위에서 다른 구분소유자의 전유부분 또는 자기의 공유(共有)에 속하지 아니하는 공용부분에 대한 사용 청구권을 가지고 있음을 규정하고 있는 것이며, 그 사용 청구권의 상대방은 현재의 해당 전유부분 또는 공용부분을 사용하고 있는 구분소유자 또는 그의 승낙을 받아 점유하는 세입자등 점유자이다.

만일, **상대방이 위 사용청구권에 응하지 아니하는 경우**에는 민법 제389조제2항 규정에 따라 각 구분소유자는 **법원의 소송을 통하여 승낙에 갈음하는 판결을 받은 후 사용**할 수 있고, **사용에 긴급한 필요성이 있는 경우**에는 법원에서 임시지위를 정하는 가처분결정(강제집행법 제300조제2항, 제304조)을 받은 후 사용할 수 있고, 다만, 위 사용권청구권은 가능한 한 상대방에게 방해가 되지 아니하는 시기, 방법을 선택하여야 하며(보충성), 그의 한도를 넘어 손해가 발생한 경우에는 상대방에게 그 손해를 배상하여야 한다.

3) 세입자 등 점유자의 다른 구분소유자의 전유부분 또는 공용부분에 대한 사용 청구권

본법 제5조제4항은 "전유부분을 점유하는 자로서 구분소유자가 아닌 자(이하 점유자라 함)에 대하여는 제1항부터 제3항까지의

규정을 준용한다."고 규정하고 있다. 이는 임차인(세입자) 등 구분소유자의 승낙을 받아 점유하는 점유자 역시 다른 구분소유자의 전유부분 또는 자기의 공유(共有)에 속하지 아니하는 공용부분에 대한 사용 청구권을 행사할 수 있음을 규정하고 있는 것이다.

4) 기타 구분소유자의 본법이 규정하고 있는 권리 또는 권한

구분소유자는 관리단의 운영과 관련된 본법상 위 권리 외에, 관리단집회 등에서의 의결권(본법 제37조, 제41조), 집회소집요구권(본법 제33조제2항), 규약의 열람 및 등본교부청구권(본법 제30조), 관리인해임청구권(본법 제24조제3항) 등을 가지고 있다.

5) 관리단집회의 결의 없이 구분소유자 각자가 할 수 있는 보존행위의 범위 한계에 대하여

민법 제265조는 "공용물의 관리에 관한 사항은 공유자의 지분의 과반수로써 결정한다. 그러나 보존행위는 각자가 할 수 있다."고 규정하여 민법 제265조 단서가 공용부분의 관리에 관한 사항으로써 보존행위는 각 공유자가 단독으로 할 수 있도록 규정하고 있는바, 여기서 공유물의 보존행위는 공유물의 멸실·훼손을 방지하고 그 현상을 유지하기 위하여 하는 사실적, 법률적 행위이며, 그 입법취지는 그 보존행위가 긴급을 요하는 경우가 많고 다른 공유자에게도 이익이 되는 것이 보통이기 때문이다.(대법원 1995. 4. 7. 선고 93다54736 판결 등 참조) 한편, **본법 제16조 제1항**은 공용부분의 관리에 관한 사항은 본법 제15조제1항 본문 규정의 공용부분의 변경 사항 및 제15조의2 규정의 권리변경 있는 공용부분의 변경에 관한 사항을 제외하고는 본법 제38조제1항에 따른 관리단의 통상의 집회결의로써 결정한다고 규정하면서 그 **단서**에서 "다만, 보존행위는 각 공유자가 할 수 있다."라고 규정하였는바, 본법 제16조제1항의 취지는 집합건물의 공용부분과 대지의 현상을 유지하기 위한 보존행위를 일반관리행위와 구별하여 공유자인 구분소유자가 단독으로 행사할 수 있도록 규정한 것

이며, 그 입법 취지는 민법의 위 규정과 동일하며, **본법 제19조**는 건물의 대지 또는 공용부분 외의 부속시설(이에 관한 권리포함)을 공유하는 경우에도 본법 제16조를 준용한다고 규정하고 있으므로 건물의 대지 또는 공용부분 외의 부속시설(이에 관한 권리포함)에 관한 보존행위의 경우에도 본법 제16조제1항 단서가 역시 적용된다.

본법은 집합건물의 존립에 필수적인 공용부분과 대지의 원활하고 적정한 유지·관리, 집합건물 내 공동생활을 둘러싼 구분소유자 상호 간의 이해관계 조절을 위하여 민법상 공유와는 다른 여러 특별규정을 두고 있는바, 구분소유관계가 성립되면 구분소유자 전원을 구성원으로 하여 건물과 대지 등의 관리를 목적으로 하는 집합건물의 관리단이 당연 설립되며(제23조), 구분소유자가 10인 이상인 경우 관리단을 대표하고 관리행위를 할 관리인을 선임해야 하고(제24조), 공용부분의 보존·관리 및 변경을 위한 행위 등은 관리인의 권한과 의무에 속하며(제25조 제1항), 구분소유자는 구분소유자 공동의 이익에 어긋나는 행위를 해서는 안 되고(제5조제1항), 구분소유자가 그러한 행위를 한 경우 관리인은 그 행위의 정지 등을 청구할 수 있고 이를 위한 소송 제기는 관리단집회의 결의를 거쳐야 하므로(제43조제1항, 제2항) **집합건물의 공용부분과 대지의 관리 업무는 기본적으로 구분소유자들로 구성된 관리단과 이를 대표하는 관리인에게 있으므로 구분소유자 각자에게는 업무를 집행할 권한이 없다.**

부연하면, 구분소유자가 공용부분과 대지에 대해 그 지분권에 기하여 권리를 행사할 때 이것이 다른 구분소유자들의 이익에 어긋날 수 있다면 이는 각 구분소유자가 집합건물법 제16조제1항 단서에 의하여 개별적으로 할 수 있는 보존행위라고 볼 수 없으므로 집합건물법 제16조제1항 본문에 따라 관리단집회의 결의를 거쳐야 하는 관리행위라고 보아야 하며, 그 권한은 관리단과 이를 대표하는 관리인에게 있으므로 관리단집회의 결의를 거치지 않고 구분소유자 각자가 할 수 있는 보존행위는 위 관리행위에 속하지 않아야 한다.

마. 관리단 구성원인 구분소유자의 의무와 책임

구분소유자는 각 전유부분을 소유하고 있지만, 그 각 전유부분은 동일한 건물의 일부이고 그 건물의 공용부분은 자연발생적으로 모든 구분소유자들 모두 또는 그 일부의 공유에 속하므로 각 구분소유자는 자기의 권리를 무제한으로 주장하는 경우 다른 구분소유자의 권리와 상호 충돌할 수밖에 없으며 이로 인하여 건물의 원만한 이용 방해는 물론이고 건물의 존립 자체에 위협이 될 수 있는 경우도 발생할 수 있다. 이에 본법 제5조는 구분소유자의 권리를 제한하고, 구분소유자에게 일정한 내용의 부작위의무를 지움으로써 건물의 보전과 그 이용을 조절하고 있다.

한편, **공동주택관리법 제35조제1항**에서도 공동주택의 입주자 등에게 '1.공동주택을 사업계획에 따른 용도 외의 용도에 사용하는 행위 2.공동주택을 증축·개축·대수선하는 행위 3.공동주택을 파손 또는 훼손하거나 해당 시설의 전부 또는 일부를 철거하는 행위(경미한 행위 제외) 4.그 밖에 공동주택의 효율적 관리에 지장을 주는 행위에 대하여 시장·군수·구청장의 허가를 받거나 또는 신고하여야 한다.'고 규정하여 공동의 이익에 반하는 행위를 제한하고 있으며, 이는 본법 제5조 규정의 취지와 동일하다고 봄이 타당하다.

1) 공동의 이익에 반하는 행위의 금지 의무

본법 제5조제1항은 "구분소유자는 건물의 보존에 해로운 행위 기타 건물의 관리 및 사용에 관하여 구분소유자의 공동의 이익에 반하는 행위는 하여서는 아니 된다."라고 규정하고 있다. 이는 민법 제2조제2항 규정의 권리남용금지의 원칙의 한 표현이며, 여기서 금지되는 행위는 "건물의 관리 및 사용에 관하여 구분소유자의 공동의 이익에 반하는 행위"이며, **구분소유자의 공동의 이익**

<u>에 반하는 행위</u>란 여러 구분소유자과 관련된 사항으로써 구분소
유자의 이익을 해하는 행위를 말하므로 이익을 침해당하는 구분
소유자가 1인이든 수인이든 관계없으며, 그에 대한 <u>판단기준</u>은
일반적·추상적 기준으로 정하기는 곤란하고, 그 행위의 필요성,
해당 구분소유자가 얻은 이익 및 피해 구분소유자의 피해로 인한
불이익의 성질과 정도, 이를 피할 수 있는 다른 수단의 가능성
등 제반사항을 고려하여 구체적인 사건에 따라 사회통념에 의해
결정할 수밖에 없다.

또한, <u>본법 제5조제1항</u>은 건물의 부당사용으로 인하여 공동이익
을 해하는 행위도 역시 금지하고 있다. 예를 들면, 구분소유자 1
인이 공용부분을 함부로 사용하는 결과 다른 구분소유자의 통상
의 사용을 방해하거나 건물 내에 위험물을 반입하는 행위 또는
건물상층의 구분소유자가 극히 무거운 물건을 자신의 전유부분에
보관하는 행위 등은 공동이익을 해하는 행위로써 금지된다.

위 행위의 금지 의무는 구분소유자가 아니면서 세입자 등 전유부
분을 점유하는 자에게도 적용된다.(동조 제4항)

2) 주거용 전유부분의 타용도(他用途)의 사용 및 증개축행위 금지
   의무

<u>동조 제2항</u>은 "전유부분이 주거의 용도로 분양된 것인 경우에는
구분소유자는 정당한 사유 없이 그 부분을 주거이외의 용도로 사
용하거나 그 내부 벽을 철거하거나 파손하여 증축·개축하는 행위
를 하여서는 아니 된다."고 규정하고 있다. 모든 구분소유자들은
각자 자신소유의 전유부분에 대하여 사용수익권을 가지고 있으므
로 그 전유부분을 어떠한 용도로 사용할지 여부는 각자 의사에
달렸다고 할 수 있다. 그러나 아파트나 연립주택 등 건물이 주거
용으로 분양된 경우에는 모든 구분소유자들은 각자의 전유부분에
서 고요하고 편안하게 안락한 주거생활을 영위할 중대한 이익을
가지며, 그 이익은 법적으로 보호되어야 한다. 이에 <u>본법 제5조</u>

제2항 전문은 「전유부분이 주거의 용도로 분양된 것인 경우에는 구분소유자는 정당한 사유 없이 그 부분을 주거이외의 용도로 사용하는 행위를 하여서는 아니 된다.」고 규정하고 있으며, 여기서 '**정당한 사유의 유무에 판단기준**'은 일정한 일반적·추상적기준에 의할 수는 없으며, 건물의 위치, 형태와 사용의 태양, 그 사용으로 인하여 해당 구분소유자가 얻는 이익과 다른 구분소유자에게 주는 피해의 정도 등을 종합적으로 평가하여 구체적 사정에 따라 결정하여야 할 것이다.

한편, **본법 제5조제2항 후문**은 「그 내부 벽을 철거하거나 파손하여 증축·개축하는 행위를 하여서는 아니 된다.」고 규정하여 주거용으로 분양된 전유부분의 부당훼손행위를 금지하고 있으며, 위 부당훼손행위는 동조 제1항 규정의 '건물의 보존에 해로운 행위'로써 금지되는 한 유형을 규정한 것이고, 그 금지 의무는 주거용 전유부분에 한정하지 않고 집합건물 일반에 적용되어야 하는 의무로 봄이 타당하며, 다만, 건물전체의 안정도와 관계없는 범위에서의 내부설계의 변경행위는 허용된다고 봄이 타당하다.

위 주거용 전용부분의 타용도(他用途) 사용금지의무는 구분소유자가 아닌 자로서 세입자 등 전유부분을 점유하는 자에게도 적용되며(본법 제5조제4항), 공동주택관리법 제35조제1항에서도 본법 제5조제2항과 동일한 취지로 위와 같이 규정하고 있다.

3) 본법 제5조제1항과 제2항의 각 의무 사이의 관계

본법 제5조제2항의 의무위반행위는 제1항 규정의 '구분소유자의 공동의 이익에 반하는 행위'로써 한 유형이며, 다만 본법 제43조 내지 제45조의 규정에 의하면, 제1항의 의무위반의 경우에는 '정지 등 청구권' '사용금지청구권'경매청구권이 모두 인정되나, 제2항의 의무위반의 경우는 경매청구권만 인정하고 있으므로 구별의 실익이 규정상 형식적으로 존재하나 실질적으로는 제2항 규정의 의무가 제1항 규정의 의무의 전형적인 한 유형에 속하므로 제2

항의 의무위반의 경우에도 위 3가지의 청구권이 단계적으로 모두 인정된다고 봄이 타당하다.

본법 제5조 규정의 위 각 의무에 위반한 구분소유자에 대한 조치는 **제1장 제6절 의무위반자에 대한 조치**에서 구체적으로 설시한다.

바. 관리단의 채무에 대한 구분소유자의 책임

본법 제27조제1항은 "관리단이 그의 재산으로 채무를 전부 변제할 수 없는 경우에는 구분소유자는 제12조의 지분비율에 따라 관리단의 채무를 변제할 책임을 진다. 다만, 규약으로써 그 부담비율을 달리 정할 수 있다."고 규정하고 있다. 이는 구분소유자의 전유면적 비율에 따른관리단의 채무의 보충적 변제책임을 규정한 것이다.

동조 제2항은 "구분소유자의 특별승계인은 승계 전에 발생한 관리단의 채무에 관하여도 책임을 진다."고 규정하고 있다. 이는 전유부분 매수자 등 특별승계인은 전 구분소유자에게 발생한 관리단의 채무에 대하여도 책임을 부담함을 규정하고 있는 것이다.

사. 산업직접활성화 및 공장설립에 관한 법률(약칭;산업직접법)상의 지식산업센터의 관리에 대하여

산업직접법 제28조의 6제1항은 지식산업센터가 본법에 따른 구분소유관계가 성립하는 경우에는 본법 제23조제1항에 따른 관리단이 지식산업센터를 관리하고, 본법에 따른 구분소유관계가 성립하지 아니하는 경우에는 지식산업센터를 설립한 자가 관리하도록 규정하고 있고, 동조 제2항은 위와 같이 본법에 따른 관리단은 구성된 날로부터 산업통상자원부령으로 정하는 기간 내에 본법 제28조제1항에 따른 규약을 정하여 해당 자치단체장(시장,근수,구청장)에게 신고할 의무 및 그 자치단체장의 관리기관에게 그 신고내용을 통보할 의무, 그리고 지식산업센터의 위 각 관리자의 업무범위는 산업통상자원부령으로 정한다고 규정하고 있다.

2. 관리인

가. 관리인의 의의

관리인이란 집합건물의 공용부분, 대지, 부속시설의 관리권한을 구분소유자로부터 위탁받은 자로써 원칙적으로 관리단집회의 결의로 선임되고 해임된다.(본법 제24조제3항)

구분소유자의 수가 많고, 관리대상이나 관리사항이 다양·복잡한 경우 구분소유자들이 스스로 공동 관리하는 것은 용이한 일이 아니다. 본법은 구분소유자 각자가 가지는 대내적 권리관계를 특정인에게 위탁하여 관리의 원활을 꾀하고, 동시에 대외적으로 대표권한을 부여하여 그 법률관계를 해결할 수 있도록 관리인제도를 두고 있는 것이다.

특히, **본법 제24조제1항**은 "구분소유자가 10인 이상인 때에는 관리단을 대표하고 관리인의 사무를 집행할 관리인을 선임하여야 한다."는 강제규정을 두고 있는바, 구분소유자가 10인 이상인 집합건물의 경우 관리단은 반드시 관리인을 선임하여야 한다. 다만, 본법상 관리단이 위 의무를 이를 이행하지 아니하여 선임된 관리인이 없는 경우 이를 강제할 제재규정 및 위반에 대한 법률효과에 관한 규정이 없는바, 이 경우 관리단이 관리단집회의 의결 또는 규약 규정에 따라 직접 관리할 수밖에 없으므로 대내외적 업무집행이 복잡하고 법적분쟁이 발생할 수 있다. 특히, 분양자의 관리의무 기간에 대하여 **본법 제9조의3제1항**이 '**제23조제1항에 따른 관리단이 관리를 개시할 때까지**'에서 '**제24조제3항에 따라 선임된 관리인이 사무를 개시(開始)할 때까지**'로 개정됨[27]으로써 분양자 등이 고의적으로 관리인

---

27) 본법 제9조의3제1항의 "선임된 관리인이 사무를 개시할 때까지"의 규정은 2020. 2. 4. 개정되기 전에는 "관리단이 관리를 개시할 때까지"로 규정되어 있었고, 한편, 본법 제23조제1항에 의해 관리단은 관리단집회 결의에 의한 관리인 선임 등 실체적 관리단체 존재여부와 상관없이 당연 설립하므로 관리인이 선임되지 않은 관리단의 경우 분양자의 관리의무와 권한과 관련하여 모순점이 있었으나 위 규정의 개정으로 일단 해결되었다고 볼 수 있다. 그러나 구분건물이 전부

선임을 해태하여 자신이 계속 직접 관리하는 경우 그의 권리남용이 예상되고, 이 경우 분양자와 관리단 사이에 대내외적 업무집행에 대한 법적분쟁이 발생할 수 있어 이에 대한 입법적 필요성이 절실히 요구된다.

나. 관리인의 자격과 선임, 해임 및 임기

1) 관리인의 자격

본법 제24조제2항은 "관리인은 구분소유자일 필요가 없으며, 그 임기는 2년의 범위에서 규약으로 정한다."고 규정하고 있다. 이는 관리인의 자격은 구분소유자임을 요하지 않으며, 특별한 제한이 없고, 법인도 관리인이 될 수 있고 구분소유자가 아닌 자도 관리인으로 선임될 수 있다. 관리인의 인원수는 1인이 보통이나 2인 이상의 관리인 선임도 가능하다. 또한, 관리인의 임기는 위와 같이 2년의 범위에서 규약으로 정할 수 있으므로 2년의 범위를 넘을 수 없으나 연임 금지규정이 없으므로 연임은 가능하고, 규약으로 달리 정할 수도 있다.

2) 관리인선임 및 해임절차

동조 제3항은 "관리인은 관리단집회의 결의에 의하여 선임되거나 해임된다. 다만, 규약으로 제26조의3에 따른 관리위원회의 결의로 선임되거나 해임되도록 정한 경우에는 그에 따른다."고 규정하고 있다. 이는 관리인은 관리단집회의 결의로 선임·해임되는 것이 원칙임을 규정한 것이다. 그러나 규약으로 관리위원회의 결의로 선임되거나 해임되도록 정한 경우에는 관리위원회의 결의에 의해 관리인이 선임·해임됨을 규정한 것이다.

3) 동조 제3항 단서조항이 신설되기 전의 대법원 판례 입장

동조 제3항 단서조항이 신설되기 전에는 제24조제3항이 '관리인

분양된 경우 관리인이 선임될 때까지 분양자에게 계속 관리할 수 있도록 함에는 많은 문제점이 있다.

은 관리단집회의 결의에 의하여 선임되거나 해임된다.'고 규정하였고, 이에 대법원 판례는 위 규정을 근거로 관리인의 선임·해임을 관리단집회의 결의에 의해서만 하도록 한 강행규정으로 보고 규약 설정 당시의 구성원들이 위 규정과 다른 내용의 규약을 제정하더라고 효력을 인정할 수 없다는 입장(대법원 2012. 3. 29. 선고 2009다45320 판결 참조)이었다. 그러나 위와 같이 **본법 제24조제3항 단서조항 신설로 관리인 선임 또는 해임은 관리단집회의 의결로 결정하는 것이 원칙이나, 규약에 관리위원회의 결의에 의하도록 규정된 경우에는 관리위원회의 결의로 관리인이 선임·해임될 수 있게 되어 위 대법원 판례의 입장이 변경되었다는 점**에 유의하여야 한다.

4) 관리단집회의 결의에 의해 관리인을 선임·해임하는 경우의 의결정족수에 대하여

관리단집회의 결의에 의해 관리인을 선임·해임하는 경우 본법은 그 의결정족수에 관하여 특별한 규정을 두고 있지 않으므로 본법 제38조제1항 규정의 보통의결에 의한 구분소유자 및 의결권의 각 과반수의 찬성으로 관리인의 선임·해임을 결정하며, 본법 제41조제1항 규정절차에 따라 서면 또는 전자적 방법에 의한 경우에는 구분소유자 및 의결권의 각 3/4이상의 합의로 선임·해임될 수 있음은 당연하다.

5) 분양자의 구분소유자에 대한 관리단집회 통지 의무와 직접적 관리단집회 소집 의무에 대하여

본법 제9조의3제3항은 "분양자는 예정된 매수인의 2분의 1 이상이 이전등기를 한 때에는 규약 설정 및 관리인 선임을 위한 관리단집회(제23조에 따른 관리단의 집회를 말함)를 소집할 것을 대통령령28)으로 정하는 바에 따라 구분소유자에게 통지하여야 하고, 이 경우 통지받은 날부터 3개월 이내에 관리단집회를 소집할

---

28) 각주 10)에 기재된 바와 같다.

것을 명시하여야 한다." 고 규정하고 있으므로 분양자는 수분양자 1/2이상이 소유권이전등기를 한 때에는 구분소유자에게 3개월 이내에 규약 설정 및 관리인 선임을 위한 관리단집회 개최를 통지하여야 한다.

동조 제4항은 "분양자는 구분소유자가 위 통지를 받은 날부터 3개월 이내에 관리단집회를 소집하지 아니하는 경우에는 지체 없이 관리단집회를 소집하여야 한다."고 규정하고 있으므로 분양자는 구분소유자에게 위와 같이 관리단집회의 소집을 통지하였음에도 불구하고 이에 응하지 아니한 경우 분양자가 지체 없이 관리단집회를 소집하여야 할 의무가 있다.

유의할 점은 앞에서 설시한 바와 같이. 본법 제9조의3제1항이 규정하고 있는 분양자의 관리의무기간은 '선임된 관리인이 사무를 개시(개시)할 때까지'이므로 한시적 의무라는 점이다. 문제는 분양자가 개최한 관리단집회에서 관리인이 선임되지 않은 경우 분양자는 관리인이 선임되어 사무를 개시(開始)할 때까지는 계속 관리단을 관리할 권리와 의무가 있는 결과가 되므로 분양자는 해당 구분건물을 모두 분양한 후에도 계속 관리단을 관리하는 경우가 발생할 수 있고 이 경우 많은 분쟁이 발생할 수 있으므로 이에 대한 입법적 해결의 필요성이 절실하고, 관리인이 선임되지 않은 경우에 대한 입법적 보완이 절실히 필요하다.

본법 제24조제5항은 "관리인에게 부정한 행위나 그 밖에 그 직무를 수행하기에 적합하지 아니한 사정이 있을 때에는 각 구분소유자는 관리인의 해임을 법원에 청구할 수 있다."고 규정하고 있다. 이 경우의 관리인 해임청구소송은 관리인의 박탈을 청구하는 형성의 소이며, 원고는 각 구분소유자이고, 피고는 관리인이 되며, 관할법원은 관리인의 주소지 법원이 원칙이다. 이 경우 보전의 필요성이 인정되는 경우 각 구분소유자는 관리인 해임청구소송을 본안으로 하여 그 관리인의 직무집행정지, 직무대행자선임의 가처분신청을 할 수도 있다.

6) 관리인 선임 신고

본법 제24조제6항은 "전유부분이 50개 이상인 건물(「공동주택관리법」에 따른 의무관리 대상 공동주택 및 임대주택과 「유통산업발전법」에 따라 신고한 대규모점포 등 관리자가 있는 대규모점포 및 준대규모점포는 제외함)의 관리인으로 선임된 자는 대통령령[29)]으로 정하는 바에 따라 선임된 사실을 특별자치시장, 특별자치도지사, 시장, 군수 또는 자치구의 구청장(이하 "소관청"이라 함)에게 신고하여야 한다."고 규정하고 있다. 이는 「공동주택관리법」에 따른 의무관리 대상 공동주택 및 임대주택과 「유통산업발전법」에 따라 신고한 대규모점포 등 관리자가 있는 대규모점포 및 준대규모점포를 제외한 전유부분이 50개 이상인 집합건물의 경우 선임된관리인은 소관청에 선임 신고를 하여야 함을 규정하고 있는 것이다.

다. 임시관리인의 선임 등에 관하여

1) 임시관리인의 선임에 대하여

본법 제24조의2제1항은 "구분소유자, 그의 승낙을 받아 점유부분을 점유하는 자(예; 세입자 등), 분양자 등 이해관계인은 관리단집회의 결의에 따라 법원에 임시관리인의 선임을 청구할 수 있다."고 규정하고 있다. 이는 선임된 관리인이 없는 경우 해당 집

---

29) 시행령 제5조의5는 "법 제24조제6항에 따른 관리인으로 선임된 자는 선임일 부터 30일 이내에 별지 서식의 **관리인 선임 신고서**에 선임사실을 입증할 수 있는 다음 각 호의 어느 하나에 해당하는 자료를 첨부하여 특별자치시장, 특별자치도지사, 시장, 군수 또는 자치구의 구청장(이하 소관청이하 함)에게 제출해야한다. **1. 법 제39조제2항에 따른 관리단집회 의사록 2. 규약 및 제11조제2항에 따른 관리위원회 의사록** 3. 법 제24조의2제1항에 따른 임시관리인 선임청구에 대한 법원의 결정문"이라고 관리인의 선임신고에 대하여 규정하고 있으므로 선임신고서 서식은 시행령의 별지 서식[위 별지서식은 법제처사이트(https://www.moleg.go.kr)에서 현행법령 '집합건물의 소유 및 관리에 관한 법률 시행령' 검색 후 서식란을 통해 찾을 수 있음]에 따르며, 공동주택관리법 」에 따른 관리자 또는 「 유통산업발전법 」에 따른 대규모점포 등 관리자에 따른 신고는 위 각 법률의 시행령에 규정된 서식에 따른다.

합건물의 구분소유자, 세입자등 점유자, 분양자 등 이해관계인은 법원에 임시관리인의 선임을 청구할 수 있음을 규정한 것이다. 그러나 위 규정은 반드시 임시관리인을 선임해야만 하는 강제규정이 아님에 유의하여야 한다.

2) 임시관리인의 지위 및 권한과 의무에 대하여

동조 제2항은 "임시관리인은 선임된 날로부터 6개월 이내에 관리단집회의 결의에 따른 관리인 선임을 위하여 관리단집회 또는 관리운영위원회를 소집하여야 한다."고 규정하고 있으며, 임시관리인의 지위 및 권한과 의무에 관하여는 아무런 규정이 없다.

그러나 본법상 관리단의 법적 성격은 권리능력 없는 사단(비법인 사단)이고 본법상 규정이 없는 경우 민법의 사단법인의 규정이 준용된다는 것이 통설이며, 대법원 판례도 비법인사단에 대하여 사단법인에 관한 민법규정 가운데 법인격을 전제로 하는 것을 제외하고는 모두 민법의 사단법인 규정을 유추적용하여야한다는 입장(대법원 2011. 4. 28.선고2008다15438판결 참조)인바, 관리단의 규약에서 임시관리인의 지위에 관하여 규정한 바 없으면 민법상 사단법인에 관한 규정이 준용된다고 봄이 타당하므로 사단법인의 임시이사의 선임을 규정한 민법 제63조 규정을 준용하여 임시관리인은 정식적으로 선임된 관리인과 동일한 지위 및 권한과 의무를 가진다고 봄이 타당하므로(대법원 2019.9.10.선고 2019다208953 판결 참조) 본법 제24조의2제2항의 위 규정은 임시관리인의 주된 역할을 규정한 것으로 봄이 타당하고 위 규정에 의해 비록 임시관리인의 지위가 한시적이고 임시적인 것이지만 관리인과 동일함에 유의하여야 한다.

3) 임시관리인의 임기

동조 제3항은 "임시관리인의 임기는 선임된 날로부터 관리단집회에서 관리인이 선임될 때까지로 하되, 관리규약으로 정한 임기를 초과할 수 없다."고 규정하고 있다. 이는 임시관리인의 임기는 선임된 날로부터 관리단집회에서 관리인이 선임될 때까지로 하되, 관리규약으로 정한 임기를 초과할 수 없는 한시적이고 임시적임을 규정한 것이다.

그러나 대규모 집합건물, 특히 대규모 상가의 관리단의 경우에서 관리인이 장기간 선임되지 아니하여 위 규정에 의해 법원에서 선임된 임시관리인이 위 규정을 악용하여 오히려 관리인 선임을 방해하고, 임시관리인의 권한남용으로 인한 문제가 발생하여 구분소유자에게 피해가 발생하는 경우가 있으므로 이에 대한 입법적 해결이 필요하다.

라. 관리인의 지위

1) 관리인선임이 필수적인 경우

본법 제24조제1항은 "구분소유자가 10인 이상일 때에는 관리인을 대표하고 관리단의 사무를 집행할 관리인을 선임하여야 한다."고 규정하고 있다. 이는 구분소유자가 10인 이상인 집합건물의 경우에는 반드시 관리인을 선임해야 하고, 그 관리인은 관리단의 업무집행 및 대표기관으로서의 지위에 있음을 규정하고 있는 것이며, 관리인의 모든 권한과 의무는 관리단기관의 지위에서 인정되므로 관리인 개인의 계약당사자로서의 지위는 인정되지 않는다.

관리인은 그 지위에서 보조기관(예:관리사무소장 등)을 둘 수 있고, 관리규약 또는 관리단집회의 결의로 정한 바 없으면 관리인 자신의 책임으로 보조기관을 결정할 수도 있다. 대규모 아파트단지의 경우 통상 관리소장을 두어 관리하고 있으나, 관리소장은 관리인의 지시 감독을 받는 관리인의 보조기관이며, 관리인이 아님에 유의하여야 한다.

2) 구분소유자와 관리인의 관계

본법 제26조제3항은 "이 법 또는 규약에서 규정하지 아니한 관리인의 권리의무에 관하여는 「민법」의 위임에 관한 규정을 준용한다."고 규정하고 있다. 이는 구분소유자와 관리인의 관계는 원칙적으로 민법상 위임관계이므로 본법이나 관리규약에서 규정하지 아니한 관리인의 권리의무는 민법의 위임에 관한 규정이 준용됨을 규정하고 있는 것이다. 따라서 관리인은 민법 제686조 규정에 따라 보수청구권이 있고, 관리인 자신 또는 사용인의 과실로 구분소유자에게 손해를 입힌 때에는 그들에게 손해배상책임을 진다.

마. 관리인의 권한과 의무

1) 관리인의 포괄적 권한과 대표권제한

본법 제25조제1항은 "관리인은 다음 각 호의 행위를 할 권한과 의무를 진다. 1. 공용부분의 보존행위 1의2. 공용부분의 관리 및 변경에 관한 관리단집회 결의를 집행하는 행위 2. 공용부분의 관리비용 등 관리단의 사무 집행을 위한 비용과 분담금을 각 구분소유자에게 청구·수령하는 행위 및 그 금원을 관리하는 행위 3. 관리단의 사업 시행과 관련하여 관리단을 대표하여 하는 재판상 또는 재판 외의 행위 3의2. 소음·진동·악취 등을 유발하여 공동생활의 평온을 해치는 행위의 중지 요청 또는 분쟁 조정절차 권고 등 필요한 조치를 하는 행위 4. 그 밖에 규약에 정하여진 행위"라고 규정함으로써 관리인의 권한과 의무가 본법 2020.2.4.법 16919호로 개정 및 신설되어 대폭적으로 확대되었다. **동조 제2항**은 " 관리인의 대표권은 제한할 수 있다. 다만, 이로써 선의의 제3자에게 대항할 수 없다."고 규정하고 있다. 이는 관리인의 대표권은 규약 또는 관리단집회 결의로 제한 할 수 있으며, 관리단은 그 제한사유를 가지고 그 사유를 모르는 선의의 제3자에게 대항할 수 없음을 규정한 것이다.

본법 제26조제3항은 "이법 또는 규약에서 규정하지 아니한 관리인의관리인이 공동 관리의 목적의 범위 내에서 공용부분, 대지, 부속시설의 공동관리을 위한 일체의 사무를 처리할 포괄적 권한과 의무를 가지고 있으며 권리의무에 관하여는 민법의 위임에 관한 규정을 준용한다."고 규정하고 있다. 이는 관리인과 구분소유자 사이의 관계는 위와 같이 민법상 위임관계라는 사실을 말해주므로 본법 또는 규약에서 규정하지 아니한 관리인의 권리의무에 관한 사항은 민법의 위임에 관한 규정을 준용함을 규정하고 있는 것이다.

즉, 관리인의 권한의무는 규약 또는 관리단집회 결의로 제한 할 수는 있으나, 본법 제25조제1항 규정에 한정되지 않고 민법상 수임인으로서 각 권한과 의무도 함께 포함되므로 관리인은 포괄적 권한과 의무를 가지고 있으며, 그 구체적인 내용은 아래와 같다.

2) 공용부분의 보존행위와 공용부분의 관리 및 변경에 관한 관리단집회 결의를 집행하는 행위

관리인은 공용부분에 대한 보존행위와 일반관리행위 그리고 공용부분 변경에 관한 관리단집회 결의를 집행할 권한과 의무가 있다.

보존행위란 물건의 멸실·훼손을 방지하고 그 현상을 유지하기 위한 행위이고, **관리행위**란 물건의 변경에 이르지 않는 범위 내에서 이용·개량하는 행위를 말하며, **변경행위**라 함은 물건의 이용가치를 증대시키기 위하여 그 현상을 변동시키는 행위이며, 여기서 '행위'라 함은 법률행위와 사실행위 모두를 포함한다.

관리인의 공용부분의 보존행위는 구분소유자의 경우와 동일하게 관리단집회 결의를 요하지 않는다. 그러나 공용부분의 관리에 관한 사항은 규약 또는 관리단집회의 결의로 결정되며, 공용부분의 변경에 관한 사항은 본법이 규정한 관리단집회의 결의로 결정되며, 이 경우 구분소유자와 점유자가 달리 정하여 관리단에 통지한 경우가 아니면 세입자 등 구분소유자의 승낙을 받아 전유부분을 점유하는 자는 관리비 납부 등 관리관계에 특별한 이해관계인이므로 관리단집회에 참석하여 그 구분소유자의 의결권을 행사할 수 있으며, 다만 구분소유자의 권리·의무에 특별한 영향을 미치는

사항을 결정하기 위한 집회인 경우 사전에 구분소유자로부터 의결권 행사에 대한 동의를 받아 의결권을 행사할 수 있고, 위 공용부분의 관리 및 변경에 관한 관리단집회 결의절차에 관하여는 규약으로써 달리 정할 수 있다.(본법 제15조내지 제16조)

3) 공용부분의 관리비용 등 관리단의 사무 집행을 위한 비용과 분담금을 각 구분소유자에게 청구·수령하는 행위 및 그 금원을 관리하는 행위

관리인은 공용부분의 관리비용 등 관리단의 사무 집행을 위한 비용과 분담금을 각 구분소유자에게 청구·수령하고, 그 금원을 관리할 권한과 의무를 가진다. 각 구분소유자는 규약에 달리 정한 바가 있으면 그에 따르며, 그렇지 않은 경우 각 전유부분에 따른 지분의 비율에 따라 공용부분의 관리비용과 그 밖의 의무를 부담하는 것이 원칙이며, 공용부분에서 생기는 이익 역시 그에 따라 취득하는 것이 원칙이다.

관리인은 아래와 같이 재판상 또는 재판외의 행위를 할 수 있으므로 공용부분의 관리비용 등 관리단의 사무 집행을 위한 비용과 분담금의 지급청구에 응하지 않는 구분소유자에 대하여 법원에 소송을 제기하여 그 지급을 청구할 수 있다.

4) 관리단의 사업 시행과 관련하여 관리단을 대표하여 하는 재판상 또는 재판외의 행위

관리인은 위와 같이 공용부분의 관리비용 등 관리단의 사무 집행을 위한 비용과 분담금을 지급받기 위한 재판상 또는 재판외의 행위뿐만 아니라 관리인의 대표권은 포괄적 권한이므로 관리단의 사업시행에 관하여 관리단을 대표하여 재판상 또는 재판외의 행위를 할 수 있으며, 다만 관리인의 그 포괄적 권한은 규약이나 관리단집회 결의로 제한할 수 있으며, 그 제한을 이유로 선의의 제3자[30]에게 대항할 수 없다.

5) 소음·진동·악취 등을 유발하여 공동생활의 평온을 해치는 행위의 중지 요청 또는 분쟁 조정절차 권고 등 필요한 조치를 하는 행위

관리인은 구분소유자 여부를 막론하고 소음·진동·악취 등을 유발하여 공동생활의 평온을 해치는 행위를 하는 자에게 그 중지를 요청할 수 있고, 발생한 분쟁에 대하여 조정절차 권고 등 필요한 조치를 할 수 있다. 이는 관리인이 관리단의 대표자이기 때문에 당연하다.

6) 기타 규약 및 본법 규정의 직무권한

관리인은 규약에 정한 행위를 집행할 권한을 가지고 있고, 본법에서 규정하고 있는 기타 직무권한, 즉 규약의 보관(본법 제30조제1항), 관리단집회 소집권(본법 제32조, 제33조제1,2항), 집회의 의장의 지위(본법 제39조제1항), 공동의 이익에 반하는 행위의 정지행위(본법 제43조), 사용금지의 청구(본법 제44조), 구분소유권의 경매청구(본법 제45조), 전유부분의 점유자에 대한 인도청구(본법 제46조) 등에 대한 직무권한을 행사할 수 있다.

7) 관리인의 보고의무 등

본법 제26조제1항은 "관리인은 대통령령31)으로 정하는 바에 따

---

30) 선의의 제3자라 함은 관리규약이나 관리단집회결의로 대표권이 제한된 사실을 모르고 거래행위를 한 제3자를 말한다.

31) 관리인의 보고의무에 관하여, 시행령 제6조제1항은 "법 제26조제1항에 따라 관리인이 보고해야 하는 사무는 다음 각 호와 같다. 1. 관리단의 사무 집행을 위한 분담금액과 비용의 산정방법, 징수·지출·적립내역에 관한 사항 2. 제1호 외에 관리단이 얻은 수입 및 그 사용 내역에 관한 사항 3. 관리위탁계약 등 관리단이 체결하는 계약의 당사자 선정과정 및 계약조건에 관한 사항 4. 규약 및 규약에 기초하여 만든 규정의 설정·변경·폐지에 관한 사항 5. 관리단 임직원의 변동에 관한 사항 6. 건물의 대지, 공용부분 및 부속시설의 보존·관리·변경에 관한 사항 7. 관리단을 대표한 재판상 행위에 관한 사항 8. 그 밖에 규약, 규약에 기초하여 만든 규정이나 관리단집회의 결의에서 정하는 사항"이라고 규정하고 있고, 동조 제2항은 "관리인은 규약에 달리 정한 바가 없으면 월 1회 구분소유자 및 그의 승낙을 받아 전유부분을 점유하는 자에게 관리단

라 매년 1회 이상 구분소유자 및 그의 승낙을 받아 전유부분을 점유하는 자에게 그 사무에 관한 보고를 하여야 한다."고 규정하고 있다. 이는 관리인은 매년 1회 이상 아래의 본법 시행령으로 정하는 바를 구분소유자 및 그의 승낙을 받아 전유부분을 점유하는 자(세입자 등)에게 보고의무가 있음을 규정한 것이다.

동조 제2항은 "전유부분이 50개 이상인 건물의 관리인은 관리단의 사무 집행을 위한 비용과 분담금 등 금원의 징수·보관·사용·관리 등 모든 거래행위에 관하여 장부를 월별로 작성하여 그 증빙서류와 함께 해당 회계연도 종료일로부터 5년간 보관하여야 한다."고 규정하고 있다. 이는 전유부분이 50개 이상인 집합건물의 경우 관리인은 모든 거래행위에 관하여 월별 장부를 작성하여야 하며, 그 증빙서류와 함께 해당 회계연도 종료일로부터 5년간 보관할 의무가 있음을 규정한 것이다.

동조 제3항은 "이해관계인은 관리인에게 제1항에 따른 보고 자료, 제2항에 따른 장부나 증빙서류의 열람을 청구하거나 자기 비용으로 등본의 교부를 청구할 수 있다, 이 경우 관리인은 <u>다음 각 호의 정보를 제외</u>하고 이에 응하여야 한다. <u>1.「개인정보 보호법」제24조에 따른 고유식별정보 등 개인의 사생활의 비밀 또는 자유를 침해할 우려가 있는 정보 2. 의사결정 과장 또는 내부 검토 과정에 있는 사항 등으로서 공개될 경우 업무의 공정한 수행에 현저한 지장을 초래할 우려가 있는 정보</u>"고 규정하고 있으므로 이해관계인은 관리인에게 동조 제1,2항에 따른 보고 자료와 장부나 증빙서류에 대한 열람청구권과 자기 비용으로 등본의 교부청구권을 가지고 있으며, 이 경우 관리인은 위 각 호에 해당하는 정보를 제외한 정보의 열람청구권 및 교부청구권에 응하여야 한다. 여기서 <u>「개인정보 보호법」제24조에 따른 고유식별정보</u>란

의 사무 집행을 위한 분담금액과 비용의 산정방법을 서면으로 보고하여야 한다."고 규정하고 있고, 동조 제3항은 "관리인은 법 제32조에 따른 정기 관리단집회에 출석하여 관리단이 수행한 사무의 주요 내용과 예산·결산 내역을 보고하여야 한다."고 규정하고 있다.

법령에 따라 개인을 고유하게 구별하기 위하여 부여된 식별정보로서 대통령령으로 정하는 정보, 즉, 「주민등록법」제7조의2제1항에 따른 주민등록번호, 「여권법」제7조제1항제1호에 따른 여권번호, 「도로교통법」제80조에 따른 운전면허의 면허번호, 「출입국관리법」제31조제5항에 따른 외국인등록번호를 말하며, 다만, 공공기관이 법 제18조제2항 제5호부터 제9호까지의 규정[32]에 따라 위 각 호의 어느 하나에 해당하는 정보를 처리하는 경우의 해당 정보는 제외되고, 의사결정 과장 또는 내부검토 과정에 있는 사항 등은 공개될 경우 업무의 공정한 수행에 현저한 지장을 초래할 우려가 있는 정보에 한하여 제외되는바, 관리인은 그 정보가 공개될 경우 업무의 공정한 수행에 현저한 지장을 초래할 우려가 있는 정보가 아닌 한 이해관계인의 열람청구권 및 교부청구권에 응하여야 마땅하다.

동조 제4항은 "「공동주택관리법」에 따른 의무관리대상 공동주택 및 임대주택과 「유통산업발전법」에 따라 신고한 대규모점포등관리자가 있는 대규모점포 및 준대규모점포에 대해서는 제1항부터 제3항까지를 적용하지 아니한다."고 규정하고 있는바, 이는 「공동주택관리법」규정의 공동주택 및 임대주택의 경우에는 입주자대표회의 등이, 「유통산업발전법」규정의 대규모점포 및 준대규모점포에 해당하는 집합건물의 경우에는 대규모점포등관리자가 각 법률에 따라 관리하므로 관리인은 위 보고의무가 없음을 규정하고 있는 것이다.

동조 제5항은 "이 법 또는 규약에서 규정하지 아니하지 아니한 관리인의 권리의무에 관하여는 「민법」의 위임에 관한 규정을

---

32) **개인정보 보호법 제18조제2항 제5호부터 제9호까지의 규정**이란 '개인정보를 목적 외의 용도로 이용하거나 이를 제3자에게 제공하지 아니하면 다른 법률에서 정하는 소관 업무를 수행할 수 없는 경우로서 보호위원회의 심의·의결을 거친 경우' '조약, 그 밖의 국제협정의 이행을 위하여 외국정부 또는 국제기구에 제공하기 위하여 필요한 경우' '범죄의 수사와 공소의 제기 및 유지를 위하여 필요한 경우' '법원의 재판업무 수행을 위하여 필요한 경우' '형(刑) 및 감호, 보호처분의 집행을 위하여 필요한 경우'를 말한다.

준용한다."고 규정하고 있다. 이는 관리인과 관리단, 그리고 구분소유자 사이의 각 관계가 「민법」의 위임관계에 해당하므로 당연한 규정이고, 관리인의 권리의무가 포괄적임을 규정하고 있는 것이다.

바. 상가집합건물의 관리인과 유통산업발전법상의 대규모점포등관리자 사이의 권한범위관계

1) 상가집합건물의 관리인과 대규모점포관리자 사이의 관리관계

가) 상가집합건물의 관리인에 관한 본법 규정과 대규모점포관리자에 관한 유통산업발전법 규정

관리인은 본법과 규약, 그리고 「민법」의 위임에 관한 규정을 준용한 포괄적 권한과 의무를 위와 같이 가지고 있으므로 **상가집합건물의 관리인** 역시 동일하며, 적어도 각 구분소유자로부터 관리비를 청구·수령할 수 있다.

한편, **유통산업발전법 제12조제1항**은 대규모점포등개설자의 업무 수행을 규정하면서 **동조 제2항**에서 대규모점포등관리자33)및 그의 대규모점포등개설자의 위 업무 수행을, **동조**

---

33) **유통산업발전법 제12조제1항**은 "대규모점포등개설자는 다음 각 호의 업무를 수행한다. 1. 상거래질서의 확립 2. 소비자의 안전유지와 소비자 및 인근 지역주민의 피해·불만의 신속한 처리 3. 그 밖에 대규모점포등을 유지·관리하기 위하여 필요한 업무"이라고 규정하고 있고, **대규모점포등관리자**에 대하여 **동조 제2항**은 "매장이 분양된 대규모점포 및 등록 준대규모점포에서는 다음 각 호의 어느 하나에 해당하는 자(이하 "대규모점포등관리자"라 함)가 제1항 각 호의 업무를 수행한다. 1. 매장면적의 2분의 1 이상을 직영하는 자가 있는 경우에는 그 직영하는 자, 2. 매장면적의 2분의 1 이상을 직영하는 자가 없는 경우에는 다음 각 목의 어느 하나에 해당하는 자. 가. 해당 대규모점포 또는 등록 준대규모점포에 입점(입점)하여 영업을 하는 상인(이하 "입점상인"이라 함) 3분의 2 이상이 동의(동의를 얻은 입점상인이 운영하는 매장면적의 합은 전체 매장면적의 2분의 1 이상이어야 한다.)하여 설립한 「민법」 또는 「상법」에 따른 법인. 나. 입점상인 3분의 2 이상이 동의하여 설립한 「중소기업협동조합법」 제3조제1항제1호에 따른 협동조합 또는 같은 항 제2호에 따른 사업협동조합. 다. 입점상인 3분의 2 이상이 동의하여 조직한 자치관리단체. 이 경우 6개월 이내에 가목 또는 나목에 따른 법인·협동조합 또는 사업조합의 자격을 갖추어야 한다. 라. 가목부터 다목까지의 어느 하나에 해당하는 자가 없는 경우에는 입점상인 2분의 1 이상이 동의하여 지정하는 자. 이 경우 6개월 이내에 가목 또는 나목에 따른 법인·협동조합

<u>제3항</u>은 대규모점포등관리자의 지방자치단체에 대한 신고의 무를 규정하고 있으며, **동조 제4항**은 "매장이 분양된 대규모점포 및 등록 준대규모점포에서는 제1항 각 호의 업무 중 '**구분소유자와 관련된 사항**'에 대하여는 집합건물법에 따른다."고 규정하여, <u>집합건물인 대규모점포 등의 관리에서 구분소유자와 입점상인 사이의 이해관계를 조절</u>하고 있고, <u>동법 제12조의3제1항</u>은 "대규모점포관리자는 대규모점포 등을 유지·관리하기 위한 관리비를 입점상인에게 청구·수령하고 그 금원을 관리할 수 있다."고 규정하고 있<u>으므로 대규모점포등관리자</u>는 위 규정의 업무수행을 위한 범위에서 입점상인(점포소유자와 세입입점상인 포함)에게 공용부분에 대한 관리비를 청구할 수 있는바, 여기서 **동조 제4항**규정의 대규모점포등관리자의 업무에서 제외되는 '**구분소유와 관련된 사항**'의 범위가 문제된다.

나) 유통산업발전법 제12조제4항 규정의 대규모점포등관리자의 업무에서 제외되는 '**구분소유와 관련된 사항**'의 범위에 대하여

'**구분소유와 관련된 사항**'은 유통산업발전법의 입법취지와 집합건물법과의 관계를 고려하여 <u>대규모점포의 유지·관리 업무 중 그 업무를 대규모점포등관리자에게 허용하면 점포소유자들의 소유권 행사와 충돌이 되거나 구분소유자들의 소유권을 침해할 우려가 있는 사항</u>이다.(대법원2016.3.10.선고2014다46579 판결 참조)

즉 <u>유통산업발전법상의 대규모점포등관리자는 본법상의 상가 집합건물 관리단의 관리인의 권한 중 입점상인(점포소유자 포함)에게 공용부분에 대한 관리비를 청구하는 등 관리업무의 권한과 의무가 있으나, 구분소유자의 위와 같은 '구분소유와 관련된 사항'에 관하여는 권한이 없다고 봄이 타당하다.</u>

또는 사업조합을 설립하여야 한다."고 규정하고 있다.

2) 대규모 점포 등 관리자의 관리권한 범위에 관하여

　가) 대규모점포개설자(관리자)의 구분소유자나 입점상인에 대한
　　　관리비의 부과·징수 권한에 대하여(유통산업발전법 제12조제4
　　　항규정의 "구분소유와 관련된 사항"에 관련한 대법원 판례의
　　　입장)

[대법원2016.3.10.선고2014다46579 판결]은 "유통산업발전
법 제12조제1항제3호는 대규모점포개설자가 수행하는 업무로
서 '그 밖에 대규모점포 등을 유지·관리하기 위하여 필요한
업무'를 규정하고 있고, 제4항은 '매장이 분양된 대규모점포
에서는 제1항 각 호의 업무 중 구분소유와 관련된 사항에 대
하여는 집합건물의 소유 및 관리에 관한 법률에 따른다.'고
규정하고 있으며, 여기서 대규모점포관리자의 업무에서 제외
되는 '구분소유와 관련된 사항'이란 대규모점포의 유지·관리
업무 중 업무를 대규모점포관리자에게 허용하면 점포소유자
들의 소유권 행사와 충돌되거나 구분소유자들의 소유권을 침
해할 우려가 있는 사항이라고 해석함이 타당하고, 이러한 법
리에 비추어 볼 때 대규모점포관리자가 대규모점포의 구분소
유자들이나 그들에게서 임차하여 대규모점포의 매장을 운영
하고 있는 상인들을 상대로 대규모점포의 유지·관리에 드는
비용인 관리비를 부과·징수하는 업무는 점포소유자들의 소유
권 행사와 충돌되거나 구분소유자들의 소유권을 침해할 우려
가 있는 '구분소유와 관련된 사항'이라기보다는 대규모점포의
운영 및 공동시설의 사용을 통한 상거래질서의 확립, 소비
자의 보호와 편익증진에 관련된 사항으로서 대규모점포 본
래의 유지·관리를 위하여 필요한 업무에 해당하여 대규모점
포관리자의 권한에 속한다. 다만, 대규모점포의 효율적이고
통일적인 유지·관리를 통하여 상거래질서 확립, 소비자 보호
등을 도모하려는 유통산업발전법의 입법 목적과 취지 등에

비추어 보면, 집합건물법상의 집합건물인 대규모점포에 관하여 관리단이 관리비 부과·징수 업무를 포함한 건물의 유지·관리 업무를 수행하여 오던 중 대규모점포관리자가 적법하게 설립되어 신고절차를 마치는 등으로 새로이 관리비 부과·징수권한을 가지게 된 경우에는 그때부터는 '대규모점포관리자의 권한에 속하게 된 범위'에서 관리단이 가지던 관리비 부과·징수권한은 상실된다. 그러나, 대규모점포관리자의 설립·신고 전까지 관리단이 대규모점포의 유지·관리업무를 수행함으로써 취득한 관리비채권마저 대규모점포관리자에게 당연히 이전한다고 해석할 법률상의 근거가 없으므로, 특별한 사정이 없는 한 이미 발생한 관리비채권은 대규모점포관리자가 새로이 관리비 부과·징수권한을 취득한 후에도 그대로 관리단에 귀속되고, 관리단이 관리비를 징수할 권한을 상실하지는 않는다."고 판결하였으므로 대규모점포등관리자는 대규모점포의 구분소유자들이나 그들의 임차인을 상대로 관리업무를 시작한 후의 대규모점포의 유지·관리에 드는 비용범위에서 관리비를 부과·징수할 권한이 있다고 봄이 타당하다.

나) 상가집합건물의 공용부분에 대한 관리권과 그로부터 발생하는 수익금이 관리단에게 있는지, 대규모점포관리자에게 있는지 여부.

건물 전체가 대규모점포에 해당하여 대규모점포등관리자에 의해 관리되고 주차장 등의 공용부분이 대규모점포의 운영·관리에 불가분적으로 연결되어 있다는 등의 특별한 사정이 없는 한, 건물의 공용부분에 대한 관리권과 그로부터 발생하는 수익금은 집합건물법상의 관리단에게 있다고 봄이 상당하다는 것이 대법원 판례의 입장이다.

[대법원 2018. 7. 12. 선고 2017다291517, 291524 판결]은 "대규모점포관리자에게 당해 점포에 대한 관리비 징수권한이 있다고 해서 건물의 공용부분에 대한 관리권까지 있다

고 할 수 없다. 즉 집합건물법상 공용부분은 구분소유자에 의한 결의에 따라 관리단이 공용부분을 관리하고(집합건물법 제16조), 공용부분에서 발생하는 수익은 지분의 비율에 따라 취득하도록(집합건물법 제17조) 명시되어 있는 반면, 대규모점포관리자의 관리대상인 유통산업발전법의 '매장'에는 주차장 등의 공용부분이 포함되지 아니하고, 대규모점포개설자의 업무에 관하여 '대규모점포 등을 유지·관리하기 위하여 필요한 업무'라고 규정되어 있을 뿐 관리의 범위에 관하여 구체적인 규정도 없다. 또한, 유통산업발전법 제13조와 유통산업발전법 시행규칙 제8조의2에 의하면 대규모점포관리자를 두게 한 입법 취지는 상거래질서의 확립을 위한 대규모점포의 적절한 운영에 있는 것이지 건물의 관리에 있는 것이 아니고, 구분소유자의 동의 없이 입점상인들의 동의만으로 설립된 대규모점포관리자가 공용부분 관리에 관한 사항까지 결정하는 것은 **구분소유자의 소유권 행사와 충돌하게 되는 것**이며, 점포구분소유자가 임차인에게 공용부분의 사용권한을 넘어서 관리권한까지 위임했다고 볼 수 없다. 더욱이 집합건물 중 일부가 대규모점포가 아닌 경우까지 공용부분에 대한 관리권이 대규모점포관리자에게 있다고 한다면 점포소유자가 아닌 다른 구분소유자들은 공용부분 관리에 대한 의결권을 행사할 방법이 없게 되어 결국 구분소유자의 소유권을 침해하게 된다. 따라서 **건물 전체가 대규모점포에 해당하여 대규모점포관리자에 의해 관리되고 주차장 등의 공용부분이 대규모점포의 운영·관리에 불가분적으로 연결되어 있다는 등의 특별한 사정이 없는 한, 건물의 공용부분에 대한 관리권과 그로부터 발생하는 수익금은 집합건물법상의 관리단에게 있다고 봄이 상당**하고, 집합건물의 상당 부분이 대규모점포에 해당한다고 하더라도 달리 볼 것은 아니다."고 판결하였다.

다) 상가집합건물의 업종제한 내지 변경 업무가 유통산업발전법 상 대규모점포관리자의 업무에서 제외되는 '구분소유와 관련된 사항'인지 여부

업종 제한에는 기본적으로 수분양자 또는 구분소유자에게 해당 업종에 관한 독점적 운영권을 보장하는 의미가 내포되어 있으므로 이를 변경하기 위해서는 임차인 등의 제3자가 아닌 수분양자들이나 구분소유자들 스스로의 합의가 필요하므로 **상가건물의 업종 제한 내지 변경 업무는** 위 '**구분소유와 관련된 사항**'에 해당하여 **대규모점포 본래의 유지·관리를 위하여 필요한 업무에 포함되지 않는다는** 입장이다.

[대법원 2019. 12. 27. 선고 2018다37857 판결]은 "상가건물이 집합건물법의 규율대상인 집합건물인 경우 분양이 개시되고 입주가 이루어짐으로써 공동관리의 필요가 생긴 때에는 그 당시의 미분양된 전유부분의 구분소유자를 포함한 구분소유자 전원을 구성원으로 하는 집합건물법 제23조에서 말하는 관리단이 당연히 설립되고, 관리단의 설립 이후에는 집합건물법 제28조의 관리단 규약을 통하여 업종 제한을 새로 설정하거나 변경할 수도 있는바, 이러한 **업종 제한에는 기본적으로 수분양자 또는 구분소유자에게 해당 업종에 관한 독점적 운영권을 보장하는 의미가 내포**되어 있으므로 **이를 변경하기 위해서는** 임차인 등의 제3자가 아닌 **수분양자들이나 구분소유자들 스스로의 합의가 필요**하다. 따라서 **상가건물의 업종 제한 내지 변경 업무는** 이를 대규모점포개설자 내지 대규모점포관리자에게 허용하면 점포소유자들의 소유권 행사와 충돌하거나 구분소유자들의 소유권을 침해할 우려가 있는 '**구분소유와 관련된 사항**'에 해당하고, **대규모점포 본래의 유지·관리를 위하여 필요한 업무에 포함되지 않는다고** 보아야 한다."고 판결하였다.

또한, [대법원 2002.8.23.선고 2001다46044 판결]은 "상가

분양회사와 수분양자들 사이에 체결한 분양계약에 기한 분양
회사의 운영관리규정에 수분양자가 업종을 변경 또는 추가할
경우 문서로써 분양회사의 승인을 받아야 한다고 되어 있으
나, 지정업종과 동종 내지 유사한 업종은 개점할 수 없다는
분야계약상의 업종제한약정의 취지가 있는 경우 수분양자가
분양회사의 승인을 얻어 지정업종과 동종 내지 유사의 업종
을 개점할 수 있다거나 분양회사가 그 개점을 자유롭게 승인
할 수 있는 것으로 해석할 수는 없다."고 판결하였다.

라) 유통산업발전법상의 대규모점포관리자가 전 구분소유자의 특
별승계인에게 전 구분소유자의 공용부분에 관한 체납관리비
를 승계하도록 정한 대규모점포관리자의 관리규약이 유효한
지 여부에 관하여

대규모점포관리자에게 본법 제18조의 공용부분에 관하여 발
생한 채권의 효력에 관한 공유자에 준하는 지위를 인정 하여
전 구분소유자의 특별승계인에게 전 구분소유자의 공용부분
에 관한 체납관리비를 승계하도록 정한 유통산업발전법상의
대규모점포자의 관리규약은 본법 제18조의 규정에 기한 것으
로 유효하다는 것이 대법원 판례의입장이다.

[대법원 2011.10.13.선고 2007다83427 판결]은 "공동주택
의 입주자대표회의에게 집합건물법 제18조 소정의 채권을 행
사할 수 있는 공유자에 준한 지위가 인정되는 점을 고려하면,
유통산업발전법에 근거하여 대규모점포의 관리업무에 관하여
관리주체의 지위를 갖는 대규모점포관리자에게도 집합건물법
제18조 소정의 채권을 행사할 수 있는 공유자에 준한 지위가
인정된다고 봄이 상당하고, 전 구분소유자의 특별승계인에게
전 구분소유자의 공용 부분에 관한 체납관리비를 승계하도록
정한 대규모점포관리자의 관리규약은 집합건물법 제18조의
규정에 터잡은 것으로 유효하다 할 것이다."고 판결하였다.

사. 관리인의 회계감사를 받을 의무 및 그에 대한 보고의무, 회계감사의
기준방법, 그리고 회계감사를 받는 관리인의 금지행위

본법은 2020.2.4.법16919호 개정으로 관리인의 회계감사 등에 관
하여 제26조의2 규정을 신설하였는바, 본법 제26조의2는 아래와 같
이 관리인이 관리하는 전유부분의 수 50개 이상 150개 미만과 150
개 이상으로 구분하여 회계감사를 받을 의무를 규정하고 있다.

결국, 본법 제26조의2는 전유부분이 50개 미만인 집합건물의 관리
인의 경우에는 적용되지 않는다.

1) 관리인의 회계감사를 받을 의무 및 회계감사가 면제되는 경우

본법 제26조의2제1항은 "전유부분이 150개 이상으로서 대통령령
으로 정하는 건물[34])의 관리인은「주식회사 등의 외부감사에 관한
법률」제2조제7호에 따른 감사인의 회계감사를 매년 1회 이상 받
아야 한다. 다만, 관리단집회에서 구분소유자의 3분의 2 이상 및
의결권의 3분의 2 이상이 회계감사를 받지 아니하기로 결의한
연도에는 그러하지 아니하다."고 규정하고 있다. 여기서「주식회사
등의 외부감사에 관한 법률」제2조제7호에 따른 감사인이란 공인
회계사법 제23조에 따른 회계법인 또는 공인회계사법 제41조에
따라 설립된 한국공인회계사회에 총리령으로 정하는 바에 따라

---

34) 본법 제26조의2제1항 본문에서 "대통령으로 정하는 건물"과 본법 제26조의2제3항 전단에서
"대통령령으로 정하는 건물"에 대하여, 시행령 제6조의2제1항은 "법 제26조의2제1항 본문에서
'대통령령으로 정하는 건물'이란 다음 각 호의 어느 하나에 해당하는 건물을 말한다. 1. 직전 회
계연도에 구분소유자로부터 징수한 관리비(전기료, 수도료 등 구분소유자 또는 점유자가 납부하
는 사용료를 포함함)가 3억원이상인 건물 2. 직전 회계연도 말 기준으로 적립되어 있는 수선적
립금이 3억원이상인 건물"이라고 규정하고 있고, 동조제2항은 " 법 제26조의2제3항 전단에서 "
대통령령으로 정하는 건물"이란 다음 각 호의 어느 하나에 해당하는 건물을 말한다. 1. 제1항
각 호의 어느 하나에 해당하는 건물 2. 직전 회계연도를 포함하여 3년 이상 「주식회사 등의 외
부감사에 관한 법률」 제2조제7호에 따른 감사인(이하 "감사인"이라 한다)의 회계감사를 받지 않
은 건물로서 다음 각 목의 어느 하나에 해당하는 건물 가. 직전 회계연도에 구분소유자로부터
징수한 관리비가 1억원이상인 건물 나. 직전 회계연도 말 기준으로 적립되어 있는 수선적립금이
1억원이상인 건물"이라고 규정하고 있다.

등록을 한 감사반을 말하며, 다만, 관리단집회에서 구분소유자 및 의결권의 각 3분의 2 이상이 회계감사를 받지 아니하기로 결의한 해는 회계감사의 의무가 면제된다.

동조 제2항은 " 구분소유자의 승낙을 받아 전유부분을 점유하는 자는 제1항 단서에 따른 관리단집회에 참석하여 그 구분소유자의 의결권을 행사할 수 있다. 다만, 구분소유자와 점유자가 달리 정하여 관리단에 통지하거나 구분소유자가 집회 이전에 직접 의결권을 행사할 것을 관리단에 통지한 경우에는 그러하지 아니하다." 고 규정하고 있다. 이는 구분소유자의 의사에 반하지 않는 범위에서 직접 관리비를 납부하는 점유자에게 관리단집회에서 그 구분소유자의 의결권을 행사할 수 있도록 함으로써 점유자와 구분소유자사이의 의결권행사문제에 대한 조정을 꾀하고 있는 것이다.

한편, **동조 제3항**은 "전유부분이 50개 이상 150개미만으로서 대통령령으로 정하는 건물의 관리인은 구분소유자의 5분의 1 이상이 연서(連署)하여 요구하는 경우에는 감사인의 회계감사를 받아야 한다. 이 경우 구분소유자의 승낙을 받아 전유부분을 점유하는 자는 구분소유자를 대신하여 연서할 수 있다."고 규정하고 있다. 즉 전유부분이 50개 이상 150개 미만인 집합건물의 관리인은 구분소유자의 5분의 1 이상이 연서(連署)하여 요구하는 경우에는 「주식회사 등의 외부감사에 관한 법률」제2조제7호에 따른 위 감사인의 회계감사를 받아야 하며, 이 경우 구분소유자를 대신하여 관리비 납부자인 점유자가 연서(連署)할 수 있음을 규정하고 있는 것이다.

2) 관리인의 구분소유자 및 점유자에 대한 감사보고 의무

본법 제26조의2제4항은 "관리인은 제1항 또는 제3항에 따라 회계감사를 받은 경우에는 대통령령으로 정하는 바35)에 따라 감사보고

---

35) **회계감사의 결과보고에 대하여 시행령 제6조의4제1항**은 "법 제26조의2제1항 또는 제3항에 따른 회계감사를 받은 관리인은 감사보고서 등 회계감사의 결과를 제출받은 날부터 1개월 이내에

서 등 회계감사의 결과를 구분소유자 및 그의 승낙을 받아 전유부분을 점유하는 자에게 보고하여야 한다."고 규정하고 있다. 즉 관리인은 제1항 또는 제3항에 따라 회계감사를 받은 경우 구분소유자 및 점유자에게 감사보고의 의무가 있음을 규정하고 있다.

3) 회계감사의 기준·방법 및 감사인의 선정방법 등에 대하여

본법 제26조의2제5항은 "제1항 또는 제3항에 따른 필요한 사항은 대통령령으로 정한다."고 규정하고 있는바, **회계감사의 기준· 방법 및 감사인의 선정방법 등에 대하여 대통령령(시행령) 제6조의3제1항**은 "법 제26조의2제1항 본문에 따라 회계감사를 받아야 하는 관리인은 매 회계연도 종료 후 3개월 이내에 해당 회계연도의 회계감사를 실시할 감사인을 선임해야 한다. 이 경우 해당 건물에 법 제26조의3제1항에 따른 관리위원회(이하 "관리위원회"라 함)가 구성되어 있는 경우에는 관리위원회의 결의를 거쳐 감사인을 선임해야 한다." 제2항은 "법 제26조의2제1항 또는 제3항에 따라 회계감사를 받아야 하는 관리인은 소관청 또는 「공인회계사법」 제41조에 따른 한국공인회계사회에 감사인의 추천을 의뢰할 수 있다. 이 경우 해당 건물에 관리위원회가 구성되어 있는 경우에는 관리위원회의 결의를 거쳐 감사인의 추천을 의뢰해야 한다." 제3항은 " 법 제26조의2제1항 또는 제3항에 따라 회계감사를 받아야 하는 관리인은 매 회계연도 종료 후 9개월 이내에 다음 각 호의 재무제표와 관리비 운영의 적정성에 대하여 회계감사를 받아야 한다. 1. 재무상태표 2. 운영성과표 3. 이익

해당 결과를 구분소유자 및 그의 승낙을 받아 전유부분을 점유하는 자에게 서면으로 보고해야 한다." 제2항은 "제1항의 보고는 구분소유자 또는 그의 승낙을 받아 전유부분을 점유하는 자가 관리인에게 따로 보고장소를 알린 경우에는 그 장소로 발송하고, 알리지 않은 경우에는 구분소유자가 소유하는 전유부분이 있는 장소로 발송한다. 이 경우 제1항의 보고는 통상적으로 도달할 시기에 도달한 것으로 본다." **제3항**은 "제2항에도 불구하고 법 제26조의2제4항에 따른 관리인의 보고의무는 건물 내의 적당한 장소에 회계감사의 결과를 게시하거나 인터넷 홈페이지에 해당 결과를 공개함으로써 이행할 수 있음을 규약으로 정할 수 있다. 이 경우 제1항의 보고는 게시한 때에 도달한 것으로 본다."고 규정하고 있다.

잉여금처분계산서 또는 결손금처리계산서 4. 주석(注釋)" **제4항**은 "제3항 각 호의 재무제표를 작성하는 회계처리기준은 법무부장관이 정하여 고시한다." **제5항**은 "제3항에 따른 회계감사는「주식회사 등의 외부감사에 관한 법률 」제16조에 따른 회계감사기준에 따라 실시한다."고 규정하고 있다.

4) 회계감사를 받는 관리인의 금지행위

본법 제26조의2제6항은 "제1항 또는 제3항에 따라 회계감사를 받는 관리인은 다음 각 호의 어느 하나에 해당하는 행위를 하여서는 아니 된다. 1.정당한 사유 없이 감사인의 자료열람·등사·제출 요구 또는 조사를 거부·방해·기피하는 행위, 2. 감사인에게 거짓 자료를 제출하는 등 부정한 방법으로 회계감사를 방해하는 행위"라고 규정하고 있고, 한편, **본법 제66조제1항 2호**는 관리인이 회계감사에서 위 각 행위를 위반하여 회계감사를 방해하는 경우 500만원이하의 과태료를 부과한다고 규정하고 있다.

5) 본법 제26조의 2 규정의 회계감사와 공동주택관리법 및 유통산업발전법 사이의 관계

본법 제26조의2제7항은 "「공동주택관리법」에 따른 의무관리 대상 공동주택 및 임대주택과「유통산업발전법 」에 따라 신고한 대규모점포등관리자가 있는 대규모점포 및 준대규모점포에는 본법 제26조의 2 규정을 적용하지 아니한다."고 규정하고 있다. 여기서 <u>「공동주택관리법」에 따른 의무관리대상 공동주택</u>이란 <u>공동주택관리법 제2조제1항 2호 규정</u>에 따라 150세대이상의 공동주택 중 해당 공동주택을 전문적으로 관리하는 자를 두고 자치의결기구를 의무적으로 구성하는 등 일정한 의무가 부과된 공동주택을 말하며, 「공동주택관리법」에 따른 '임대주택'이란 공동주택관리법 제2조제1항 19호 규정에 따라 민간임대주택에 관한 특별법에 따른 민간임대주택 및 공동주택특별법에 따른 공공임대주택을 말한다. 또한,「유통산업발전법 」에 따라 신고한 대규모점포등관리자

가 있는 대규모점포란 유통산업발전법 제2조3호 규정에 따라 하나 또는 대통령령으로 정하는 둘이상의 연립되어 있는 건물 안에 하나 또는 여러 개로 나누어 설치되는 매장으로서 상시 운영되는 매장을 말한다. 준대규모점포는 2020.11.23.까지 유효하므로 이에 대하여는 생략한다.(유통산업발전법 제2조4호)

아. 기타(민법상 수임인으로서의 관리인의 권리의무에 관하여)

관리인과 관리단, 그리고 구분소유자사이의 각 관계는 위임관계이다.

따라서 관리인은 민법상 위임의 본지에 따라 선량한 관리자의 주의로써 위임사무를 처리하여야 할 선관주의의무(민법 제681조)가 있고, 위임인의 청구가 있는 때에는 위임사무의 처리상황을 보고하고 위임이 종료한 때에는 지체 없이 그 전말을 보고하여야 하는 보고의무(민법 제683조)가 있다.

3. 관리단의 관리위원회

가. 관리위원회의 의의

관리위원회란 관리단의 규약이 정하는 바에 따라 구분소유자 중에서 관리단집회의 결의에 의하여 선출된 관리위원회의 위원으로 구성된 관리단의 관리인의 업무사항에 대한 결의 및 감독기관이다.

관리위원회는 특히 대단위 집합건물의 경우 다양한 다수의 의결사항에 맞추어 그때마다 구분소유자 전원의 관리단집회를 개최하기 어려운 점을 해결하고, 관리인의 업무에 대한 직접적 통제 및 감독을 용이하도록 본법에서 도입한 것이다.

관리위원회는 규약이 정한 바에 따라 설치할 수 있으므로 관리단의 임의적 기관이다.

나. 관리위원회의 설치 및 기능

1) 관리위원회의 설치

본법 제26조의3 제1항은 "관리단에는 규약으로 정하는 바에 따라 관리위원회를 둘 수 있다."고 규정하고 있다.

관리단은 본법 제28조제1항 규정에 의해 건물과 대지 또는 부속시설의 관리 또는 사용에 관한 구분소유자들 사이의 사항, 즉 관리단의 업무사항 중 본법에서 규정하지 아니한 사항은 규약으로써 정할 수 있고, 그 규약은 본법 제29조제1항 규정에 따라 관리단집회에서 구분소유자 및 의결권의 각 3/4 이상의 찬성으로 설정·변경·폐지할 수 있으므로 관리단은 규약이 정한 바에 따라 그 권한의 전부 또는 일부를 그 명칭과 관계없이 구분소유자들의 대표로 구성된 대표기관인 관리위원회, 대의원회, 입주자대표회의 등에게 위임할 수 있으므로 관리단이 규약에서 정하는바에 따라 관리위원회를 설치할 수 있음은 당연하다.

2) 관리위원회의 기능(역할)

동조 제2항은 "관리위원회는 이 법 또는 규약으로 정한 관리인의 사무 집행을 감독한다."고 규정하고 있다. 이는 관리위원회는 본법 또는 규약으로 정한 관리인의 업무집행을 감독하는 감독기관임을 말하고, **동조 제3항**은 "제1항에 따라 관리위원회를 둔 경우 관리인은 제25조제1항 각 호의 행위를 하려면 관리위원회의 결의를 거쳐야한다. 다만, 규약으로 달리 정한 사항은 그러하지 아니하다."고 규정하고 있다.

이는 규약으로 정하는 바에 따라 관리위원회를 두는 경우 관리인은 규약으로 달리 정한 사항을 제외하고는 본법 제25조제1항 각호 규정의 관리인의 권한과 의무사항에 대하여 관리위원회의 결의를 거쳐 집행하여야 하므로 관리위원회는 관리단의 의결기관임을 말한다.

따라서 관리위원회는 그 의결을 통해 관리인의 사무집행 사항을 결정하고 감독하는 관리단의 기관이므로 관리위원회는 자신이 관리단이나 관리인의 업무를 직접 집행할 수는 없다고 봄이 타당하다. 다만, 관리단의 명칭을 관리위원회라고 칭하는 경우가 있으므로 구별을 요한다.

다. 관리위원회의 구성

1) 관리위원회의 구성

본법 제26조의4제1항은 "관리위원회의 위원은 구분소유자 중에서 관리단집회의 결의에 의하여 선출한다. 다만, 규약으로 관리단집회의 결의에 관하여 달리 정한 경우에는 그에 따른다."고 규정하고 있고, **동조 제4항**은 "제1항부터 제3항까지에서 규정한 사항 외에 관리위원회의 구성 및 운영에 필요한 사항은 대통령령으로 정한다."고 규정하고 있는바, 이에 따라 관리위원회는 구분소유자 중에서 관리단집회의 결의에 의하여 선출된 위원으로 구성되는 것이 원칙이고, 다만, 관리위원회 위원의 선임에 관한 관리단집회의 결의 방법에 관하여 예를 들면 의결정족수나 선거구별 선출 등 규약으로 달리 정한 경우에는 그에 따라야 하고, **본법 시행령 제7조제1항**은 "관리위원회의 위원은 선거구별로 선출할 수 있다. 이 경우 선거구 및 선거구별 관리위원회 위원의 수는 규약으로 정한다."고 규정하면서, **동조 제2항**은 "법 제26조의4제1항 단서에 따라 규약으로 관리위원회의 위원 선출에 대한 관리단집회의 경우에 관하여 달리 정하는 경우에는 구분소유자의 수 및 의결권의 비율을 합리적이고 공평하게 고려하여야 한다."고 규정하고 있으므로 관리위원회의 위원은 규약이 정하는 바의 선거구와 선거구별 위원의 수를 관리단집회의 결의로 선임하여야 하며, 그에 대한 규약은 구분소유자의 수 및 의결권의 비율을 합리적이고 공평하게 고려하여야 설정한 규약이어야 한다,

또한, **본법 시행령 제7조제3항**은 "관리위원회에는 위원장 1명을 두고, 위원장은 관리위원회의 위원 중에서 선출하되 그 선출에 관하여는 법 제26조의4제1항을 준용한다."고 규정하고 있으므로 관리위원회는 구분소유자 중에서 관리단집회의 결의에 의하여 선출된 위원으로 구성되고, 위원 중에서 관리단집회의 결의로 위원장 1명을 선출하여 구성된다.

2) 관리위원회의 위원의 자격과 선임·해임에 대하여

본법 제26조의4제1항 규정에 따라 관리위원회의 위원은 구분소유자이어야만 하며, 구분소유자들 중에서 관리단집회의 결의로 선임되며, **동조 제2항**은 "관리인은 규약에 달리 정한 바가 없으면 관리위원회의 위원이 될 수 없다."고 규정하고 있으므로 관리인은 규약에 달리 정한 바 없으면, 원칙적으로 관리위원회의 위원이 될 수 없다. 이는 관리위원회가 관리인의 감독기관인 점을 감안한 것이다.

또한, **동조 제5항**은 "구분소유자의 승낙을 받아 전유부분을 점유

한 자는 제1항 본문에 따른 관리단집회에 참석하여 그 구분소유자의 의결권을 행사할 수 있다. 다만, 구분소유자와 점유자가 달리 정하여 관리단에 통지하거나 구분소유자가 집회 이전에 직접 의결권을 행사할 것을 관리단에 통지한 경우에는 그러하지 아니하다."고규정하고 있는바, 이는 관리위원회가 위와 같이 그 의결을 통해 관리인의 사무집행 사항을 결정하고 감독하는 관리단의 기관이므로 세입자 등 구분소유자의 승낙을 받아 전유부분을 점유한 자에게 회계감사에 관한 본법 제26조의2제2항 규정의 취지로 구분소유자의 의사에 반하지 않는 범위에서 직접 관리비를 납부하는 점유자에게 관리위원회 위원 선임을 위한 관리단집회에서 그 구분소유자의 의결권을 행사할 수 있도록 함으로써 점유자와 구분소유자 사이의 의결권행사문제에 대한 조정을 꾀하고 있는 것이다.

한편, **본법 시행령 제7조제4항**은 "관리위원회의 위원은 규약에서 정한 사유가 있는 경우에 해임할 수 있다. 이 경우 관리위원회 위원의 해임 방법에 관하여는 제1항 및 법 제26조의4제1항을 준용하며, "선출"은 "해임"으로 본다."고 규정하고 있다. 이는 관리위원회의 위원은 규약에서 정한 사유로 해임되지 않는 한 임기가 보장되고, 관리위원회의 위원의 해임 방법도 위 시행령 제7조제1항과 제26조의4제1항이 규정한 관리단집회의 결의절차에 따라 해임됨을 규정한 것이다.

3) 관리위원회 위원의 임기

본법 제26조의4제1항제3항은 "관리위원회 위원의 임기는 2년의 범위에서 규약으로 정한다."고 규정하고 있으므로 관리위원회 위원의 임기는 2년의 범위에서 규약으로 정한 기간이고, 연임을 금지하고 있지 않으므로 연임할 수 있다고 봄이 타당하다.

4) 관리위원회 위원의 결격사유

본법 시행령 제8조는 관리위원회 위원의 결격사유에 대하여, <u>1. 미성년자, 피성년후견인36) 2. 파산선고를 받은 자로서 복권되지</u>

아니한 사람 3. 금고 이상의 형을 선고받고 그 집행이 끝나거나 그 집행을 받지 아니하기로 확정된 후 5년이 지나지 아니한 사람(과실범은 제외) 4. 금고 이상의 형을 선고받고 그 집행유예 기간이 끝난 날부터 2년이 지나지 아니한 사람(과실범은 제외) 5. 집합건물의 관리와 관련하여 벌금 100 만원이상의 형을 선고받은 후 5년이 지나지 아니한 사람 6. 관리위탁계약 등 관리단의 사무와 관련하여 관리단과 계약을 체결한 자 또는 그 임직원 7. 관리단에 매달 납부하여야 할 분담금을 3개월 연속하여 체납한 사람으로 규정하고 있다.

라. 관리위원회의 운영

본법 제26조의4제4항은 위와 같이 '관리위원회의 운영에 필요한 사항은 대통령령으로 정한다.' 고 규정하고 있고, 이에 따라 시행령은 관리위원회의 소집, 관리위원회의 의결방법, 관리위원회의 운영에 대하여 아래와 같이 규정하고 있다.

1) 관리위원회의 소집에 대하여

시행령 제9조제1항은 "관리위원회의 위원장은 필요하다고 인정할 때에는 관리위원회를 소집할 수 있다."고 규정하고 있으므로 관리위원회의 소집권은 위원장에게 있다.

동조 제2항은 "관리위원회의 위원장은 다음 각 호의 어느 하나에 해당하는 경우에는 관리위원회를 소집하여야 한다. 1. 관리위원회 위원 5분의 1 이상이 청구하는 경우 2. 관리인이 청구하는 경우 3. 그 밖에 규약에서 정하는 경우"이라고 규정하고 있으므로 위원장은 위 각 호의 어느 하나에 해당하는 경우 관리위원회를 소집할 수 있으며, **소집절차에 대하여, 동조 제3항**은 "제2항

---

36) 피성년후견인이란 가정법원이 질병, 장애, 노령, 그 밖의 사유로 인한 정신적 제약으로 사무를 처리할 능력이 지속적으로 결여된 사람에 대하여 본인, 배우자, 4촌 이내의 친족, 미성년후견인, 미성년감독인, 한정후견인, 한정후견감독인, 특정후견인, 특정후견감독인, 검사 또는 지방자치단체의 장의 청구에 의하여 성년후견개시의 심판을 받은 자를 말한다.(민법 제9조)

의 청구가 있은 후 관리위원회의 위원장이 청구일로부터 2주일 이내의 날을 회의일로 하는 소집통지 절차를 1주일 이내에 밟지 아니하면 소집을 청구한 사람이 관리위원회를 소집할 수 있다." **동조 제4항**은 "관리위원회를 소집하려면 회의일 1주일 전에 회의의 일시, 장소, 목적사항을 구체적으로 밝혀 각 관리위원회 위원에게 통지하여야 한다. 다만, 이 기간은 규약으로 달리 정할 수 있다." **동조 제5항**은 "관리위원회는 관리위원회의 위원 전원이 동의하면 제4항에 따른 소집절차를 거치지 아니하고 소집할 수 있다."고 규정하고 있다.

2) 관리위원회의 의결방법에 대하여

시행령 제10조제1항은 "관리위원회의 의사(議事)는 규약에 달리 정한 바가 없으면 관리위원회 재적위원 과반수의 찬성으로 의결한다."고 규정하고 있으므로 관리위원회의 의결방법은 규약에 달리 정한 바 없으면 관리위원회 재적위원 과반수의 찬성으로 의결하고, **동조 제2항**은 "관리위원회 위원은 질병, 해외체류 등 부득이한 사유가 있는 경우 외에는 서면이나 대리인을 통하여 의결권을 행사할 수 없다."고 규정하고 있으므로 관리위원회 위원이 질병, 해외체류 등 부득이한 사유가 있어 직접 의결권을 행사할 수 없는 경우 외에는 위원은 서면이나 대리인을 통하여 의결권을 행사할 수 없고, 관리위원회에 참석하여 직접 의결권을 행사하여야 하며, 이는 관리위원회의 결의에 대한 무효 사유 등의 결격사유가 될 수 있다.

3) 관리위원회의 운영에 관하여

시행령 제11조제1항은 "규약에 달리 정한 바가 없으면 다음 각 호의 순서에 따른 사람이 관리위원회의 회의를 주재한다. 1. 관리위원회의 위원장 2. 관리위원회의 위원장이 지정한 관리위원회 위원 3. 관리위원회의 위원 중 연장자"라고 규정하고 있으므로 관리위원회의 회의는 규약에 달리 정한 바 없으면 위 순서에 따른 자가 주재하며, **동조 제2항**은 "관리위원회 회의를 주재한 자는 관리위원회의 의사에 관하여 의사록을 작성·보관하여야 한다."고 규정하고 있으므로 관리위원회의 주재자는 의사록을 작성·보관하여야 할 의무가 있고, **동조 제3항**은 "이해관계인은 제2항에 따라 관리위원회의 의사록을 보관하는 자에게 관리위원회 의사록의 열람을 청구하거나 자기 비용으로 등본의 발급을 청구할 수 있다."고 규정하고 있는바, 이해관계인은 관리위원회의 의사록 보관자에게 관리위원회 의사록의 열람을 청구하거나 자기 비용으로 등본의 발급을 청구할 수 있으므로 관리단 또는 그 보관자는 이에 응하여야 한다.

4. 시·도지사 또는 시장·군수·구청장의 집합건물의 관리에 관한 감독

본법 제26조의5제1항은 "특별시장·광역시장·특별자치시장·도지사·특별자치도지사(이하 "시·도지사"라 함) 또는 시장·군수·구청장(자치구의 구청장을 말하며, 이하 "시장·군수·구청장"이라 함)은 집합건물의 효율적인 관리와 주민의 복리증진을 위하여 필요하다고 인정하는 경우에는 전유부분이 50개 이상인 건물의 관리인에게 다음 각 호의 사항을 보고하게 하거나 관련 자료의 제출을 명할 수 있다.

1. 제17조의2제2항에 따른 수선적립금의 징수·적립·사용 등에 관한 사항

2. 제24조에 따른 관리인의 선임·해임에 관한 사항

3. 제26조제1항에 따른 보고와 같은 조 제2항에 따른 장부의 작성·보관 및 증빙서류의 보관에 관한 사항

4. 제26조의2제1항 또는 제3항에 따른 회계감사에 관한 사항

5. 제32조에 따른 정기 관리단집회의 소집에 관한 사항

6. 그 밖에 집합건물의 관리에 관한 감독을 위하여 필요한 사항으로서 <u>대통령령으로 정하는 사항</u>[37]"이라고 규정하고 있다.

이는 "시·도지사" 또는 "시장·군수·구청장"은 전유부분이 50개 이상인 집합건물의 관리인에게 위 1호 내지 6호의 각 사항을 보고하게 하거나 관련 자료의 제출의 명령권을 통하여 집합건물의 관리에 관한 감독권이 있음을 규정한 것이다.

동조 제2항은 "제1항에 따른 명령의 절차 등 필요한 사항은 해당

[37) **시행령 제11조의 2는 법 제26조의5제1항제6호에서** "**대통령령으로 정하는 사항**"에 대하여, 1. 법 제30조(법 제52조에서 준용하는 경우 포함)에 따른 규약의 보관에 관한 사항 2. 법 제39조(법 제52조에서 준용하는 경우 포함)에 따른 관리단집회 의사록의 작성·보관에 관한 사항 3. 법 제41조(법 제52조에서 준용하는 경우 포함)에 따른 관리단집회의 서면 또는 전자적 방법으로 기록된 정보의 보관에 관한 사항이라고 규정하고 있다.

지방자치단체의 조례로 정한다."고 규정하고 있으므로 시·도지사 또는 시장·군수·구청장은 위 제1항 규정에 따른 명령의 절차 등 필요한 사항을 지방자치단체의 조례로 정하여야 한다.

제5절 규약 및 집회

1. 관리규약

가. 의의 및 필요성

1) 의의

본법 제28조제1항은 "건물과 대지 또는 부속시설의 관리 또는 사용에 관한 구분소유자들 사이의 사항 중 이 법에서 규정하지 아니한 사항은 규약으로써 정할 수 있다."고 규정하고 있는바, **관리규약**이란 건물과 대지 또는 부속시설의 관리 또는 사용에 관한 구분소유자들 사이의 사항 중 본법에서 규정하지 아니한 사항 또는 본법에서 규약으로 달리 정할 수 있음을 규정한 사항으로써 본법 제29조제1항 규정에 의해 설정된다.

본법상의 관리단은 구분소유자 전원을 구성원으로 하는 사람의 단체이며, 그의 법적 성격은 민법상 권리능력없는 사단(비법인 사단)에 속하고, 이 경우 사단법인에 관한 규정 중 법인격을 전제로 하는 것을 제외하고는 사단법인에 관한 규정 모두를 유추 적용한다는 것이 통설이고, 대법원 판례의 입장이므로 관리단은 사단법인의 정관에 준하는 기본준칙이 필요하며 이를 관리단의 규약이라고 말한다.

다만, **민법상 사단법인**은 정관의 설정이 법인설립에 **필수적(민법 제40조)**임에 대하여, 관리단은 설정된 규약이 없는 경우에도 본법 제23조제1항에 의해 당연 설립되고, **관리단의 규약**은 본법 제29 조제1항 규정에 따른 관리단집회의 의결 절차에 따라 설정되므로 **임의적**이라는 점에 차이가 있으며, **이에 대한 근거는 첫째;** 관리단의 경우에는 규약의 설정 없이도 본법 제23조제1항 규정에 의해 당연 설립하는 점, **둘째;** 관리단은 구분건물의 관리를 둘러싼 법률관계의 처리를 위하여 특별히 인정된 단체로서 본법은 관리단의 내부조직과 운영에 관한 사항의 대강을 규정하고 있는 점, **셋째;** 본법 제28조제1항이 "건물과 대지 또는 부속시설의 관리 또는 사용에 관한 구분소유자들 사이의 사항 중 이 법에서 규정하지 아니한 사항은 규약으로써 정할 수 있다."고 규정하고 있으므로 규약의 설정이 없는 경우에도 본법 규정에 따라 관리단이 관리될 수 있는 점 등이다.

2) 관리규약의 필요성

관리단에 규약이 필요한 이유는 **첫째;** 구분건물 각자의 구체적이고 복잡한 법률관계에 관하여 본법에서 모든 사항을 규정하고 있지 않다는 점. **둘째;** 본법에서 정하지 않은 사항의 경우 관리규약이 없다면 구분소유관계의 긱 구체적 사항에 따라 해당 구분소유자사이의 합의 또는 계약에 의해 해결되는 채권관계가 될 수 있고 그 합의 또는 계약이 모든 구분소유자에게 효력이 미치는 것이 아니므로 집합건물의 공용부분과 대지, 부속시설 등에 대한 공동관리 사항에 대하여 모든 구분소유자와 건물의 양수인을 일률적으로 구속할 수 없으므로 구분소유자사이에 분쟁이 발생할 가능성이 높아 관리단 관리의 목적달성이 어렵다는 점 등 때문이다.

나. 규약의 법적 성격 및 그의 형식

1) 규약의 법적 성격

규약은 관리단의 자치법규 또는 자치규칙이다. 이는 구분소유자 사이의 다수결의 원칙의 결의에 의해 설정·변경·폐지되는 점, 규약의 효력은 결의에 관여하지 않은 구분소유자에게도 미치는 점 그리고 각 구분소유자의 변동에 의하여 영향을 받지 않는 점 등에 그 근거가 있다.

한편, 본법 제3조제3항은 건물의 구분소유 또는 상가건물의 구분소유의 건물부분의 전부 또는 부속건물을 소유하는 자가 공정증서(公正證書)로써 규약에 상응하는 것을 정할 수 있다고 규정하고 있으므로 이 경우 역시 규약의 일부를 구성한다.

본법 제28조제2항은 "일부공용부분에 관한 사항으로써 구분소유자 전원에게 이해관계가 있지 아니한 사항은 구분소유자 전원의 규약으로 따로 정하지 아니하면 일부공용부분을 공용하는 구분소유자의 규약으로써 정할 수 있다."고 규정하고 있는바, 이는 일부공용부분에 관한 사항으로써 구분소유자 전원에게 이해관계가 있지 아니한 사항에 대하여 그 일부공용부분을 공용하는 구분소유자들 사이에 일부고용부분관리단의 규약으로 정할 수 있음을 규정한 것이므로 이는 일부공용부분관리단의 기본규칙일 뿐이며 구분소유자 전원의 관리단의 규약은 아니므로 다른 구분소유자에게 적용되지 않는다는 점이다.

2) 규약의 형식

본법에 명문규정은 없지만 규약은 반드시 서면에 의하여야 한다.

이는 규약내용의 객관적 명확성을 보장하기 위한 것이며, 규약의 보관 및 열람청구권 등 보장을 규정한 본법 제30조 규정에 비추어 볼 때 당연하다. 규약은 반드시 1개의 서면에 의해야만 하는 것은 아니며, 반드시 조문의 형식을 갖추어야 하는 것도 아니라는 점에 유의하여야 한다. 그러나 규약은 단순한 결의와는 구별되며, 관리단집회가 규약으로써 의결된 경우에는 가사 그것이 관리단집회 의사록에 기재된 것이라고 하더라도 규약으로 봄이 상당하므로 단순한 결의와는 명확한 구별이 필요하므로 '규약'이라는 표시가 필요하다.

3) 표준관리규약에 대하여

본법 제28조제4항은 "법무부장관은 이 법을 적용하는 건물과 대지 및 부속시설의 효율적이고 공정한 관리를 위하여 표준규약을 마련하여야 한다."고 규정하면서, **동조 제5항**은 "시·도지사는 제4항에 따른 표준규약을 참고하여 대통령령으로 정하는 바에 따라 지역별 표준규약을 마련하여 보급하여야 한다."고 규정하고 있다. 이는 법무부장관에게(기본)표준규약 마련 업무를 위임한 것이고, 각 시·도지사에게는 법무부장관이 마련한 (기본)표준규약을 참고하여 대통령령으로 정하는 바에 따라 지방자치단체별로 각 표준규약을 마련하여 이를 관리단의 규약으로 사용할 수 있도록 보급할 의무를 규정하고 있는 것이다.

표준계약에 포함되어야 하는 사항에 대하여, **본법 시행령 제12조**는 "법 제28조제4항에 따라 법무부장관이 마련해야 하는 표준규약과 같은 조 제5항에 따라 특별시장·광역시장·특별자치시장·도지사 및 특별자치도지사(이하 시·도지사라고 함)가 마련해야 하는 지역별 표준규약에는 각각 다음 각 호의 사항이 포함되어야 한다. **1.구분소유자의 권리와 의무에 관한 사항 2.규약의 설정·변경·폐지에 관한 사항 3. 구분소유자 공동의 이익과 관련된 전유부분의 사용에 관한 사항 4.건물의 대지, 공용부분 및 부속시설의 사용 및 보존·관리·변경에 관한 사항 5.관리위탁계약 등 관리단이 체결하는 계약에 관한 사항 6.관리단집회의 운영에 관한 사항 7.관리인의 선임 및 해임에 관한 사항 8. 관리위원회에 관한 사항 9.관리단의 임직원에 관한 사항 10.관리단의 사무 집행을 위한 분담금액과 비용의 산정방법, 징수·지출·적립내역에 관한 사항 11.제10호 외에 관리단이 얻은 수입의 사용방법에 관한 사항 12.회계처리기준 및 회계관리·회계감사에 관한 사항 13.의무위반자에 대한 조치에 관한 사항 14.그 밖에 집합건물의 관리에 필요한 사항**"이라고 규정하고 있다.

본법 제28조제4항 규정에 따라 2023. 9.경 법무부장관이 마련한 **현행 (기본)표준규약**은 1동의 관리단의 경우와 단지관리단의 경우로 나누고, 1동의 관리단의 경우를 관리위원회의 유무에 따라 공동주택-단동형(單棟型)-관리위원회를 두는 관리단의 형식과 관리위원회를 두지 않은 관리단의 형식으로, 단지관리단의 경우에도 관리위원회의 유무에 따라 공동주택- 단지형-단지관리위원회를 두는 경우와 두지 않은 경우로 나누고, 상가의 경우에도 관리위원회의 유무에 따라 상가-관리위원회를 두는 경우와 관리위원회를 두지 않은 경우로 6개 형식의 각 (기본)표준관리규약을 마련하고 있다38). 그러나 경기도39)를 제외한 서울특별시장 등 시·도지사는 현재 위 (기본)표준관리규약을 참고로 만든 지역별 표준관리규약을 아직 마련하지 아니하여40) 거의 대부분 각 지방자치단체가 이전에 만든 표준관리규약에 의하고 있는 형편이다.

다. 규약으로 정할 사항

1) 관리단의 조직·운영에 관한 사항

규약은 위와 같이 관리단의 자치법규 또는 자치규칙으로서 건물과 대지 또는 부속시설의 관리 또는 사용에 관한 구분소유자들 사이의 사항 중 본법이 규정하지 아니한 사항에 대하여 정할 수 있는바, 본법은 관리단의 조직·운영에 관하여 본법 제4절에서 관리단 및 그의 기관인 관리인, 임시관리인, 관리위원회에 관하여 규정(본법 제23조내지 제27조)하고 있고, 제5절에서 관리단집회에 관하여 규정(본법 제31조내지 제41조)하고 있는 바, 관리단의 위 조직·운영에 관한 사항에 관하여 규약으로 설정할 수 있다.

2) 관리 또는 사용에 관한 사항

본법 제11조는 "각 공유자는 공용부분을 그 용도에 따라 사용할 수 있다."고 규정하고 있으므로 각 구분소유자는 공유자로서 구

---

38) 6개 형식의 각 표준관리규약은 '법무부 홈페이지(https://www.moj.go.kr/)'의 '법령/자료-자료실- 548. 법무부 집합건물 표준관리규약'에서 각 다운로드 하여 확인할 수 있다.

39) 경기도의 경우는 2024. 1. 15.자로 '경기도 집합건물 표준관리규약'을 전면 개정하였으며, 위 표준관리규약은 '경기도청 홈페이지(https://www.gg.go.kr/)'의 '분야별 정보-도시 · 주택 · 토지-도시계획-집합건물 표준관리규약'에서 다운로드하여 확인할 수 있다.

40) 서울특별시의 경우 법무부의 표준관리규약에 따른 개정이 이루어지지 않아, 2021. 4.자 개정의 각 서울시 표준관리규약(상가, 오피스텔, 소규모 공동주택 등)을 사용하고 있으며, 위 각 표준관리규약은 '서울시 집합건물통합정보마당(https://openab.seoul.go.kr/)'의 '알림마당-관련법규'에서 각 다운로드하여 확인할 수 있다.

조상 공용부분을 물론, 규약상의 건물의 공용부분, 대지, 부속시설을 그 용도에 따라 사용할 수 있고, 이에 관한 공용부분 등의 관리방식(본법 제16조제3항, 제19조), 공용부분 등의 부담·수익비율(제17조, 제19조), 수선적립금에 관한 수선계획, 징수 및 적립, 용도(제17조의2), 건물의 일부 멸실 시의 복구방법(제50조제3항)을 특별히 규정하고 있으며, **본법 제28조제1항**은 "건물과 대지 또는 부속시설의 관리 또는 사용에 관한 구분소유자들 사이의 사항 중 이 법에서 규정하지 아니한 사항은 규약으로써 정할 수 있다"고 규정하고 있으므로 집합건물과 대지 또는 부속시설의 관리 또는 사용에 관한 구분소유자들 사이의 사항에 관하여 규약으로써 정할 수 있는바, 이 경우 다수의 구분소유자사이의 공동이용관계에 대하여는 일정한 형태의 사용상 제한이 불가피하며, 이를 규약으로 설정할 수 있다.

3) 권리내용에 관한 사항

본법은 규약상의 공용부분에 관한 사항(제3조제2항), 규약에 따른 건물의 대지에 관한 사항(제4조제1항), 공용부분의 공유지분비율(제10조제2항 단서, 제12조), 전유부분과 분리한 대지사용권의 처분(제20조제2항 단서), 전유부분의 처분에 따르는 대지사용권의 비율(제21조)을 특별히 규정하고 있으므로 이에 관하여 규약으로 정할 수 있다.

4) 기타 집합건물의 소유와 관리에 관하여 필요한 사항

본법에 위반되지 않는 한 집합건물의 소유와 관리에 관하여 필요한 사항은 자차법규인 규약으로써 설정할 수 있음은 당연하다.

라. 규약에 갈음하는 공정증서(公正證書)

1) 의의

본법 제3조제3항은 "제1조 또는 제1조의2에 규정된 건물부분과 부속건물을 소유하는 자는 공정증서(公正證書)로써 제2항의 규약

에 상응하는 것을 정할 수 있다."고 규정하고 있다. 여기서 '제1조와 제1조의2'는 각 건물의 구분소유와 상가건물의 구분소유에 대하여 각 규정한 것이고, '제2항의 규약에 상응하는 것'이란 위 각 구분소유의 건물부분과 부속의 건물은 공용부분으로 정할 수 있는 규약에 상응하는 것을 말하므로 결국 본법 제3조제3항은 건물의 구분소유 또는 상가건물의 구분소유의 건물부분과 부속건물을 소유하는 자(예;건축주 또는 분양자 등)는 규약에 갈음하는 공정증서(公正證書)로써 건물부분과 부속의 건물을 공용부분으로 정할 수 있음을 규정한 것이다.

2) 공정증서에 의한 규약의 변경 또는 폐지절차

본법 제3조제3항은 위와 같이 권리의 내용과 관계되는 규약사항 중 규약에 갈음하는 공정증서(公正證書)로써 규약상 공용부분의 지정을 규정한 것이고, 본법은 제4조제2항의 규약상 대지의 지정규정, 제20조제4항의 전유부분과 분리한 대지사용권처분의 허용규정, 제21조제2항의 전유부분의 처분에 따르는 대지사용권 비율의 결정규정에서 위 규정을 준용하고 있어 규약에 갈음하는 공정증서(公正證書) 역시 규약의 일부를 구성하는 것이므로 그에 관한 변경이나 폐지절차 역시 아래의 일반 관리단규약의 경우와 동일하다.

마. 규약의 설정·변경·폐지절차

1) 규약의 설정·변경·폐지절차

본법 제29조제1항은 "규약의 설정 · 변경 및 폐지는 관리단집회에서 구분소유자의 4분의 3 이상 및 의결권의 4분의 3 이상의 찬성을 얻어서 한다. 이 경우 규약의 설정 · 변경 및 폐지가 일부 구분소유자의 권리에 특별한 영향을 미칠 때에는 그 구분소유자의 승낙을 받아야 한다."고 규정함으로써 규약의 설정 · 변경 및 폐지는 관리단집회에서 위와 같이 특별결의의 찬성을 얻도록 규정하고 있는바, 이는 규약이 건물이나 대지 또는 부속시설의 관리, 사용에 관한 법률관계를 규율하고 관리단의 조직·운영에 관한 사항을 정하고 있으며, 권리의 내용 그 자체를 정하는 매우 중요한 자치법규이기 때문이다.

한편, 위와 같이 규약의 설정·변경·폐지가 일부의 구분소유자의 권리에 특별한 영향을 미칠 때에는 위 특별다수결의 요건과는 별도로 그 구분소유자의 승낙을 받아야 함을 요건으로 하고 있는바, 여기에서 '**일부의 구분소유자의 권리에 특별한 영향을 미칠 때**'라 함은 다른 구분소유자의 권리에는 영향이 없고 어느 특정의 구분소유자의 권리에만 영향을 미치는 것을 말한다. 예를 들면 규약에 의해 공용부분의 일부를 특정 구분소유자가 전용 사용하도록 되어 있는 규약을 폐지하는 경우에는 그 특정 구분소유자의 권리에 영향을 미치므로 그 일부의 구분소유자의 승낙을 받아야 하며, 이는 다수자의 횡포로부터 소수자의 권리를 보호하기 위한 것이다. 그러나 규약에 새로이 업종제한 규정을 설정하는 경우처럼 소유권 행사에 다소 제약을 받게 되는 등 구분소유자의 권리에 영향을 미친다고 하더라도 **모든 구분소유자들에게 동일하게 영향을 미치는 경우**에는 '전체의 구분소유자'의 권리에 관한 것이지, '**일부의 구분소유자의 권리**'에게만 특별한 영향을 미치는 것이라고는 할 수 없으므로 이에 해당하지 않아 승낙을 받아야 할 이유가 없다.(대법원 2006.10.12. 선고 2006다36004 판결 참조)

2) 규약의 설정·변경·폐지의 제한

본법 제29조 동조 제2항은 "제28조제2항에 규정한 사항에 관한 구분소유자 전원의 규약의 설정·변경 또는 폐지는 그 일부공용부분을 공용하는 구분소유자의 4분의 1을 초과하는 자 또는 의결권의 4분의 1을 초과하는 의결권을 가진 자가 반대할 때에는 할 수 없다."고 규정하고 있다.

이는 일부공용부분관리단의 규약에서 정한 사항은 설령 관리단집회에서 구분소유자 및 의결권의 각 3/4이상 찬성의 위 특별결의

요건을 충족하는 구분소유자 전원의 규약의 설정·변경 또는 폐지가 있었다고 하더라도 그 공용부분을 공용하는 구분소유자의 4분의 1을 초과하는 자 또는 의결권의 4분의 1을 초과하는 의결권을 가진 자가 반대할 경우에는 그에 관한 규약의 설정·변경 및 폐지를 할 수 없음을 규정한 것으로써 일부공용부분을 공유하고 있음으로써 직접적인 이해관계인가 있는 일부구분소유자를 보호하기 위한 것이다.

규약의 위와 같은 설정·변경 및 폐지는 본법 제41조제1항 규정의 구분소유자 및 의결권의 각 3/4이상 찬성의 특별결의요건을 충족하는서면 또는 전자적 방법에 의한 합의에 의해서 할 수 있음은 당연하다.

바. 규약의 보관 및 열람

관리규약은 관리단의 자치법규로서 모든 구분소유자, 그 특정승계인, 점유자, 때로는 이해관계인인 제3자와도 관련이 있으므로 그 내용과 소재를 분명히 하여 누구나 그 내용을 알아볼 수 있어야 한다.

본법 제30조제1항은 "규약은 관리인 또는 구분소유자나 그 대리인으로서 건물을 사용하고 있는 자 중 1인이 보관하여야 한다." **동조 제2항**은 "제1항에 따라 규약을 보관할 자는 규약에 다른 규정이 없으면 관리단집회의 결의로써 정한다."고 규정하고 있고, **동조 제3항**은 " 이해관계인은 규약을 보관하는 자에게 규약의 열람을 청구하거나 자기 비용으로 등본의 발급을 청구할 수 있다."고 규정하여 이해관계인의 규약의 열람 및 등본청구권을 인정하고 있다.

사. 규약의 효력범위

1) 규약의 효력범위

규약은 관리단의 자치법규 또는 자치규칙으로서 '집합건물의 공동관리·사용에 관한 법률관계'에서 그 규약설정 결의에 참여하였는지 여부와 관계없이 구분소유자는 물론이고 그의 포괄승계인,

특별승계인, 그리고 관리단의 관리인과 또는 관리단의 관리위원회의 임원 등 관리단의 조직원에 대하여 효력이 미치며, 세임자 등 구분소유자의 승낙을 얻어 전유부분을 점유하는 점유자도 구분소유자와 동일하게 규약을 준수하고, 그에 따른 의무를 부담하며, 구분소유자의 가족이나 고용인 등 점유보존자도 동일한 의무를 진다. 그러나, 집합건물과 무관한 제3자에게는 효력이 없다.

본법 제28조제3항은 "제1항과 제2항의 경우에 구분소유자 외의 자의 권리를 침해하지 못한다."고 규정하고 있다. 여기서 **제1항과 제2항의 경우**란 구분소유자 전체규약과 일부공용부분을 공용하는 구분소유자의 일부공용부분관리단의 규약을 말하며, 규약은 위와 같이 구분소유자사이의 내부관계에 관한 사항을 정하는 일종의 자치법규이므로 규약에 구분소유자 이외의 자의 권리를 침해하는 사항을 규정하지 못하며, 가사 규약에그런 규정이 있다고 하더라도 그 규정은 효력이 없음을 규정한 것이다.

한편, **본법 제42조제1항**은 "규약 및 관리단집회의 결의는 구분소유자의 특별승계인에 대하여도 효력이 있다."고 규정하고 있다. 이는 규약의 효력이 특별승계인에 대하여도 효력이 있음을 규정한 것으로 당연한 규정으로 봄이 타당하다.

동조 제2항은 "점유자는 구분소유자가 건물이나 대지 또는 부속시설의 사용과 관련하여 규약 또는 관리단집회의 결의에 따라 부담하는 의무와 동일한 의무를 진다."고 규정하고 있다. 이는 전세입자, 임차인 등 구분소유자의 승낙을 받아 전유부분을 점유하는 점유자 역시 구분소유자의 경우와 동일한 의무를 부담함을 규정한 것이다.

2) 규약의 특별승계인에게 미치는 효력의 범위

본법 제42조제1항은 위와 같이 구분소유자의 특별승계인에 대하여도 효력이 있음을 규정하고 있는바, 이와 관련하여 규약이 특별승계인에게 미치는 구체적인 효력의 범위가 문제될 수 있다.

'**특별승계인에 대하여 효력이 미치는 범위**'는 집합건물의 전용부분이 아닌 '**공용부분과 관련된 권리관계**'에 한한다.

예를 들면, 공용부분의 관리비가 아닌 전용부분에 대한 전 입주자의 체납관리비는 설령 규약에 전용부분에 대한 전 입주자의 체납관리비까지 특별승계인에게 효력이 있다는 규정이 있다고 하더라도 그 규정은 무효이므로 **특별승계인에게는 효력이 없다.**(대법원 2001. 9. 20.2001다8677 전원합의체 판결 참조)

3) 규약내용의 적법성여부의 한계(본법이 정한 절차에 따라 제정된 모든 규약의 내용이 유효인지 또는 무효인 경우가 있는지 여부의 문제)

본법 제28조제1항의 규약의 설정과 제29조제1항의 규약의 설정·변경·폐지에 관한 규정은 위와 같이 단체자치의 원칙에 따라 자율적으로 규약을 제정할 수 있음을 규정하고 있다. 그러나 설령 이러한 절차에 따라 제정된 규약의 그 내용이 강행법규에 위배된다거나, 구분소유자의 소유권을 합리적인 범위를 벗어나 과도하게 침해 내지 제한함으로써 선량한 풍속 기타 사회질서에 위배된다고 볼 정도로 사회관념상 현저히 타당성을 잃었다고 여겨지는 등의 특별한 사정이 있는 경우에는 그 규약은 무효이며, 그렇지 않는 한 유효하다고 봄이 타당하다.

[**대법원 2009. 4. 9.선고2009다242판결**]은 **관리단의 규약에 전유부분의 전체 내지 상당부분에 관한 임대차계약의 체결 여부 및 계약내용의 확정에 관한 권한을 관리인이나 운영위원회 등에게 일임하고 그 해당 구분소유자가 전혀 관여할 수 없도록 하는 규약에 의해 관리인인 운영위원회가 임대차계약을 체결한 사건**에서 "위 규약의 규정은 구분소유자가 원칙적으로 독점적·배타적 사용·관리 권한을 가지는 전유부분에 대하여 다른 구분소유자 사이의 조정의 범위를 초과하는 사용제한을 설정한 것으로서, 구분소유자의 소유권을 필요하고 합리적인 범위에서 벗어나 과도하게 침해 내지 제

한하는 것으로 그 규약은 사회관념상 현저히 타당성을 잃은 것으로서 무효이고, 그 규약에 기초한 임대차계약도 해당 구분소유자들로부터 그에 관한 권한을 위임받거나 개별적 동의를 받는 등의 특별한 사정이 없는 한 효력이 없다"고 판결하였다.

아. 관리단의 단전·단수 등의 제재조치에 대하여

관리단의 단전·단수 등의 제재조치는 법령이나 규약 등에 근거가 있어야 하고, 그 경우에도 단전조치의 경위, 동기와 목적, 수단과 방법, 입주자가 입게 된 피해의 정도 등 여러 사정을 종합하여 사회통념상 허용될 만한 정도의 상당성이 있어야 하며, 단전조치에 관하여 법령이나 규약 등에 근거가 없거나 규약이 무효로 밝혀진 경우에는 단전조치는 원칙적으로 위법이며, 다만 그 경우에도 단전조치를 하지 않으면 집합건물의 존립과 운영에 심각한 지장을 초래하는지, 구분소유자 등을 보호할 가치가 있는지 등을 종합하여 사회통념상 허용될 만한 정도의 상당성을 인정할 만한 특별한 사정이 있다면 단전조치가 위법하지 않다고 보는 경우도 있으므로 <u>규약상 규정의 존재여부</u> 또는 <u>규약의 유·무효여부</u>와 <u>사회통념상 허용될 만한 정도의 상당성여부도 함께 판단</u>하여야 한다.

<u>[대법원 2021. 9. 16. 선고 2018다38607 판결]은 장기간에 걸쳐 다액의 전기료 등 관리비를 납부하지 않은 자에게 여러 차례 납부를 독촉하였으나 이에 응하지 아니하여 관리단이 운영위원회의 결정으로 단전조치를 취하였으나 그에 관한 규약의 설정이 무효임이 밝혀진 사건</u>에서, "집합건물의 관리단 등 관리주체가 단전조치를 하기 위해서는 법령이나 규약 등에 근거가 있어야 하고, 단전조치의 경위, 동기와 목적, 수단과 방법, 입주자가 입게 된 피해의 정도 등 여러 사정을 종합하여 사회통념상 허용될 만한 정도의 상당성이 있어야 하며, 만일 단전조치에 관하여 법령이나 규약 등에 근거가 없거나 규약이 무효로 밝혀진 경우에는 단전조치는 원칙적으로 위법하다. 다만 관리주체나 구분소유자 등이 규약을 유효한 것으로 믿고

규약에 따라 집합건물을 관리하였는지, 단전조치를 하지 않으면 집합건물의 존립과 운영에 심각한 지장을 초래하는지, 구분소유자 등을 보호할 가치가 있는지 등을 종합하여 사회통념상 허용될 만한 정도의 상당성을 인정할 만한 특별한 사정이 있다면 단전조치가 위법하지 않다."고 판결하였다.

한편, 규약에서 정한 업종준수의무 위반자에 대한 단전·단수 등의 제재조치사건에서, [대법원 2004. 5. 13.선고 2004다2243 판결]은 "관리인이 규약의 규정절차에 따라 곧바로 단전·단수 등의 제재조치를 가하지 않고 1차적으로 시정을 구하고 그에 불응할 때 단전·단수 등 제재조치를 하고 위반자가 위반행위를 중지하면 바로 단전·단수조치를 중단하도록 한 단전·단수 등 제재조치는 구분소유자의 소유권을 필요하고 합리적인 범위를 벗어나 과도하게 침해 내지 제한함으로써 사회관념상 현저히 타당성을 잃은 경우에 해당한다고는 보이지 아니하고, 또한 집합건물 구분소유자들이 상호간의 과다경쟁을 방지하고 공동의 이익을 도모하기 위하여 각자의 자유의사에 따른 협의로 업종을 제한하고, 이에 위반할 경우 구분소유권의 본질적 내용을 침해하지 아니하는 범위 내에서 자율적인 제재조치를 취하는 것은 단체자치의 원칙상 허용된다 할 것이고, 집합건물법 제43조 내지 제45조 규정의 의무위반자에 대한 조치가 이를 완전히 금지하는 규정이라고 볼 수는 없으므로 위 규약의 조항이 집합건물법의 강행규정에 위반된다고 할 수도 없으므로 유효하다."고 판결하였다.

자. 집합건물인 상가의 업종제한 변경 문제

상가집합건물의 관리단의 규약에 규정된 업종제한 변경은 수분양자들이나 구분소유자들 스스로의 합의에 의해 본법 제28조 규정절차 또는 본법 제41조제1항 규정의 서면 또는 전자적 망법에 의한 합의절차에 따른 관리단의 규약의 설정 또는 변경을 통하여서만 가능하고, 이외에는 구분소유자와 제3자사이의 합의나 계약 또는 제3자들 사이의 합의에 의해서는 변경할 수 없어 규약의 업종제한 규정을 준수할 의무가 있다고 봄이 타당하다.

1) 집합건물인 상가점포의 경우 분양계약서 또는 관리단의 규약에 업종제한조항규정에 의해 점포별로 업종을 지정하여 분양한 점포에 대한 업종변경의 범위 및 임차인 사이의 합의로 변경 가능한지 여부

업종변경의 허부, 범위 및 절차 등은 분양계약서 또는 관리단규약 등의 합리적 해석을 통하여 판단하여야 할 것인바, 분양회사가 수분양자에게 특정 영업을 정하여 분양하거나 구분소유자들 사이에서 각 구분소유의 대상인 점포에서 영위할 영업의 종류를 정하는 것은 '기본적으로 수분양자 또는 구분소유자에게 그 업종을 독점적으로 운영하도록 보장하는 의미가 내포되어 있다고 할 것이므로, 이 경우 소유권을 분양받은 수분양자들이나 구분소유자들의 독점적 지위는 수분양자들이나 구분소유자들 스스로의 합의가 아닌 임차인 등의 제3자 사이의 합의에 기하여 변경될 수는 없다.(대법원 2005. 11. 10. 선고 2003다45496 판결)

2) 상가 내 점포별로 업종을 지정하여 분양한 점포에 관한 수분양자나 그 지위를 양수한 자가 분양계약에서 정한 업종제한약정을 위반할 경우 영업상의 이익을 침해당할 처지에 있는 자가 동종업종의 영업금지를 청구할 권리가 있는지 여부 및 분양계약에서 약정한 업종제한 의무를 수인하기로 동의한 후 이와 다른 의사표시나 행위를 하는 것이 신의칙에 위배되는지 여부

건축주가 상가를 건축하여 각 점포별로 업종을 지정하여 분양한 경우 그 수분양자나 점포에 관한 수분양자의 지위를 양수한 자는 특별한 사정이 없는 한 그 상가의 점포 입주자들에 대한 관계에서 상호간에 명시적이거나 또는 묵시적으로 분양계약에서 약정한 업종제한 등의 의무를 수인하기로 동의하였다고 봄이 상당하므로, 상호간의 업종제한에 관한 약정을 준수할 의무가 있고, 따라서 점포 수분양자나 그 지위를 양수한 자 등이 분양계약에서 정

한 업종제한약정을 위반할 경우, 이로 인하여 영업상의 이익을 침해당할 처지에 있는 자는 침해 배제를 위하여 동종 업종의 영업금지를 청구할 권리가 있다. 한편, 일단 위와 같은 동의를 한 이후 나중에 이와 다른 명시적 의사표시나 행위를 하는 것은 신의칙에 위배되어 허용될 수 없다고 봄이 타당하다.(대법원 2002.12.27. 선고 2002다45284 판결 참조)

3) 집합건물인 상가건물에 관리단이 설립된 이후 관리단 규약을 통하여 분양계약 등에서 정한 업종 제한을 사후에 변경할 수 있는지 여부와 그 요건, 그리고 구분소유자나 수분양자가 임차인 등에게 사전적·포괄적으로 상가건물 관리에 관한 의결권을 위임하거나 업종 제한 변경의 동의에 관한 대리권을 수여한 경우, 임차인 등이 참여한 결의나 합의를 통한 업종 제한 설정이나 변경이 가능한지 여부

상가건물이 본법의 규율대상인 집합건물인 경우 분양이 개시되고 입주가 이루어짐으로써 공동관리의 필요가 생긴 경우에는 그 당시의 미분양된 전유부분의 구분소유자를 포함한 구분소유자 전원을 구성원으로 하는 집합건물법 제23조에서 말하는 관리단이 당연히 설립되고, 관리단의 설립 이후에는 집합건물법 제28조의 관리단 규약을 통하여 위와 같은 업종 제한을 새로 설정하거나 변경할 수도 있으며, 이러한 업종 제한에는 기본적으로 수분양자 또는 구분소유자에게 해당 업종에 관한 독점적 운영권을 보장하는 의미가 내포되어 있으므로 이를 사후에 변경하기 위해서는 임차인 등의 제3자가 아닌 수분양자들이나 구분소유자들 스스로의 합의가 필요하므로 관리단이 설립된 이후 관리단 규약을 통하여 분양계약 등에서 정한 업종 제한을 사후에 변경할 수 있다. 다만 관리단 규약의 제·개정을 위한 구분소유자의 의결권 행사는 대리인을 통하여서도 할 수 있고(집합건물법 제38조제2항), 업종 제한의 변경에 관한 구분소유자나 수분양자의 동의의 의사표시도 마찬가지라고 보아야 하며, 이러한 의결권의 위임이나 대리권의

수여가 반드시 개별적·구체적으로 이루어져야만 한다고 볼 근거도 없으므로, 구분소유자나 수분양자가 임차인 등에게 사전적·포괄적으로 상가건물의 관리에 관한 의결권을 위임하거나 업종 제한 변경의 동의에 관한 대리권을 수여한 경우에는 위 임차인 등이 참여한 결의나 합의를 통한 업종 제한의 설정이나 변경도 가능하다고 할 것이다.(대법원 2012. 11. 29. 선고 2011다79258 판결 참조)

2. 관리단집회의 의의와 조직에 대하여

가. 관리단집회의 의의

관리단집회라 함은 관리단의 필수적 최고의사결정기관이고, 관리단의 법적 성격이 민법상 권리능력 없는 사단(비법인사단)이므로 구분소유자 전원으로 구성된 총회로써 사단법인의 사원총회에 해당한다.

다만, 관리단의 규약이 위와 같이 임의적인 것이나 관리단집회는 관리단의 필수적 기관이라는 점에 유의하여야 한다.

나. 관리단집회의 구성원 및 조직

1) 관리단집회의 구성원

본법 제23조제1항은 "건물에 대하여 구분소유관계가 성립되면 구분소유자 전원을 구성원으로 하여 건물과 그 대지 및 부속시설의 관리에 관한 사업의 시행을 목적으로 하는 관리단이 설립된다."고 규정하고 있으므로 관리단은 구분소유관계가 성립됨과 동시에 구분소유자 전원을 구성원으로 하여 당연 성립되며, 그에 따라 관리단집회 역시 구분소유자 전원을 구성원으로 하여 자동적으로 설립된다. 즉, 관리단집회는 관리단과 마찬가지로 규약의 설정이나 관리인 선임 등 조직체 결성여부와 상관없이 관리단의 성립으로 구분소유자 전원을 구성원으로 하여 자동적으로 만들어 진다.

한편, **본법 제40조제1항**은 "구분소유자의 승낙을 받아 전유부분을 점유하는 자는 집회의 목적사항에 관하여 이해관계가 있는 경우에는 집회에 출석하여 의견을 진술할 수 있다."고 규정하고 있는바, 이는 관리비 등을 직접 납부하는 전유부분을 점유하는 자(예; 세입자 등)에게 관리단집회에서 이해관계 사항에 관하여 출석·의견진술권을 보장하고 있는 것으로 전유부분의 점유자는 구분소유자가 아니므로 관리단집회의 구성원이 될 수 없다.

본법 <u>제23조제2항</u>은 "일부공용부분이 있는 경우 그 일부의 구분소유자는 제28조제2항의 규약에 따라 그 공용부분의 관리에 관한 사업의 시행을 목적으로 하는 관리단을 구성할 수 있다."고 규정하고 있다. 이는 일부공용부분관리단의 설립과 일부공용부분 관리단의 규약 설정을 규정하는 것으로 본법상 명시적 규정은 없으나 일부공용부분의 관리단집회 역시 구성할 수 있음을 인정한 것이다.

2) 관리단집회의 조직

본법 제39조제1항은 "관리단집회의 의장은 관리인 또는 집회를 소집한 구분소유자 중 연장자가 된다. 다만, 규약에 특별한 규정이 있거나 관리단집회에서 다른 결의를 한 경우에는 그에 따른다."고 규정하고 있다. 즉, 관리단집회의 의장은 관리인 또는 집회를 소집한 구분소유자 중 연장자, 규약에 의장으로 특별히 규정한 자, 관리단집회에서 의장으로 결의한 자가 의장이 된다. 본법이 위와 같이 구분소유자인지 여부와 관계없이 관리인이 의장이 될 수 있도록 한 것은 관리단집회의 운영의 편의성을 위한 것으로 봄이 상당하다.

다. 관리단집회의 지위와 권한

1) 관리단의 필수적 최고의사결정기관으로서 관리인, 임시관리인, 관리위원회 등 관리단의 모든 기관을 감독하는 지위에 있는 관리단집회

본법 제31조는 "관리단의 사무는 이 법 또는 규약으로 관리인에게 위임한 사항 외에는 관리단집회의 결의에 따라 수행한다."고 규정하고 있다. 이는 관리단집회는 관리단의 필수적 최고의사결정기관으로써 관리단의 모든 사무에 걸쳐 결정권을 가진다는 것을 규정한 것이므로 관리단집회는 본법 또는 규약의 규정 유무와 상관없이 집합건물의 공동 관리와 관련된 모든 사항을 집회에서 결의할 수 있는 포괄적 권한을 가진다.

또한, 관리단은 법적 성격이 민법상 권리능력 없는 사단이고 관리단집회는 민법상 사단의 사원총회에 해당하므로 그의 권한은 민법 제68조의 사원총회의 권한에 관한 규정을 준용한다고 보는 것이 일반적 견해인바, 관리단집회는 위와 같이 집합건물의 공동관리와 관련된 모든 사항을 집회에서 결의할 수 있는 포괄적 권한을 가지고 있으므로 관리인을 선임하거나 해임할 수 있고(본법 제24조제3항), 규약의 규정에 따라, 또는 관리단집회의 결의로 그 권한의 전부 또는 일부를 구분소유자들의 대표로 구성되는 관리위원회, 대의원회, 또는 입주자대표회의 등 그 명칭에 관계없이 관리단의 기관에게 위임할 수 있고, 그들을 감독하는 지위에 있다.

2) 본법상 관리단집회의 특별결의를 요하는 중요사항[41])에 대한 결의에 대하여

유의할 점은 규약의 설정·변경·폐지나 재건축결의 등 본법 규정의 관리단집회의 특별결의를 요하는 중요사항은 다른 기관에 위임하지 못하며 반드시 본법에 규정된 관리단집회의 결의에 의하거나 또는 본법 제41조제1,2항이 규정한 구분소유자 및 의결권의 각 의결정족수 이상의 서면 또는 전자적 방법에 의한 합의를 통하여 수행할 수 있다는 것이다.

---

41) 본법 규정의 관리단집회의 특별결의를 요하는 중요사항은 공용부분의 변경(제15조:구분소유자 및 의결권의 각 2/3이상), 권리변동 있는 공용부분의 변경(제15조의2제1항;구분소유자 및 의결권의 각 4/5이상) 및 권리변동 있는 공용부분의 변경 중「관광진흥법」제3조제1항제2호나목에 따른 휴양 콘도미니엄업의 운영을 위한 휴양 콘도미니엄의 권리변동 있는 공용부분 변경에 관한사항(제15조의2제1항 단서;구분소유자 및 의결권의 각 2/3이상), 규약의 설정·변경·폐지(제29조;구분소유자 및 의결권의 각 3/4이상), 공동이익을 해하는 구분소유자에 대한 사용금지청구(제44조;구분소유자 및 의결권의 각 3/4이상), 구분소유권의 경매청구(제45조;구분소유자 및 의결권의 각 3/4이상), 의무위반점유자에 대한 인도청구(제46조;구분소유자 및 의결권의 각 3/4이상), 재건축의 결의(제47조;구분소유자 및 의결권의 각 4/5이상) 및 재건축결의 중「관광진흥법」제3조제1항제2호나목에 따른 휴양 콘도미니엄의 재건축 결의(제47조제2항 단서;구분소유자 및 의결권의 각 2/3이상), 집합건물의 복구 중 건물의 가격이 1/2 이상에 상당하는 건물부분의 일부 멸실된 경우의 복구(제50조; 구분소유자 및 의결권의 각 4/5이상)의 경우이다.

라. 관리단집회의 소집

  1) 집회의 종류 및 소집권자

   본법 제32조는 "관리인은 회계연도 종료 후 3개월 이내에 정기 관리단집회를 소집하여야 한다."고 규정하고 있다. 관리인은 매년 1회 회계연도 종료 후 3개월 이내에정기 관리단집회를 개최하여야 하며, 소집 시기는 규약에 정하지 아니한 경우에는 관행에 따르는 것이 원칙이며, 관리인이 임의로 결정할 수는 없다.

   제33조제1항은 "관리인은 필요하다고 인정할 때에는 관리단집회를 소집할 수 있다."고 규정하고 있다. 관리인은 필요하다고 인정할 때에는 수시로 임시관리단집회를 개최할 수 있다.

   따라서 관리단집회에는 정기집회와 임시집회로 분류할 수 있으며, 소집권자는 관리단의 관리인이 원칙이다.

   한편, 관리단은 본법 제28조제1항 규정에 의해 관리단의 업무사항에 대하여 본법에서 규정하지 아니한 사항은 규약으로써 정할 수 있고, 본법 제29조제1항 규정에 따라 관리단집회의 의결로 규약을 설정할 수 있으므로 관리단은 규약이 정한 바에 따라 그 권한의 전부 또는 일부를 구분소유자 중 그들의 대표로 구성된 대표기관인 관리위원회, 대의원회, 입주자대표회의 등 그 명칭과 관계없이 위임할 수 있으며,그 회의를 각 관리단집회의 결의에 갈음할 수 있다고 봄이 타당하다.

   본법 제33조제2항은 "구분소유자의 1/5이상이 회의의 목적사항을 구체적으로 밝혀 관리단집회의 소집을 청구하면 관리인은 관리단집회를 소집하여야 한다. 이 정수(定數)는 규약으로 감경할 수 있다."고 규정하고 있으므로 구분소유자의 1/5이상의 자는 관리인에게 임시집회소집청구권을 가지고 있으며, 위 구분소유자의 1/5이상의 정수(定數)는 규약으로 감경하여 정할 수 있다.

   동조 제3항은 "제2항의 청구가 있은 후 1주일 내에 관리인이 청구일로부터 2주일 이내의 날을 관리단집회일로 하는 소집통지 절차를 밟지 아니하면 소집을 청구한 구분소유자는 법원의 허가를 받아 관리단집회를 소집할 수 있다."고 규정하고 있으므로 구분소유자의 1/5이상의 위 청구에 대하여 관리인은 청구일로부터 1주일 이내에 2주일 이내의 날을 집회일로 정하여 소집통지 절차를 밟아야 하며, 이를 이행하지 아니하면 그 구분소유자들은 법원의 허가(결정)를 받아 관리단집회를 직접 소집할 수 있다.

한편, **동조 제4항**은 "관리인이 없는 경우에는 구분소유자의 1/5 이상은 관리단집회를 소집할 수 있다. 이 정수는 규약으로 감경할 수 있다."고 규정하고 있으므로관리인이 없는 경우에는 구분소유자의 1/5 이상은 관리인이 있는 경우와는 달리 법원의 허가(결정) 없이 직접 관리단집회를 소집할 수 있고, 이 경우 역시 위 정수(定數)는 규약으로 감경할 수 있다.

2) 소집통지 등 집회소집절차

본법 제34조제1항은 "관리단집회를 소집하려면 관리단집회일 1주일 전에 회의의 목적사항을 구체적으로 밝혀 각 구분소유자에게 통지하여야 한다. 다만, 이 기간은 규약으로 달리 정할 수 있다."고 규정하고 있으므로 관리인은 관리단집회일 1주일 전에 각 구분소유자에게 회의의 목적사항을 구체적으로 명시하여 집회 소집을 통지 하여야 한다.

동조 제2항은 "전유부분을 여럿이 공유하는 경우에 제1항의 통지는 제37조제2항에 따라 정하여진 의결권을 행사할 자(그가 없을 때에는 공유자 중 1인)에게 통지하여야 한다."고 규정하고 있으므로 전유부분의 공유한 자에 대한 통지는 공유자가 관리단집회에서 의결권을 행사할 자로 정한 1인에게만 통지하면 되며, 정하지 않은 경우에는 공유자 중 1인에게 통지하면 된다.

3) 소집통지장소

<u>소집통지의 장소</u>에 관하여, **본법 제34조 제3항**은 "제1항의 통지
는 구분소유자가 관리인에게 따로 통지장소를 제출하였으면 그
장소로 발송하고, 제출하지 아니하였으면 구분소유자가 소유하는
전유부분이 있는 장소로 발송한다. 이 경우 제1항의 통지는 통상
적으로 도달할 시기에 도달한 것으로 본다."고 규정하고 있으므
로 소집통지의 장소는 구분소유자가 관리인에게 제출한 통지장소
에, 그런 장소가 없으면 구분소유자의 전유부분이 있는 장소로
발송하면 되고(실제거주 불문), 그 통지는 통상적으로 도달할 시
기에 도달한 것으로 간주되므로 본법은 소집통지에 대하여 발신
주의[42]를 취하고 있다고 봄이 타당하다.

또한, **동조 제4항**은 "건물 내에 주소를 가지는 구분소유자 또는
제3항의 통지장소를 제출하지 아니한 구분소유자에 대한 제1항
의 통지는 건물 내의 적당한 장소에 게시함으로써 소집통지를 갈
음할 수 있음을 규약으로 정할 수 있다. 이 경우 제1항의 통지는
게시한 때에 도달한 것으로 본다."고 규정하고 있다. 이는 다수의
구분소유자에게 일일이 통지하는 번거로움을 피하기 위하여 규약
으로 건물 내의 적당한 게시장소를 정한 경우에는 건물 내에 주
소를 가진 구분소유자 또는 통지장소를 제출하지 아니한 구분소
유자에게는 위 게시 장소에 소집통지를 게시함으로써 갈음할 수
있음을 규정하고 있는 것이다.

또한, **본법 제38조제3항**은 "제34조에 따른 관리단집회의 소집통
지나 소집통지를 갈음하는 게시를 할 때에는 제2항에 따라 의결
권을 행사할 수 있다는 내용과 구체적인 의결권 행사 방법을 명
확히 밝혀야 한다."고 규정하고 있으므로 관리단집회의 소집통지

---

[42] '발신주의(발송주의)'라 함은 의사표시가 외형적 존재를 가지고 표의자의 지배를 떠나서 상대방
에게 발신된 때에 효력이 생기는 주의를 말한다. 예를 들어 서면이 우편함에 투입되거나 우체국
에 발송을 부탁한 때에 효력이 생기는 경우이다.

나 소집통지를 갈음하는 게시를 할 때에는 소집통지에 서면이나 전자적 방법에 따라 의결권을 행사할 수 있다는 내용과 구체적인 의결권 행사 방법을 명확히 밝혀야 한다.

4) 소집통지내용

소집통지내용에 대하여, **본법 제38조 제5항**은 "회의의 목적사항이 제15조제1항, 제29조제1항, 제47조제1항 및 제50조제4항인 경우에는 그 통지에 그 의안 및 계획의 내용을 적어야 한다."고 규정하고 있다. 이는 회의의 목적사항이 공용부분의 변경인 경우(제15조제1항), 규약의 설정·변경 및 폐지인 경우(제29조제1항), 재건축 결의인 경우(제47조제1항), 건물의 가격이 1/2를 초과하여 일부 멸실한 경우의복구에 관한 사항(제50조재4항)의 경우의 **관리단집회의 특별결의를 요하는 중요한 사항일 때**에는 그 소집통지에 그 의안 및 계획의 내용을 반드시 기재하여 통지하여야 함을 규정한 것이다.

5) 집회소집절차를 생략할 수 있는 경우에 대하여

본법 제35조는 "관리단집회는 구분소유자 전원이 동의하면 소집절차를 거치지 아니하고 소집할 수 있다."고 규정하고 있다. 이는 집회소집절차는 구분소유자의 이익을 위한 것이므로 구분소유자 전원이 동의하는 경우 소집절차를 생략할 수 있도록 한 것이다.

6) 전유부분의 점유자의 집회 출석 및 의견진술권

본법 제40조제1항은 "구분소유자의 승낙을 얻어 전유부분을점유하는 자는 집회의 목적사항에 관하여 이해관계가 있는 경우에는 집회에 출석하여 의견을 진술할 수 있다."고 규정하고 있어 점유자의 출석·의견진술권을 인정하고 있는바, 이는 세입자 등 구분소유자의 승낙을 받아 전유부분을 점유한 자가 직접 관리비를 납부하는 등 건물의 관리 에 직접적 이해관계가 있기 때문에 관리단집회에서 그 구분소유자의 의결권을 행사할 수 있도록 함으로써 점유자와 구분소유자사이의 의결권행사문제에 대한 조정을 꾀하고 있는 것이다.

동조 제2항은 "제1항의 경우 집회를 소집하는 자는 제34조에 따라 소집을 통지한 후 지체 없이 집회의 일시, 장소 및 집회의 목적사항을 건물 내의 적당한 장소에 게시하여야 한다."고 규정하고 있다. 이는 이해관계가 있어 의견진술권이 있는 점유자가 알 수 있도록 게시하여야 한다고 규정한 것이다. 그러나 전유부분의 점유자는 관리단의 구성원인 구분소유자가 아니기 때문에 그런 게시를 하지 않았다고 하더라도 집회소집절차에 하자가 있는 것은 아니라는 점에 유의하여야 한다.

마. 관리단집회의 의사(議事)

1) 집회의 결의사항

본법 제36조제1항은 "관리단집회는 제34조에 따라 통지한 사항에 관해서만 결의할 수 있다."고 규정하고 있다. 이는 집회의 결의가 모든 구분소유자를 구속하여 이해관계에 영향을 미치므로 불출석한 구분소유자의 의결권을 보호하기 위한 것으로 봄이 상당하다.

동조 제2항은 "제1항의 규정은 이 법에 관리단집회의 결의에 관하여 특별한 정수가 규정된 사항을 제외하고는 예외적으로 규약으로 달리 정할 수 있다."고 규정하고 있다. 이는 본법 규정상 관리단집회의 특별결의에 의할 것을 규정한 중요사항은 반드시 본법 규정의 각 의결정족수에 의해 의결하여야 하며, 이들을 제외한 사항은 규약으로 본법 규정의 의결정족수와는 달리 정할 수 있음을 말하며, 본법에서 규정한각 특별결의 사항과 그에 대한 각 의결정족수는 <u>각주 37)</u>에서 설시한 바와 같다.

동조 제3항은 "제1항과 제2항은 제35조에 따른 관리단집회에 관하여는 적용하지 아니한다."고 규정하고 있다. 이는 구분소유자 전원의 동의에 의하여 소집절차가 생략되는 경우에는 통지한 사항인지 여부에 관계없이 모든 사항을 관리단집회에서 결의할 수 있다는 말이다.

2) 구분소유자의 집회 의결권에 대하여

본법 제37조제1항은 "각 구분소유자의 의결권은 규약에 특별한 규정이 없으면 구분소유자 각자가 가지는 전유부분의 면적비율에 따른다."고 규정하고 있다. 이는 구분소유자의 집회의 의결권이란 공용부분 등에 대하여 가지는 각 구분소유자의 이해관계의 정도에 따른 의결권을 말하는바, 그 의결권은 각자가 가지는 전유부분의 면적비율에 따르는 것이 원칙이나 규약에 의결권에 대하여 위 원칙과 다른 특별한 규정을 둘 수 있고, 이 경우 규약에 따른 의결권을 가지게 된다는 말이다.

동조 제2항은 "전유부분을 여럿이 공유하는 경우에는 공유자는 관리단집회에서 의결권을 행사할 1인을 정한다."고 규정하고 있다. 이는 전유부분을 수인이 공유하는 경우에는 의결권 행사자 1인을 정하여야 함을 규정한 것이고, 결국 그들이 행사할 수 있는 의결권은 1개라는 것을 규정한 것이다.

3) 점유자의 집회 의결권 행사 및 의견진술권에 대하여

동조 제3항은 "구분소유자의 승낙을 받아 동일한 전유부분을 점유하는 자는 여럿인 경우에는 제16조제2항, 제24조제4항, 제26조의2제2항, 또는 제26조의4제5항에 따라 해당 구분소유자의 의결권을 행사할 1인을 정하여야 한다." 규정하고 있다. 이는 본법이 2020.2.4.법16919호 개정에 의해 **제16조제2항의 공용부분의 관리에 관한 사항, 제24조제4항의 관리인의 선임 사항, 제26조의2제2항의 해당연도의 회계감사를 받지 아니하기로 하는 사항, 또는 제26조의4제5항의 관리위원회의 위원의 선임 사항**에 관하여 세입자 등 관리비 납부 등 관리에 직접적 이해관계가 있는 구분소유자의 승낙을 받아 전유부분을 점유자에게 집회에서 의결권을 부여할 수 있도록 규정하고 있는바, 이 경우 점유하는 자가 여럿인 경우 위 전유부분을 여럿이 공유하는 경우와 동일하게 행사할 의결권이 1개이므로 의결권을 행사할 점유자 1인을 정하여야 함을 규정한 것이다.

한편, **본법 제40조제1항**은 " 구분소유자의 승낙을 받아 전유부분을 점유하는 자는 집회의 목적사항에 관하여 이해관계가 있는 경우에는 집회에 출석하여 의견을 진술할 수 있다."고 규정하고 있는바, 이는 본법 제37조제3항 규정에 따라 구분소유자의 승낙을 받아 전유부분을 점유하는 자에게 의결권 행사가 부여된 <u>제16조제2항의 공용부분의 관리에 관한 사항, 제24조제4항의 관리인의 선임 사항, 제26조의2제2항의 해당연도의 회계감사를 받지 아니하기로 하는 사항, 또는 제26조의4제5항의 관리위원회의 위원의 선임 사항을 제외한 사항으로써 집회의 목적사항에 관하여 이해관계가 있는 경우</u> 그 점유자에게 의견진술권이 있음을 규정하고 있으며, **동조 제2항**은 " 제1항의 경우 집회를 소집하는 자는 제34조에 따라 소집통지를 한 후 지체 없이 집회의 일시, 장소 및 목적사항을 건물 내의 적당한 장소에 게시하여야 한다."고 규정함으로써 세입자 등 구분소유자의 승낙을 받아 전유부분을 점유하는 자는 구분소유자가 아니므로 집회에 대한 소집통지를 할 의무는 없으나 위와 같이 이해관계인으로써 의견진술권의 기회를 보장하기 위하여 게시하도록 규정한 것이다.

4) 집회의 의결방법

본법 제38조제1항은 " 관리단집회의 의사는 이 법 또는 규약에 특별한 규정이 없으면 구분소유자의 과반수 및 의결권의 과반수로써 의결한다."고 규정하고 있다. 이는 본법 또는 규약에서 관리단집회의 결의에 관하여 각주37)에서 설시한 바와 같은 특별한 의결정족수를 규정하지 않은 사항은 구분소유자 및 의결권의 각 과반수의 보통결의로 결정함을 규정하고 있는 것이다.

<u>유의할 점</u>은 여기서 '구분소유자 및 의결권'이란 구분소유자총수 및 의결권총수를 말하는 것이므로 집회개최를 위해 필요한 별도의 의사정족수 여부는 문제되지 아니한다.

5) 집회의 의결권 행사 방법

<u>동조 제2항</u>은 "의결권은 **서면이나 전자적 방법**(전자정보처리조직을 사용하거나 그 밖에 정보통신기술을 이용하는 방법으로서 **대통령령으로 정하는 방법**을 말함)으로 또는 대리인을 통하여 행사할 수 있다."고 규정하고 있다. 이는 구분소유자의 **의결권 행사방법**에 관하여 본법은 **집회에 참석하여 직접 의결권을 행사하는 방법, 서면에 의해 행사하는 방법, 전자적 방법(즉 전자투표 방법)에 의해 행사하는 방법, 대리인을 통하여 행사하는 방법**의 4가지의 의결권의 행사방법을 규정한 것이다.

여기서 '**서면에 의한 의결권행사방법**'에 대하여, **시행령(대통령령) 제14조제1항**은 "관리단집회의 소집통지를 할 때에는 서면에 의하여 의결권을 행사하는데 필요한 자료를 첨부하여야 한다."고 규정하고 있다. 즉, 관리단은 집회소집통지서에 구분소유자가 서면결의로 의결권을 행사하는 경우에 필요한 서면결의서 서식, 의결안건사항에 대한 안내문 등의 자료를 첨부하여 통지하여야 한다. **동조 제2항**은 "서면에 의한 의결권 행사는 규약 또는 관리단집회의 결의로 달리 정한 바가 없으면 관리단집회의 결의 전까지 할 수 있다."고 규정하고 있다. 이는 서면에 의한 의결권 행사는 규약 또는 관리단집회의 결의로 달리 정한 바가 없으면 관리단집회의 결의 전까지 행사하여야 유효하다는 것을 규정한 것이다.

'**전자적 방법에 의한 의결권 행사방법**'이란 **시행령 제13조제1항**이 규정한 "1. 「**전자서명법**」 제2조제2호에 따른 전자서명43) 또

---

43) 전자서명법 제2조제2호는 "전자서명이라 함은 서명자를 확인하고 서명자가 당해 전자문서에 서명하였음을 나타내는데 이용하기 위하여 당해 전자문서에 첨부되거나 논리적으로 결합된 전자적 형태의 정보를 말한다."고 정의하고 있다.

는 인증서로서 서명자의 실지명의를 확인할 수 있는 전자서명 또
는 인증서를 통하여 본인 확인을 거쳐 의결권을 행사하는 방법"
"1의2. 휴대전화를 통한 본인인증 등「정보통신망 이용촉진 및
정보보호 등에 관한 법률」제23조의3제1항에 따른 지정을 받은
본인확인기관44)에서 제공하는 본인 확인을 거쳐 의결권을 행사
하는 방법" "2. 규약에서「전자서명법」제2조제1호에 따른 전
자문서45)를 제출하는 방법 등 본인 확인절차를 완화한 방법으로
의결권을 행사할 수 있도록 제1호와 달리 정하고 있는 경우에는
그에 따른 방법"의 3가지이며, 동조 제2항은 관리단이 위 '전자적
방법(전자투표)에 의한 의결권 행사방법'에 의하는 경우 관리단집
회의 소집통지서에 '1.전자투표를 할 인터넷 주소 2. 전자투표를
할 기간 3.그 밖에 전자투표에 필요한 기술적인 사항을 구체적으
로 밝혀야 함'을 규정하고 있고, 동조 제3항은 위 전자투표는 규
약 또는 관리단집회의 결의로 달리 정한 바가 없으면 관리단집회
일 전날까지 하여야 한다고 규정하고 있으며, 동조 제4항은 관리
단은 전자투표를 관리하는 기관을 지정하여 본인 확인 등 의결권
행사 절차의 운영을 위탁할 수 있음을 규정하고 있다.

'대리인을 통하여 행사하는 방법'에 대하여, 시행령 제15조제1항
은 "대리인이 의결권을 행사하기 전에 의장에게 대리권을 증명하
는 서면을 제출하여야 한다."고 규정하고 있고, 동조 제2항은 "대
리인 1인이 수인의 구분소유자를 대리하는 경우에는 구분소유자
의 과반수 또는 의결권의 과반수이상을 대리할 수 없다."고 규정
함으로써 1인의 대리인에 의한 독단적인 의결권 행사에 의한 결

---

44) 「정보통신망 이용촉진 및 정보보호 등에 관한 법률」(약칭 정보통신망법) 제23조의3제1항에
따른 '지정을 받은 본인확인기관'이란 방송통신위원회가 1.본인확인업무의 안전성 확보를 위한 물
리적·기술적·관리적 조치계획 2.본인확인업무의 수행을 위한 기술적·재정적 능력 3.본인확인업무
관련 설비규모의 적정성의 각 사항을 심사하여 대체수단의 개발·제공·관리업무, 즉 본인확인업무
를 안전하고 신뢰성 있게 수행할 능력이 있다고 인정되는 자로 지정한 기관을 말한다.
45) 전자서명법 제2조제1호는 "전자문서라 함은 정보처리시스템에 의하여 전자적 형태로 작성되어
송신 또는 수신되거나 저장되는 정보를 말한다."고 정의하고 있다.

의를 제한하고 있다.

6) 대리인집회 제도

한편, **본법 제41조제3항**은 "구분소유자들은 미리 그들 중 1인을 대리인으로 정하여 관리단에 신고한 경우에는 그 대리인은 그 구분소유자들을 대리하여 관리단집회에 참석하거나 서면 또는 전자적 방법으로 의결권을 행사할 수 있다." 규정하고 있다. 이는 관리단이 구분소유자들을 여러 개의 집단으로 나누어 각 집단마다 1인의 대리인(예; 각 층마다 1인)을 선출하여 그들로 하여금 안건을 의결할 수 있도록 하는 **대리인집회 제도**를 규정하고 있는 것이다. 따라서 구분소유자가 대리인을 통하여 각자의 의결권을 대리 행사하는 **대리인을 통하여 행사하는 방법**과 위 **대리인집회 제도**는 구분하여야 함에 유의하여야 한다.

바. 의사록 작성의무, 작성방법 및 보관, 열람 또는 등본 교부 청구권

본법 제39조제2항은 "관리단집회의 의사에 관하여는 의사록을 작성하여야 한다."고 규정하고 있으므로 관리단은 집회의 의사록을 작성할 의무가 있고, **동조 제3항**은 "의사록에는 의사의 경위와 그 결과를 적고 의장과 구분소유자 2인 이상이 서명 날인하여야 한다."고 규정하고 있으므로 의사록은 의사의 경위와 그 결과, 그리고 의장과 구분소유자 2인 이상이 서명 날인하여 작성하여야 한다.

동조 제4항은 "의사록에 관하여는 제30조를 준용한다."고 규정하고 있다. 이는 의사록은 관리인 또는 구분소유자나 그 대리인으로서 건물을 사용하고 있는 자중 1인이 보관하며, 이해관계인은 의사록의 열람을 청구하거나 자기 비용으로 등본의 발급을 청구할 수 있음을 말한다.

사. 서면 또는 전자적 방법에 의한 결의 등에 대하여

1) 서면 또는 전자적 방법 등에 의한 합의의 결의 간주의 효력

본법 제41조제1항은 "이 법 또는 규약에 따라 관리단집회에서 결의할 것으로 정한 사항에 관하여 **구분소유자의 4분의 3 이상 및 의결권의 4분의 3 이상**[46]이 서면이나 전자적 방법 또는 서면과 전자적 방법으로 합의하면 관리단집회를 소집하여 결의한 것으로 본다."고 규정하고 있다. 이는 본법 또는 규약에 따라 관리단집회에서 결의할 것으로 정한 사항 중 **동조 제2항규정의 각 사항을 제외하고 모든 사항**은 구분소유자 및 의결권의 각 3/4 이상이 서면 또는 전자적 방법, 또는 서면과 전자적 방법으로 합의하면 관리단집회에서 결의한 것으로 간주함을 규정한 것이다.

동조 제2항은 "제1항에도 불구하고 다음 각 호의 경우에는 그 구분에 따른 의결정족수 요건을 갖추어 서면이나 전자적 방법 또는 서면과 전자적 방법으로 합의하면 관리단집회를 소집하여 결의한 것으로 본다.

1. 제15조제1항 제2호의 경우: 구분소유자의 과반수 및 의결권의 과반수

2. 제15조의2제1항 본문, 제47조제2항 본문 및 제50조제4항의 경우: 구분소유자의 5분의 4 이상 및 의결권의 5분의 4 이상

3. 제15조의2제1항 단서 및 제47조제2항 단서의 경우: 구분소유자의 3분의 2 이상 및 의결권의 3분의 2 이상"이라고 규정하고 있는바, 이는 구분소유자의 4분의 3 이상 및 의결권의 4분의 3 이상의 서면 또는 전자적 방법, 또는 서면과 전자적 방법으로 합의한 경우 관리단집회에서 결의한 것으로 간주되는 위 제1항 규정에 대한 예외사항을 규정한 것으로 1. 제15조제1항 제2호의 경우, 즉 「관광진흥법」 제3조제1항제2호나목에 따른 휴양 콘도미니엄업의 운영을 위한 휴양 콘도미니엄의 공용부분 변경에 관한 사항은 구분소유자의 과반수 및 의결권의 과반수로, 2. 제15조의2제1항 본문, 즉 권리변동 있는 공용부분의 변경에 관한 사항, **본법 제47조제2항 본문**, 즉 재건축 결의 사항, 그리고 **본법 제50조제4항의 경우**, 즉 건물가격의 1/2이상

---

46) 본법 제41조는 [법률 제19282호. 2023.3.26. 일부개정]에 의해 제1항내지 제4항으로 개정되었음에 유의하여야 한다.

에 상당하는 건물부분이 멸실한 공용부분에 대한 복구결의 사항은 구분소유자 및 의결권의 각 5분의 4 이상으로, 3. 제15조의2제1항 단서, 즉「관광진흥법」제3조제1항제2호나목에 따른 휴양 콘도미니엄업의 운영을 위한 휴양 콘도미니엄의 권리변동 있는 공용부분 변경에 관한 사항, 제47조제2항 단서의 경우, 즉「관광진흥법」제3조제1항제2호나목에 따른 휴양 콘도미니엄업의 운영을 위한 휴양 콘도미니엄의 재건축결의사항은 구분소유자의 3분의 2 이상 및 의결권의 3분의 2 이상의 서면이나 전자적 방법 또는 서면과 전자적 방법으로 합의하면 관리단집회를 소집하여 결의한 것으로 간주함을 규정하고 있다.

동조 제3항은 "구분소유자들은 미리 그들 중 1인을 대리인으로 정하여 관리단에 신고한 경우에는 그 대리인은 그 구분소유자들을 대리하여 관리단집회에 참석하거나 서면 또는 전자적 방법으로 의결권을 행사할 수 있다."고 규정하고 있다. 이는 구분소유자가 서면 또는 전자적 방법 또는 서면과 전자적 방법으로 합의하는 경우에도 대리인을 통하여 의결권을 행사할 수 있음을 규정하고 있는 것이다.

동조 제4항은 "제1항 및 제2항의 서면 또는 전자적 방법으로 기록된 정보에 관하여는 제30조를 준용한다."고 규정하고 있는바, 이는 서면 또는 전자적 방법으로 기록된 정보 역시 규약의 보관 및 열람의 경우와 동일하게 정보의 보관 및 이해관계인의 열람청구권과 등본발급청구권이 있음을 규정하고 있는 것이다. 본법이 위와 같이 서면 또는 전자적 방법 등에 의한 결의방법을 도입한 것은 대형의 집합건물의 집회에서 그 소집 또는 개최 등 번거로움을 막고, 다수의 구분소유자들이 일시에 참여하는 난점을 해결하기 위한 것이다.

2) 서면 또는 전자적 방법에 의한 결의 방법에 대한 대법원 판례의 입장

본법 제41조(서면 또는 전자적 방법에 의한 방법 등)이 [법률 제19282호. 2023.3.26. 일부개정]으로 위와 같이 개정되기 이전의

대법원 판례인 [대법원 2014. 9. 14.선고 2013두25955호 판결]
은 "집합건물법 제41조제1항은 관리단집회에서 결의할 것으로
정해진 사항에 관하여 구분소유자 및 의결권의 각 4/5이상의 서
면이나 전자적 방법 등에 의한 합의가 있는 때에는 관리단집회의
결의가 있는 것으로 본다고 규정하고 있다. 그런데 **집합건물법은**
서면에 의한 합의의 절차, 합의서·결의서의 형식 및 내용 등에 관
하여 아무런 제한을 두고 있지 않으므로 구분소유자들이 서면에
의한 합의의 구체적 내용을 충분히 인식하고 합의에 이르렀다는
사정이 인정된다면 합의는 유효하다."고 판결하였고, **[대법원**
2005. 4. 21.선고2003다4969 전원합의체 판결]은 **의결정족수**
에 영향을 미칠 우려가 있을 정도의 구분소유자들의 참여기회가
원천적으로 배제된 채 서면합의가 이루어지거나 구분소유자 4/5
이상의 자의에 의한 합의가 성립되었다고 인정할 수 없는 정도의
중대한 하자가 있는 등 특별한 사정이 없는 한 서면합의는 유효
하다."고 판결하였다. 위 각 판결은 개정 전의 본법 제41조 규정
의 의결정족수를 근거로 한 것인바, 현행 본법 제41조의 규정에
따라 각 의결정족수는 다를 수밖에 없으나, 서면 또는 전자적 방
법에 의한 결의 방법에 대한 위 각 대법원 판례의 입장은 변경되
지 않았으므로 동일하다.

3) 서면 또는 전자적 방법에 의한 결의에서의 대리인집회제도

본법 제41조제3항은 "구분소유자들은 미리 그들 중 1인을 대리
인으로 정하여 관리단에 신고한 경우에는 그 대리인은 그 구분소
유자들을 대리하여 관리단집회에 참석하거나 서면 또는 전자적
방법으로 의결권을 행사할 수 있다."고 규정하고 있다.

이는 본법 제38조제2항 규정의 구분소유자 개인의 개별적 의결
권의 대리행사와는 달리, 구분소유자들을 각층을 기준으로 나누
는 방법 등에 의해 여러 개의 집단으로 나누어 각층 각 집단마다
1인의 대리인을 선출하는 등의 방법으로 그들로 하여금 집회의

기능을 할 수 있도록 한 대리인집회 제도를 서면 또는 전자적 방법에 의한 의결권 행사의 경우에도 역시 인정하고 있는 것이다.

다만, **대리인집회제도**는 집회의 결의에 한하여 구분소유자들이 정한 대리인들이 각 구분소유자를 대리하여 관리단집회에 참석하여 직접 의결권을 행사하거나, 또는 서면, 또는 전자적 방법으로 의결권을 행사하도록 맡긴 것일 뿐이므로 관리단집회의 권한 그 자체를 축소하여 위임한 단체가 아니라는 점에 유의하여야 한다.

4) 서면 또는 전자적 방법으로 기록된 정보의 보관 및 열람

동조 제3항은 "제1항의 서면 또는 전자적 방법으로 기록된 정보에 관하여는 제30조를 준용한다."고 규정하고 있다. 이는 규약에 관리인 또는 구분소유자나 그 대리인으로서 건물을 사용하고 있는 자 중 1인이, 만일 규약에 없으면 관리단집회의 결의로 정한 자가 서면 또는 전자적 방법으로 합의·결의로 간주한 기록된 정보기록을 보관하여야 하며, 이해관계인은 기록의 열람을 청구할 수 있는 열람청구권 및 자기 비용으로 등본 교부청구권을 가지고 있음을 규정하고 있는 것이다.

5) 서면 또는 전자적 방법에 의한 합의가 유효하게 성립된 후에 구분소유자가 동의의 의사표시를 철회할 수 있는지 여부

일단 서면 또는 전자적 방법에 의한 합의가 유효하게 성립된 후에는 구분소유자가 동의의 의사표시를 철회할 수는 없고, 본법에 따른 새로운 결의나 서면에 의한 합의로 종전 합의를 변경할 수 있을 뿐이다.

[**대법원 2021. 11. 11. 선고 2021다252540, 252557 판결**]은 "집합건물법 제41조 제1항은 관리단집회에서 결의할 것으로 정해진 사항에 관하여 구분소유자 및 의결권의 각 5분의 4 이상의 서면에 의한 합의가 있으면 관리단집회의 결의가 있는 것으로 본다고 규정한다. 집합건물법은 서면에 의한 합의의 절차나 시한, 합

의서의 형식과 내용 등에 관하여 아무런 제한을 두지 않았으므로, 구분소유자들이 구체적인 내용을 충분히 알고 합의함으로써 그대로 효력이 생긴다(대법원 2014. 9. 4. 선고 2013두25955 판결 참조). 이러한 서면에 의한 합의는 관리단집회의 결의로 의제되므로(대법원 2005. 7. 8. 선고 2005다21036 판결 참조), **일단 합의가 유효하게 성립된 다음에는 구분소유자가 동의의 의사표시를 철회할 수 없고(대법원 2008. 8. 21. 선고 2007다83533, 83540 판결 참조), 집합건물법에 따른 새로운 결의나 서면에 의한 합의로 종전 합의를 변경할 수 있을 뿐이다."고** 판결하였다.

아. 관리단집회 결의의 효력 및 집회결의 취소의 소

1) 관리단집회 결의의 효력

본법 제42조제1항은 "규약 및 관리단집회의 결의는 구분소유자의 특별승계인에 대하여도 효력이 있다."고 규정하고 있다. 이는 관리단집회 결의의 효력은 그 결의에 관여하였는지 여부를 불문하고 모든 구분소유자에게 효력이 있고, 그의 포괄승계인(예:상속인, 회사합병 등)뿐만 아니라 특별승계인(예:매매계약 등의 매수인 등)에게도 효력이 있음을 규정한 것이고, 다만, **관리단집회 결의의 효력이 특별승계인에게 미치는 효력의 범위**는 본법의 명시적 규정이 없지만 규약의 경우와 동일하게 집합건물의 전용부분이 아닌 **'공용부분과 관련된 권리관계'**에 한한다고 보이 타당하다.

동조 제2항은 "점유자는 구분소유자가 건물이나 대지 또는 부속시설의 사용과 관련하여 규약 또는 관리단집회의 결의에 따라 부담하는 의무와 동일한 의무를 진다."고 규정하고 있다. 이는 전유부분의 점유자(예; 임차인, 전세입자 등) 역시 건물이나 대지 또는 부속시설과 관련하여 구분소유자가 관리단집회의 결의에 따라 부담하는 의무와 동일한 의무를 진다는 것을 규정한 것이며, 점유자는 구분소유자가 아님을 이유로 자신이 부담하는 의무에 대하여 항변할 수 없다.

2) 집회결의취소의 소

본법 제42조의2는 "구분소유자는 다음 각 호의 어느 하나에 해당하는 경우에는 집회 결의 사실을 안 날로부터 6개월 이내에, 결의한 날부터 1년 이내에 결의취소의 소를 제기할 수 있다. 1. 집회의 소집 절차나 결의 방법이 법령 또는 규약에 위반되거나 현저하게 불공한 경우 2. 결의의 내용이 법령 또는 규약에 위배되는 경우"라고 규정하고 있다. 이는 관리단집회의 결의사항이 위 각 호에 해당하는 하자가 있는 경우 구분소유자는 관리단을 상대로 법원에 위 제소기간 이내에 집회결의취소의 소를 제기할 수 있으며, 그 집회결의사항은 승소판결에 의해 소급적으로 취소된다. 위 제소기간은 제척기간[47]인바, 위와 같이 제척기간을 규정한 이유는 집회결의의 신속한 확정에 의해 결의사항에 대한 불안정을 해소하기 위함에 있다.

본법에서 위 결의취소의 소송 제도를 도입한 것은 관리단집회 결의의 하자에 대하여는 소집절차나 결의방법, 결의내용의 하자인지 여부를 구분하지 않고 그 하자가 경미한 경우에는 결의취소의 소를 통해서만 다툴 수 있도록 함으로써 관리단집회 결의의 효력을 조속히 확정하여 구분소유자들 사이의 법률관계 안정을 도모하기 위함이다. 만일 그 하자가 결의를 무효화할 정도의 절차상 또는 내용상 중대한 하자에 해당하는 경우에는 제소기간의 제한 없이 일반 민사상 무효 확인의 소를 통해 결의무효의 확인을 구하거나 다른 법률관계에 관한 소송에서 선결문제로서 무효를 주장할 수 있도록 함으로써 구분소유자의 권리를 보장하는 것이 타

---

47) 제척기간(除斥期間)이란 권리의 존속기간이 규정되어 있어서 그 기간 동안에 권리를 행사하지 않으면 그 기간의 경과로 인하여권리가 당연히 소멸하는 것을 말하며, 불안정한 법률관계를 일정한 짧은 기간내에 확정시키려는데 목적이 있으며, 권리의 불행사가 일정한 기간 계속함으로써 권리소멸의 효과가 생기는 소멸시효와는 구별된다. 제척기간은 기간이 경과한 때로부터장래에 향하여 소멸하지만, 소멸시효는 권리가 소급적(遡及的)으로 소멸하며, 소멸시효는 시효중단이 인정되나, 제척기간은 중단되지 않는다.

당하다.(대법원 2021. 1. 14. 선고 2018다273981 판결 참조) 즉, **집회결의에 법령이나 규약의 내용 또는 절차에 위반된 중대하고 그것이 객관적으로 명백한 하자가 있는 경우**에는 그 집회결의는 당연 무효이므로 **집회결의 무효 확인의 소** 또는 **집회결의 부존재확인의 소를 제기하여 당연 무효를 확인**할 수 있으나, 집회결의의 하자가 이에 미치지 못한 경우에는 집회결의취소의 소를 제기하고 승소판결의 확정에 의해 그 집회결의를 소급하여 무효로 할 수 있다.

따라서 **본법 제42조의2가 규정한 취소사유, 즉 '집회의 소집절차나 결의방법이 법령 또는 규약에 위반되거나 현저하게 불공정한 경우' 또는 '결의내용이 법령 또는 규약에 위배되는 경우'**라 함은 구분소유자들 사이의 법률관계를 합리적으로 규율하기 위한 본법의 취지와 목적, 관리단의 의무와 사무처리 내용, 관리단집회 결의의 효력 등을 종합하여 살펴볼 때, 그와 같은 **하자가 결의를 무효로 돌릴 정도의 중대한 하자에 미치지 못하는 정도의 하자를 의미**한다고 봄이 상당하고, 그와 같은 취소사유로 인해 취소할 수 있는 결의는 본법 제42조의2가 정한 **제척기간 내에 제기된 결의취소의 소에 의하여 취소되지 않는 한 유효**하며, 제척기간을 도과하였는지 여부는 법원의 직권조사사항이므로 당사자의 주장이 없더라도 법원은 이를 직권으로 조사하여 판단하여야 한다.(대법원 2021. 1. 14. 선고 2018다273981 판결 참조)

3) 집회결의효력정지 가처분

민사집행법 제300조제2항은 당사자 사이에 현재 다툼이 있는 권리 또는 법률관계가 존재하고 그에 대한 판결이 있기까지 현상의 진행을 그대로 방치한다면 권리자가 현저한 손해를 입거나 급박한 위험에 처하는 등 소송의 목적을 달성하기 어려운 경우에 그로 인한 위험을 방지하기 위해 잠정적으로 권리 또는 법률관계에 관하여 **임시의 지위를 정하기 위한 가처분(보전처분)**을 규정하고 있는바, 집회결의취소의 소에 의해 승소판결의 확정에 의해 소급하여 무효가 되기 전에 그 집회결의를 방치하여 구분소유자가 현저한 손해를 입거나 급박한 위험에 처하는 등 소송의 목적을 달성하기 어려운 보전의 필요성이 있는 경우에는 집행을 사전에 막기 위하여 구분소유자는 법원에 관리단을 상대로 임시지위를 정하는 가처분에 속하는 **결의효력정지 가처분 신청을 제기하여 그 결정에 의해 잠정적으로 그 결의 집행을 막을 수 있다.**

제6절 의무위반자에 대한 조치

본법 제5조는 구분소유자에게 그 권리의 행사에 대하여 일부 제한하고 일정한 부작위의무(不作爲義務)을 지도록 함으로써 집합건물의 보전 및 그 이용관계의 조절을 도모하고 있는바, 그에 대한 구체적인 내용및 본법 제5조제1항과 제2항 사이의 관계는 **제2장 제4절 관리단 및 그의 기관 1. 관리단 마. 관리단의 구성원인 구분소유자의 의무와 책임**에서 설시한 바와 같으며, 본법 제43조 내지 제45조는 각 의무를 위반한 구분소유자에 대한 조치로써 '**정지 등 청구권**', '**사용금지청구권**', '**경매청구권**' 을 규정하고 있다.

1. 구분소유자의 의무위반자에 대한 조치(의무위반의 효과)

가. 위반행위의 정지, 결과의 제거, 행위의 예방에 필요한 조치 청구권

1) 구분소유자 공동의 이익에 어긋나는 행위

본법 제43조제1항은 " 구분소유자가 제5조제1항의 행위를 한 경우 또는 그 행위를 할 우려가 있는 경우에는 관리인 또는 관리단집회의 결의로 지정된 구분소유자는 구분소유자 공동의 이익을 위하여 그 행위를 정지하거나 그 행위의 결과를 제거하거나 그 행위의 예방에 필요한 조치를 할 것을 청구할 수 있다."고 규정하고 있다. 이는 구분소유자가 **본법 제5조제1항의 행위**, 즉 "**건물의 보존에 해로운 행위나 그 밖에 건물의 관리 및 사용에 관하여 구분소유자 공동의 이익에 어긋나는 행위를 할 경우 또는 그 행위를 할 염려가 있는 경우**"에는 관리인 또는 관리단집회의 결의로 지정된 구분소유자는 구분소유자의 공동의 이익을 위하여 해당 구분소유자에게 그 행위를 정지하거나 그 행위의 결과를 제거하거나 그 행위의 예방에 필요한 조치를 취할 청구권이있음을 규정하고 있는 것이다. 여기서 '**구분소유자 공동의 이익에 어긋나는 행위**'라 함은 여러 구분소유자의 이익에 영향이 있는 사항에 대하여 구분소유자의 이익을 해하는 행위를 말하므로 현실적인 피해자가 1인이든 수인이든 그 수와는 관계없다.

2) 본법 제43조제1항 규정과 본법 제5조제2항 규정의 각 행위사이의 관계

본법 제43조제1항은 본법 제5조제1항의 행위에 한하여 규정하고 있으나 **본법 제5조제2항 규정의 행위** 즉 "<u>전유부분이 주거의 용도로 분양된 것인 경우 정당한 사유 없이 그 부분을 주거 외의 용도로 사용하거나 그 내부 벽을 철거하거나 파손하여 증축·개축하는 행위</u>" 역시 위와 같이 구분소유자의 공동의 이익에 반하는 행위에 속하는 본법 제5조제1항 행위의 전형적인 한 유형이며, 본법 제45조에 의해 본법 제5조제2항 위반의 경우 가장 무거운 구제수단인 경매청구권을 인정하고 있으므로 본법 제5조제2항 규정의 행위를 위반한 구분소유자에게도 본법 제43조제1항 규정을 확대 적용하여 위와 같이 '행위의 정지', '행위의 결과 제거', '행위 예방에 필요한 조치 청구권'을 행사할 수 있다고 봄은 당연하다.

3) 건물의 부당사용으로 인하여 공동이익을 해하는 행위

"**건물의 부당사용으로 인하여 공동이익을 해하는 행위**" 예를 들면, 구분소유자 1인이 공용부분을 자기 마음대로 사용한 결과 다른 구분소유자의 통상의 사용을 방해하는 행위 또는 건물 내에 위험물을 반입하는 행위나 건물의 상위층 구분소유자가 과도하게 무거운 물건을 자신의 전유부분에서 소지·보관하는 행위 역시 본법 제5조제1항이 규정한 금지의무에 포함된다고 봄이 타당하므로 이 경우 역시 제43조제1항의 규정이 적용된다고 봄이 타당하다.

<u>이익침해에 대한 정도의 판단 기준</u>은 그 행위의 필요성, 행위자가 입은 이익과 다른 구분소유자에게 주는 불이익의 성질 및 그 정도, 그리고 다른 수단방법에 대한 가능성 등의 제반사정을 구체적 사정에 따라 사회통념에 의해 결정할 수밖에 없다.

4) 법원의 소송을 통한 위반조치에 대하여

본법 제43조제2항은 "제1항에 따른 소송의 제기는 관리단집회의 결의가 있어야 한다."고 규정하고 있다. 이는 위 정지 등 청구권은 소송을 통하여 또는 소송을 통하지 않고 직접 행사할 수 있고, 그 청구권은 집단적인 권리행사이므로 소송을 통하여 행사하는 경우 소송의 남용을 방지하기 위하여 관리단집회의 결의(보통결의)가 있어야 소송을 제기할 수 있음을 규정하고 있는 것이다. 소송을 제기하는 경우 **원고적격자**는 관리단 자체이고, **관리인**은 관리단의 재판상, 재판외의 대표이므로 관리인이 **소송수행권**을 가지며, **관리인이 없거나 관리인이 권한 행사를 할 수 없는 경우 관리단집회의 결의에 의하여 지정된 구분소유자, 또는 본법 제24조의 2 규정에 의해 법원에서 선임된 임시관리인**이 관리단의 임시대표자의 자격에서 소송을 수행할 수 있다.

또한, 소송의 결과, 법원에서 **위반행위의 제거를 명하는 판결이나 예방조치를 취할 것을 명하는 판결을 받은 경우**에는 대체집행(민사집행법 제260조, 제389조)에 의하여, **행위정지를 명하는 판결**은 간접강제(민사집행법 제261조제1항)에 의하거나 법원에 채무자의 비용으로써 그 위반한 것을 제거하고 장래에 대한 적당한 처분을 청구하는 방법(민법 제389조제3항)에 의하여 조처할 수 있다.

5) 세입자 등 점유자에 대한 준용

본법 제43조제3항은 "점유자가 제5조제4항에서 준용하는 같은 조 제1항에 규정된 행위를 한 경우 또는 그 행위를 할 우려가 있는 경우에 도 제1항과 제2항을 준용한다."고 규정하고 있다. 이는 세입자 등 구분소유자의 승낙을 받아 점유하는 점유자가 위와 같은 의무위반 행위를 한 경우 구부소유자의 경우와 동일하게 제43조제1,2항 규정을 준용함을 규정하고 있는 것이다.

나. 소송을 통한 사용금지청구

1) 소송을 통한 사용금지청구권 행사

본법 제44조제1항은 "제43조제1항의 경우에 제5조제1항에 규정된 행위로 구분소유자의 공동생활상의 장해가 현저하여 제43조제1항에 규정된 청구로는 그 장해를 제거하여 공용부분의 이용 확보나 구분소유자의 공동생활 유지를 도모함이 매우 곤란할 때에는 관리인 또는 관리단집회의 결의로 지정된 구분소유자는 소(訴)로써 적당한 기간 동안 해당 구분소유자의 전유부분 사용금지를 청구할 수 있다."고 규정하고 있다. 이는 집합건물의 경우, 통상의 상린관계의 경우와는 달리 구분소유관계는 극히 밀착된 공동생활관계이므로 가사 위와 같이 행위의 정지, 결과의 제거 또는 예방조치를 취할 것을 직접 청구하거나 그를 명하는 판결에 의해 청구권을 행사함에도 불구하고 상대방이 이를 따르지 않거나 법원의 판결에 의해서도 실효를 거두기 어려운 사정이 발생할 수 있고, 이로 인하여 공동생활관계가 파괴될 수 있으므로 이를 위하여 **법원의 소송을 통한 판결에 의해 해당 구분소유자에게 전유부분의 사용금지청구권을 행사할 수 있음을 규정**한 것이다.

위 사용금지청구권은 본법 제5조제2항의 행위위반의 경우에도 확대 적용되어야 하고, 이 경우 소송의 원고적격과 소송수행자의 자격 등도 모두 동일하다.

2) 소송제기를 위한 특별결의절차

본법 제44조제2항은 "제1항의 청구는 구분소유자 및 의결권의 각 3/4이상의 관리단집회 결의가 있어야 한다."고 규정하면서, **동조 제3항**은 "제1항의 결의를 할 때에는 미리 해당 구분소유자에게 변명할 기회를 주어야 한다."고 규정하고 있다. 이는 소송을 통한 구분소유자의 전유부분에 대한 사용금지청구권 행사는 구분소유자의 권리에 중대한 제약을 가하는 것이므로 관리단집회에서 구분소유자 및 의결권의 각 3/4이상의 특별결의를 거치도록 규정하고 있으며, 결의에 앞서 관리단집회에서 해당 구분소유자에게 변명의 기회를 주어야 하는 **청문절차**를 반드시 거쳐야만 함을 규정하고 있는 것이다.

유의할 점은 위 소송의 제기는 공동생활의 장애가 현저하고(**장애의 현저성**), 정지 등 청구만으로는 목적달성이 심히 곤란한 경우(**수단의 보충성**)에 한하여 허용된다는 점이고, 그 요건의 충족여부는 구체적 사정에 따라 결정할 수밖에 없으며, 적당한 기간이라 함은 주변의 구체적 제반사정을 참작하여 법원에서 판결로써 정한다.

3) 판결에 의한 전유부분에 대한 사용금지청구권 행사

구분소유자의 전유부분 사용금지의 청구소송은 부작위의무이행의 소인바, 상대방이 판결을 이행하지 아니할 경우(예;전용부분의 계속사용)에는 민사집행법 제261조 규정의 간접강제의 방법 이외에 원고로 된 자는 상대방의 사용을 금지시키기 위하여 문호의 폐쇄, 단수단전, 난방정지, 그리고 채무자의 비용으로써 그 위반한 것을 제거하고 장래에 대한 필요한 범위내의 적당한 처분을 법원에 청구할 수 있으며(민법 제389조제3항 참조), 법원의 판결을 통해 전유부분에 대한 사용금지청구권 행사의 이행을 간접강제할 수 있다.

유의할 점은 위 소송은 부작위의무이행의 소이므로 퇴거집행 또는 명도집행은 판결에 의한 이행명령의 범위를 벗어난 것이므로 집행할 수 없다는 점, 위 소송의 판결은 구분소유자 본인과 가족 등 점유보조자의 사용도 역시 미치나, 다만 임대차 등 구분소유자가 제3자로 하여금 사용하게 하는 것은 그 판결의 효력이 제3자에게는 미치지 않으므로 금지대상에서 제외된다는 점이다.

다. 구분소유권에 대한 경매청구권

　1) 최후적 수단으로써의 경매청구권

　　본법 제45조제1항은 "구분소유자가 제5조제1항 및 제2항을 위반
하거나 규약에서 정한 의무를 현저히 위반한 결과 공동생활을 유
지하기 매우 곤란하게 된 경우에는 관리인 또는 관리단집회의 결
의로 지정된 구분소유자는 해당 구분소유자의 전유부분 및 대지
사용권의 경매를 명할 것을 법원에 청구할 수 있다."고 규정하고
있다. 이는 구분소유자가 공동의 이익에 어긋나는 본법 제5조제1
항 및 제2항을 위반하거나 규약이 정한 의무를 현저히 위반한
결과 사용금지청구로도 공동생활의 유지의 목적달성이 심히 곤란
한 경우 **최후적 수단**으로써 관리인 또는 관리단집회의 결의에 의
한 법원의 소송판결을 통하여 해당 구분소유자를 축출할 수 있도
록 그 구분소유자의 전유부분 및 대지사용권의 경매를 법원에 청
구할 수 있음을 규정하고 있는 것이다.

　　한편, 본법 제45조제1항은 위 정지 등 청구권이나 사용금지청구
권에 관하여 규정하고 있지 않으나, 구분소유권의 경매청구권은
위와 같이 최후적 수단이므로 위 정지 등 청구권이나 사용금지
청구권 행사에 의해서는 공동생활의 유지가 심히 곤란한 경우에
한하여 허용된다고 봄이 타당하고, 다만, 다른 청구들이 실질적
으로 순차적으로 선행됨을 요건으로 하지는 않으며, 해당 구분
소유자의 사용태양이나 태도 등으로 보아 다른 방법으로는 공동
생활유지의 목적을 달성할 수 있는 기대가능성이 전혀 없는 경
우에는 다른 청구와 관계없이 최후적으로 직접 청구할 수 있다
고 봄이 타당하다.

　2) 소송제기를 위한 특별결의절차

　　본법 제45조제2항은 "제1항의 청구는 구분소유자 및 의결권의
각 3/4이상의 관리단집회 결의가 있어야 한다." 고 규정하면서,

<u>동조 제3항</u>은 "제2항의 결의를 할 때에는 미리 해당 구분소유자에게 변명할 기회를 주어야 한다."고 규정하고 있다. 이는 위 구분소유권의 경매청구의 소가 집단적인 권리행사로써 최후적인 수단이므로 위와 같은 관리단집회의 특별결의를 요건으로 하며, 해당 구분소유자에게 변명의 기회(청문절차)를 주어야만 함을 규정한 것이다.

원고의 적격성 및 소송수행자의 자격은 위 사용금지청구(본법 제44조)의 경우와 동일하다.

3) 판결에 의한 전유부분 및 대지사용권에 대한 경매청구권 행사

<u>본법 제45조제4항</u>은 "제1항의 청구에 따라 경매를 명하는 판결이 확정되었을 때에는 그 청구를 한 자는 경매를 청구할 수 있다. 다만, 그 재판 확정일로부터 6개월이 지나면 그러하지 아니하다."고 규정하고 있다. 이는 위 경매청구소송은 법적 성격이 형성의 소에 속하므로 그 판결이 확정되어야 비로소 원고가 법원에 경매를 청구할 수 있고, 경매의 신속한 진행을 위해 그 경매는 그 판결의 확정일로부터 6월 이내에 경매를 신청할 수 있음을 규정하고 있으므로 확정일로부터 6개월이 지나면 경매청구를 하지 못한다.

4) 당해 구분소유자의 경락 불허

<u>본법 제45조제5항</u>은 "제1항의 해당 구분소유자는 제4항 본문의 신청에 의한 경매에서 경락인이 되지 못한다."고 규정하고 있다. 이는 입법취지상 위 경매청구소송이 사용금지청구로도 공동생활의 유지의 목적달성이 심히 곤란한 경우 또는 공동생활유지의 목적을 달성할 수 있는 기대가능성이 전혀 없는 경우 해당 구분소유자를 축출하는 최후적 수단이므로 해당 구분소유자가 경락을 받는 경우의 계속적인 의무위반행위를 방지하기 위하여 경락을 받을 수 없음을 규정한 것이므로 가사 경락을 받았다고 하더라도 그 경락은 위 규정에 위반되어 무효이다.

라. 전유부분의 점유자에 대한 인도청구에 대하여

1) 전유부분의 점유자에 대한 인도청구절차 및 소송상 청구에 대하여

본법 제46조제1항은 "점유자가 제45조제1항에 따른 의무위반을 한 결과 공동생활을 유지하기 매우 곤란하게 된 경우에는 관리인 또는 관리단집회의 결의로 지정된 구분소유자는 그 전유부분을 목적으로 하는 계약의 해제 및 그 전유부분의 인도를 청구할 수 있다."고 규정하면서, **동조 제2항**은 "제1항의 경우에는 제44조제2항 및 제3항을 준용한다."고 규정하고 있다. 이는 전유부분의 점유자가 제5조제1항 및 제2항을 위반하거나 규약에서 정한 의무를 현저히 위반한 결과 점유자를 상대로 정지 등 청구 또는 사용금지청구를 하였음에도 불구하고 이에 응하지 아니하여 공동생활을 유지하기 매우 곤란하게 된 경우 관리인 또는 관리단집회의 결의로 지정된 구분소유자는 그 전유부분을 목적으로 하는 계약의 해제 및 그 전유부분의 인도를 소송으로 청구할 수 있음을 규정하고 있는 것이다.

이 경우 원고적격 및 소송수행자의 자격, 그리고 이를 위한 관리단집회에서 구분소유자 및 의결권의 각 3/4이상의 특별결의가 있어야 하고, 그 결의에 앞서 해당 점유자에게 변명의 기회(청문절차)를 주어야만 함은 위 사용금지청구소송의 경우 또는 구분소유권의 경매청구소송의 경우와 동일하다.

2) 소송을 통하여 계약해제를 함께 청구하는 경우 계약당사자인 구분소유자와 점유자 2인을 공동피고로 할 것인지, 아니면 점유자만을 피고로 할 것인지 여부

채권자취소소송의 피고는 언제나 이득반환청구의 상대방, 즉 수익자 또는 전득자만이며, 채무자를 피고에 포함시키지 않으므로(대법원 1991. 8. 13. 선고91다13717 판결) 해당 점유자만을 피고로 함이 타당하다.

3) 전유부분의 인도

본법 제46조제3항은 "제1항에 따라 전유부분을 인도받은 자는 지체 없이 그 전유부분을 점유할 권원(權原)이 있는 자에게 인도하여야 한다."고 규정하고 있다. 이는 위 판결의 확정으로써 구분소유자와 점유자 사이의 계약관계는 해제되므로 점유자는 불법점유자가 되고, 원고는 그 판결을 채무명의로 하여 바로 인도집행을 할 수 있으며, 그로 인하여 전유부분을 인도받은 자는 지체 없이 그 전유부분을 점유할 정당한 권원(權原)을 가진 자, 즉 구분소유자 또는 그의 권원을 부여 받은 자에게 인도하여야 함을 규정하고 있는 것이다.

제7절 재건축 및 복구

I. 재건축(再建築)

1. 재건축의 의의 및 복구와의 구별

　재건축이라 함은 기존의 집합건물을 철거하고 새로운 건물을 신축하는 것을 말하며, 복구(復舊)는 일부 멸실된 집합건물을 공사에 의해 원상으로 회복시키는 것을 말한다.

　집합건물의 각 전유부분은 법률적으로는 각각 독립된 소유권의 대상이나 물리적으로는 건물과 일체불가분성을 가지므로 집합건물의 노후화 등으로 다수의 구분소유자들이 재건축을 희망한다고 하더라도 1인이라도 반대하면 그 구분소유자의 전유부분을 손괴할 수 없으므로 재건축이 불가능하다. 이에 그 집합건물이 사회적, 경제적으로 그 효용을 상실하였다고 평가되는 경우 구분소유권 상호간의 합리적인 조정을 위하여 관리단집회의 일정한 다수의 결의에 의하여 그 재건축을 실현할 수 있도록 하는 제도가 필요한바, 이를 위하여 본법은 재건축사업을 통한 재건축 및 복구에 관하여 구체적인 내용을 규정하고 있다.

2. 본법 제47조규정의 재건축결의와 도시 및 주거환경정비법[48](이하 '도시정비법'이라 함) 제35조규정의 조합설립인가 사이의 관계

가. 집합건물의 재건축사업의 도시정비법 시행 이전과 이후의 본법 적용 문제에 대하여

도시정비법이 시행되기 이전의 집합건물의 재건축사업은 구분소유자들 사이의 사법적 관계는 본법 제47조 규정에 의하고, 그와 관련된 각종 인·허가 등 공법적 관계는 구주택건설촉진법(현재의 주택법)에 의해 시행되었다. 그 당시의 집합건물의 재건축사업은 본법 제47조 규정의 재건축결의의 실질적 요건과 형식적 요건을 충족하여야만 하면 실행할 수 있었다.

그러나 **도시정비법이 시행된 이후**에는 도시정비법 제35조제3항과 제4항에서 재건축합의 설립요건을 규정하고 있고, 동법 시행령 제30조는 본법 제47조제3항 규정의 집합건물의 재건축사업의 실질적 요건과 거의 동일한 사항들을 기재한 서면동의서에 통해 조합설립에 대한 동의의 의사를 표시하도록 규정하고 있다. 한편, 도시정비법은 조합설립을 위한 형식적 요건인 토지소유자등의 동의(의결)정족수에서 본법 제47조제1,2항 규정의 재건축결의 요건과는 다른 특칙을 규정하고 있으므로 두 법률의 적용상 어느 법률을 적용하는지 여부의 문제가 있다.

---

48) 도시 및 주거환경정비법(이하 도시정비법이라 함)은 2002. 12. 30. 법률 제6852호로 제정되었고, 2017. 2. 8. 법률 제14567호로 전부 개정되었으며, 그 후 수차례의 개정을 걸쳐 [법률 제19430호, 시행 2023. 7. 10.]의 현행 도시정비법에 이르렀으며, 또다시 [법률 제19560호, 2023. 7. 18. 일부개정]으로 개정되어 2023. 1. 19.부터 시행되고 있다. 도시정비법은 재건축사업을 재개발사업, 주거환경개선사업, 도시환경정비사업과 함께 도시계획사업인 정비사업의 하나로 포함시켜 재개발사업과 함께 본법의 규정절차가 아닌 도시정비법의 규정절차에 따라, 즉 정비사업구역지정, 조합설립, 사업시행인가, 관리처분계획의 수립 및 인가, 소유권에 대한 이전고시 등 절차에 따라 시행하도록 규정하고 있다. 도시정비법은 서면동의서를 통한 '조합설립의 동의' 절차에 의해 설립된 조합을 통하여만 재건축사업을 시행할 수 있도록 규정함으로써 본법 규정의 재건축사업의 요건인 '재건축결의'절차가 아닌 '조합설립의 동의'절차에 따르도록 하고 있으며, 매도청구권 행사요건의 경우에도 본법상의 '재건축결의'가 아닌, '조합설립의 동의' 여부를 그 요건으로 하고 있다.

나. 집합건물의 재건축사업의 결의요건과 도시정비법상의 재건축사업을 위한 재건축조합의 설립요건 사이의 관계

1) 집합건물의 재건축사업에 대한 본법 제47조 규정의 결의요건

본법 제47조제1항은 "건물건축 후 상당한 기간이 지나 건물이 훼손되거나 일부 멸실되거나 그 밖의 사정으로 건물가격에 비하여 지나치게 많은 수리비·복구비나 관리비용이 드는 경우"의 **건물 자체의 결함** 또는 "부근 토지의 이용 상황의 변화나 그 밖의 사정으로 건물을 재건축하면 재건축에 드는 비용에 비하여 현저하게 효용이 증가하게 되는 경우"의 **재건축에 의한 현저한 효용의 증가**의 두 가지 경우를 **집합건물의 재건축사업의 실질적 요건으로 규정**하고 있고, 이 경우에 "관리단집회는 '그 건물을 철거하여 그 대지를 구분소유권의 목적이 될 새 건물의 대지로 이용할 것을 결의할 수 있다'고 규정하고 있다. 이는 **본법상의 재건축사업은 재건축전, 후의 건물이 반드시 주거용건물일 것을 요하지 않음을 규정한 것으로 상가용 건물 등으로 건물의 용도를 변경하는 형태의 재건축결의도 가능**하도록 규정하고 있는 것이다.

본법 제47조제2항은 "제1항의 결의는 구분소유자의 5분의4 이상 및 의결권의 5분의4 이상의 결의에 따른다. 다만, 「관광진흥법」 제3조제1항제2호나목에 따른 휴양 콘도미니엄업의 운영을 위한 휴양 콘도미니엄의 재건축 결의는 구분소유자의 3분의2 이상 및 의결권의 3분의2 이상의 결의에 따른다."고 규정하고 있으므로 본법상 재건축결의의 의결정족수는 구분소유자 및 의결권의 각 4/5이상이고, 휴양 콘도미니엄의 재건축 결의의 경우는 구분소유자 및 의결권의 각 2/3이상이다.

본법 제47조제3항은 "재건축을 결의할 때에는 다음 각 호의 사항을 정하여야 한다. 1.새 건물의 실제 개요, 2.건물의 철거 및 새 건물의 건축에 드는 비용을 개략적으로 산정한 금액, 3.제2호에 규정된 비용의 분담에 관한 사항, 4. 새 건물의 구분소유권

귀속에 관한 사항"이라고 규정하고 있으므로 재건축 결의에서 위 4가지 사항을 반드시 정하여의결하여야 한다.

또한, 본법상 재건축결의는 본법 제41조제2항 2,3호 규정에 의해 서면이나 전자적 방법 또는 서면과 전자적 방법으로 합의하면 결의한 것으로 간주되므로 별도의 재건축결의가 필요 없음은 당연하다.

2) 도시정비법 제35조 규정의 재건축조합의 설립요건

도시정비법 제35조제3항은 "재건축사업의 추진위원회(제31조제4항에 따라 추진위원회를 구성하지 않은 경우에는 토지등소유자)가 조합을 설립하려는 때에는 주택단지의 공동주택의 각 동(복리시설의 경우에는 주택단지의 복리시설 전체를 하나의 동으로 봄)별 구분소유자의 과반수 동의(공동주택의 각 동별 구분소유자가 5 이하인 경우는 제외)와 주택단지의 전체 구분소유자의 3/4이상 및 토지면적의 3/4이상의 토지소유자의 동의를 받아 제2항 각 호의 사항을 첨부하여 시장·군수 등의 인가를 받아야 한다."고 규정하고 있으며, 이는 재건축사업을 위한 재건축조합의 설립요건을 규정하고 있는 것이다.

동조 제4항은 "제3항에도 불구하고 주택단지가 아닌 지역이 정비구역에 포함된 때에는 주택단지가 아닌 지역의 토지 또는 건축물 소유자의 3/4이상 및 토지면적의 2/3이상의 토지소유자의 동의를 받아야 한다."고 규정하여, 주택단지 여부에 따라 조합설립을 위한 동의정족수를 달리 규정하고 있다.

한편, **동법 제36조**는 토지등소유자의 동의방법 등을 규정하고 있고, 동법시행령 제30조제1항은 "법 제35조제2항부터 제4항까지의 규정에 따른 토지등소유자의 동의는 국토교통부령으로 정하는 동의서에 동의를 받는 방법에 따른다."고 동의서의 형식을 규정하면서, 동조 제2항은 "제1항에 따른 동의서에는 다음 각 호의 사항이 포함되어야 한다. 1.건설되는 건축물의 실제 개요 2. 공사비 등 정비사업비에 드는 비용(이하 "정비사업비"라 함) 3. 정비사업비의 분담기준 4. 사업 완료 후 소유권의 귀속에 관한 사항 5. 조합정관"이라고 규정하고 있다.

3) 재건축사업에 관한 두 법률 사이의 관계

집합건물의 재건축사업의 실질적 요건에 대하여 **도시정비법 제2조제2호다목**은 "재건축사업: 정비기반시설은 양호하나 **노후·불량건축물**에 해당하는 공동주택이 밀집한 지역에서 주거환경을 개선하기 위한 사업"이라고 규정하고 있는바, 이는 도시정비법의 재건축사업은 노후·불량주택을 개선하여 주거용 건물을 공급하는 사업임을 규정하고 있는 것으로 **재건축 전, 후의 건물은 동일하게 주거용 건물임을 제로 한 규정**이며, **도시정비법 제2조제3호**는 "노후·불량건축물"에 대하여, 가. 건축물이 훼손되거나 일부가 멸실되어 붕괴, 그 밖의 안전사고의 우려가 있는 건축물 나. 내진성능이 확보되지 아니한 건축물 준 중대한 기능적 결함 또는 부실 설계·시공으로 구조적 결함 등이 있는 건축물로서 대통령령으로 정한 건축물 다. 다음의 요건을 모두 충족하는 건축물로서 대통령령으로 정하는 바에 따라 특별시 · 광역시 · 특별자치시 · 도 · 특별자치도 또는 「지방자치법」 제198조에 따른 서울특별시 · 광역시 및 특별자치시를 제외한 인구 50만 이상 대도시(이하 "대도시"라 한다)의 조례(이하 "시 · 도조례"라 한다)로 정하는 건축물 1) 주변 토지의 이용 상황 등에 비추어 주거환경이 불량한 곳에 위치할 것 2) 건축물을 철거하고 새로운 건축물을 건설하는 경우 건설에 드는 비용과 비교하여 효용의 현저한 증가가 예상될 것 라. 도시미관을 저해하거나 노후화된 건축물로서 대통령령으로 정하는 바에 따라 시 · 도조례로 정하는 건축물" 이라고 규정하고 있으며, 위 가목과 나목은 본법 제47조 규정의 위 **건물자체의 결함 요건**과 거의 동일하며, 도시정비법 제2조제2호다목이 규정한 "노후·불량건축물" 요건 역시 본법 제47조제1항 규정의 위 **재건축에 의한 현저한 효용의 증가 요건**을 포함하고 있다고 봄이 타당하다.

따라서 두 법률사이의 집합건물의 재건축사업에 대한 실질적 요건은 거의 동일성을 가지고 있다. 다만, 재건축결의의 형식적 요건에서 본법 제47조제3항 규정과 도시정비법 제35조와 제36조, 그리고 동법 시행령 제30조 규정 사이에 서로 달리 규정하고 있을 뿐이다.

다. 재건축사업에 대한 본법 적용 범위

도시정비법상의 재건축사업은 위와 같이 동법 제2조제3호 규정의 노후·불량건축물을 정비하여 '주거용 건물'을 공급하는 사업인 반면, 본법상의 재건축사업은 재건축 후의 건물이 주거용 건물임을 전제로 하지 않고 상가용 집합건물을 신축하는 형태의 건물의 용도를 변경하는 형태의 재건축결의 역시 허용되며, 그 견해가 대법원 판례의 입장이다.(대법원2008.2.1.선고2006다32217호 판결 참조)

위 법리와 판례의 입장에 의하면, 본법상의 재건축사업은 도시정비법상의 주거용재건축사업을 포함하고 있어 적용범위가 훨씬 넓으므로 주거용건물의 재건축에 대하여 도시정비법이 우선 적용되어야 하고 도시정비법에 없는 규정에 한하여 본법규정이 적용된다고 보는 것이 타당하다.

라. 소결론

결국, 본법 제47조규정의 재건축결의와 도시정비법 제35조규정의 조합설립인가 사이의 관계는 집합건물의 재건축이 재건축 후의 건물이 '주거용 재건축인 경우'에는 본법상의 재건축 요건의 특칙인 도시정비법 제35조규정절차가 우선 적용되어 재건축조합 설립을 통하여 시행되어야만 하며, 그런 이유로 도시정비법 제35조제3항 규정의 조합설립인가를 위한 의결 요건을 충족하면 본법 제47조제3항의 재건축결의요건의 중복 결의는 필요로 하지 않는다.(대법원 2012.11.15.선고 2010다95338 판결 참조) 따라서 본법 제47조규정은 집합건물의 재건축사업 중 재건축 후의 건물이 '주거용건물의 재건축이 아닌 경우'에만 적용된다고 보아야 한다.

3. 재건축을 위한 구분소유권 등의 매도청구권

가. 매도청구권 행사를 위한 사전 절차

본법 제48조제1항은 "재건축의 결의가 있으면 집회를 소집한 자는 지체 없이 그 결의에 찬성하지 아니한 구분소유자(그의 승계인을 포함함)에 대하여 그 결의 내용에 따른 재건축에 참가할 것인지 여부를 회답할 것을 서면으로 촉구하여야 한다."고 규정하면서, **동조 제 2항**은 "제1항의 위 촉구를 받은 구분소유자는 촉구를 받은 날부터 2개월 이내에 회답하여야 한다." **동조 제3항**은 "제2항의 기간 내에 회답하지 아니한 경우 그 구분소유자는 재건축에 참가하지 아니하겠다는 뜻을 회답한 것으로 본다."고 규정하고 있다. 이는 매도청구권 행사를 위한 사전 절차를 규정한 것이다.

나. 구분소유권 등의 매도청구권의 행사 요건

본법 제48조제4항은 "제2항의 기간이 지나면 재건축 결의에 찬성한 각 구분소유자, 재건축 결의 내용에 따른 재건축에 참가할 뜻을 회답한 각 구분소유자(그의 승계인을 포함함) 또는 이들 전원의 합의에 따라 구분소유권과 대지사용권을 매수하도록 지정된 자(이하 "매수지정자"라 한다)는 위 2개월의 기간 만료일부터 2개월 이내에 재건축에 참가하지 아니하겠다는 뜻을 회답한 구분소유자(그의 승계인을 포함함)에게 구분소유권과 대지사용권을 시가로 매도할 것을 청구할 수 있다. 재건축 결의가 있은 후에 이 구분소유자로부터 대지사용권만을 취득한 자의 대지사용권에 대하여도 매도청구를 할 수 있다."고 규정하고 있다. 이는 구분소유권 등의 매도청구권의 행사 요건을 규정한 것이며, 한편, **본법 제48조제4항을 반대해석하면**, 최고기간의 경과 후 2개월 이내에 매도청구를 하지 않은 경우에는 매수청구자와 피매수청구자 사이에 대한 관계에서 재건축결의는 구속력을 상실한다고 봄이 타당하다.

다. 매도청구권 행사에 의한 매매계약관계의 성립에 관하여

재건축을 위한 구분소유권 등의 위 매도청구권은 법적 성격이 형성권이며, 그런 이유로 매도청구권 행사와 동시에 청구자와 피청구자 사이에 시가에 따른 매매계약관계가 성립한다. 여기에서 '시가'란 객관적으로 정당한 거래가격을 말하며, 노후화된 견물이 현존하는 상태의 평가가액이 아닌 재건축에 의하여 토지가 유효하게 활용됨을 전제로 하여 산정된 시가, 즉 개발이익이 포함된 시가를 말한다.

만일, 매도청구에 따른 매매계약이 이행되지 않을 경우에는 매수인 측의 구분소유자는 매도인 측의 구분소유자를 상대로 소유권이전등기 및 건물명도의 소송을 제기할 수 있다. 이 경우 매도인 측의 구분소유자는 위 소송절차에서 집회결의의 무효 또는 취소 등의 효력, 재건축결의요건의 흠결, 비용분담이나 신축후구분소유권 귀속에 관한 불공평 등 재건축결의내용의 불합리성, 매매가액의 불상당성을 다툴 수 있다.

라. 법원의 매도인에 대한 건물명도기간의 허락에 대하여

본법 제48조제5항은 "제4항에 따른 청구가 있는 경우에 재건축에 참가하지 아니하겠다는 뜻을 회답한 구분소유자가 건물을 명도(明渡)하면 생활에 현저한 어려움을 겪을 우려가 있고 재건축의 수행에 큰 영향이 없을 때에는 법원은 그 구분소유자의 청구에 의하여 대금 지급일 또는 제공일부터 1년을 초과하지 아니하는 범위에서 건물 명도에 대하여 적당한 기간을 허락할 수 있다."고 규정하고 있으므로 건물의 명도기간은 1년을 초과하지 않은 범위에서 법원이 허락할 수 있다.

마. 매도인의 매수인에 대한 환매청구권의 행사요건

본법 제48조제6항은 "재건축 결의일로부터 2년 이내에 건물 철거공사가 착수되지 아니한 경우에는 위 매도청구에 따라 구분소

유권이나 대지사용권을 매도한 자는 이 기간이 만료된 날부터 6 개월 이내에 매수인이 지급한 대금에 상당하는 금액을 그 구분소유권이나 대지사용권을 가지고 있는 자에게 제공하고 이들의 권리를 매도할 것을 청구할 수 있다. 다만, 건물 철거공사가 착수되지 아니한 타당한 이유가 있을 경우에는 그러하지 아니하다.”고 규정하면서, **동조 제7항**은 “제6항 단서에 따른 건물 철거공사가 착수되지 아니한 타당한 이유가 없어진 날부터 6개월 이내에 공사에 착수하지 아니하는 경우에는 제6항 본문을 준용한다. 이 경우 같은 항 본문 중 "이 기간이 만료된 날부터 6개월 이내에"는 "건물 철거공사가 착수되지 아니한 타당한 이유가 없어진 것을 안 날부터 6개월 또는 그 이유가 없어진 날부터 2년 중 빠른 날까지"로 본다.”고 규정하고 있다. 이는 매도인의 매수인에 대한 환매청구권을 규정한 것이며, 단서에 따른 건물 철거공사가 착수되지 아니한 타당한 이유가 없어진 날부터 6개월 이내에 공사에 착수하지 아니하는 경우에도 이 기간이 만료된 날부터 6개월 이내에 매수인이 지급한 대금에 상당하는 금액을 그 구분소유권이나 대지사용권을 가지고 있는 자에게 제공하고 이들의 권리를 매도할 것을 청구할 수 있음을 규정한 것이다.

4. 재건축사업의 실시

가. 재건축사업의 진행에 대하여

본법 제49조는 "재건축 결의에 찬성한 각 구분소유자, 재건축 결의 내용에 따른 재건축에 참가할 뜻을 회답한 각 구분소유자 및 구분소유권 또는 대지사용권을 매수한 각 매수지정자(이들의 승계인 포함)는 재건축결의 내용에 따른 재건축에 합의한 것으로 본다."고 규정하고 있다. 이는 매도청구권의 행사에 의해 구분소유권 및 대지사용권의 전부가 재건축참가자에게 귀속되면 재건축사업을 실시할 수 있고, 이때에 재건축 결의에 찬성한 각 구분소유자, 재건축 결의 내용에 따른 재건축에 참가할 뜻을 회답한 각 구분소유자 및 구분소유권 또는 대지사용권을 매수한 각 매수지정자(이들의 승계인을 포함함)는 재건축 결의 내용에 따른 재건축에 합의한 것으로 간주됨을 규정한 것이다.

재건축된 새 건물은 완공과 동시에 각 구분소유자가 재건축결의의 내용에 따라 구분소유권을 원시취득(原始取得)한다.

나. 재건축사업의 착수기간에 대하여

본법 제48조제6항은 "재건축 결의일로부터 2년 이내에 건물 철거공사가 착수되지 아니한 경우에는 구분소유권이나 대지사용권을 매도한 자는 이 기간이 만료된 날부터 6개월 이내에 매수인이 지급한 대금에 상당하는 금액을 그 구분소유권이나 대지사용권을 가지고 있는 자에게 제공하고 이들의 권리를 매도할 것을 청구할 수 있다. 다만, 건물 철거공사가 착수되지 아니한 타당한 이유가 있을 경우에는 그러하지 아니하다."고 규정하고 있다. 이는 **재건축사업은 재건축 결의일로부터 2년 이내 철거공사가 착수되어야 함이 원칙**이고, **착수하지 않은 타당한 이유가 있을 경우**에는 그 타당한 이유가 없어진 날부터 6개월 이내에 공사에 착수하지 아니하는 경우에도 또다시 구분소유권이나 대지사용권을 매도한 자의 환매권이 발생하므로 동조 제7항 규정에 의해 착수기간은 **건물철거공사가 착수되지 아니한 타당**

한 이유가 없어진 것을 안 날부터 6개월 또는 그 이유가 없어진 날부터 2년 중 빠른 날까지다.

다. 본법 제48조제4항에서 정한 매도청구권은 반드시 매도청구권자 전원이 공동으로 행사하여야 하는지 여부 및 그에 따른 소유권이전등기절차의 이행 등을 구하는 소가 고유필수적 공동소송인지 여부에 대하여,

[대법원 2023. 7. 27. 선고 2020다263857 판결]은 「집합건물법 제48조 제4항 전문은 "제2항의 기간이 지나면 재건축 결의에 찬성한 각 구분소유자, 재건축 결의 내용에 따른 재건축에 참가할 뜻을 회답한 각 구분소유자(그의 승계인을 포함한다) 또는 이들 전원의 합의에 따라 구분소유권과 대지사용권을 매수하도록 지정된 자(이하 '매수지정자'라 한다)는 제2항의 기간 만료일부터 2개월 이내에 재건축에 참가하지 아니하겠다는 뜻을 회답한 구분소유자(그의 승계인을 포함한다)에게 구분소유권과 대지사용권을 시가로 매도할 것을 청구할 수 있다."라고 정하여 **재건축에 참가하는 각 구분소유자와 매수지정자의 매도청구권을 인정**하고 있다.

이 규정의 취지는 재건축에 참가하지 않는 구분소유자를 구분소유관계로부터 배제함으로써 구분소유자 전원이 재건축에 참가하는 상태를 형성할 수 있도록 하기 위하여 재건축에 참가하는 구분소유자는 재건축에 참가하지 않는 구분소유자의 구분소유권과 대지사용권에 대한 매도청구를 할 수 있게 하고, 구분소유자의 자금 부담이 곤란한 경우 등을 고려하여 자금력을 가진 구분소유자 이외의 제3자도 재건축 참가자 전원의 합의에 따라 매수 지정을 받은 경우에는 매도청구권을 행사할 수 있도록 한 데에 있다(대법원 1999. 12. 10. 선고 98다36344 판결 참조).

이러한 집합건물법 제48조제4항의 문언과 매도청구권의 취지 등에 비추어 보면, 집합건물법 제48조제4항에서 정한 매도청구권은 위 규정에서 정하고 있는 매도청구권자 각자에게 귀속되고, 각 매도청

구권자들은 이를 단독으로 행사하거나 여러 명 또는 전원이 함께 행사할 수도 있다고 보아야 한다.

따라서 반드시 매도청구권자 모두가 재건축에 참가하지 않는 구분소유자의 구분소유권 등에 관하여 공동으로 매도청구권을 행사하여야 하는 것은 아니고, <u>그에 따른 소유권이전등기절차의 이행 등을 구하는 소도 매도청구권자 전원이 소를 제기하여야 하는 고유필수적 공동소송이 아니다.</u>」고 판결하였다.

라. 주택재개발사업 조합설립인가 후 1인의 토지 등 소유자로부터 정비구역 안에 소재한 토지 또는 건축물의 소유권을 양수하여 수인이 소유하게 된 경우, 전원이 1인의 조합원으로서 1인의 분양대상자 지위를 가지는지 여부에 대하여,

[대법원 2023. 2. 23. 선고 2020두36724 판결]은 "구 도시 및 주거환경정비법(2017. 2. 8. 법률 제14567호로 전부 개정되기 전의 것) 제19조 제1항, 제48조 제2항 제6호의 규정 내용과 취지, 체계 등을 종합하면, <u>주택재개발사업 조합설립인가 후 1인의 토지 등 소유자로부터 정비구역 안에 소재한 토지 또는 건축물의 소유권을 양수하여 수인이 소유하게 된 경우에는 원칙적으로 전원이 1인의 조합원으로서 1인의 분양대상자 지위를 가진다고 보아야 한다.</u>"고 판결하였다.

Ⅱ. 복구(復舊)

가. 복구의 의의

복구(復舊)라 함은 일부 멸실된 집합건물을 공사를 통하여 원상으로 회복시키는 것을 말하므로 기존건물을 철거하고 건물을 신축하는 재건축과 구분된다. 일부 멸실된 건물에 대한 증·개축의 경우 어디에 속하는지 여부는 그 정도에 따라 재건축 또는 복구로 보아야 한다.

복구와 재건축은 구분소유자들 사이의 이해관계가 상당한 차이가 있는 관계로 본법은 멸실부분이 건물가격의 1/2이하인지, 1/2을 초과하는지에 따라, 달리 규정하여 1/2의 이하 또는 초과는 일부 멸실의 시점을 기준으로 하여 일부멸실 전의 건물의 가격과 일부멸실 후의 건물 가격을 비교하여 결정하도록 규정하고 있다.

나. 건물가격의 1/2이하 멸실 시의 복구

1) **본법 제50조제1항**은 "건물가격의 2분의 1 이하에 상당하는 건물 부분이 멸실되었을 때에는 각 구분소유자는 멸실한 공용부분과 자기의 전유부분을 복구할 수 있다. 다만, 공용부분의 복구에 착수하기 전에 제47조제1항의 결의나 공용부분의 복구에 대한 결의가 있는 경우에는 그러하지 아니하다."고 규정하고 있다. 이는 건물가격의 2분의 1 이하에 상당하는 건물 부분이 멸실되었을 때에는 각 구분소유자가 복구할 수 있음을 규정한 것이고, 다만, 그 구분소유자 자신이 복구에 착수하기 전에 관리단집회에서 해당건물에 대한 재건축 결의나 그 공용부분의 복구를 관리단의 사업으로 하기로 한 결의가 있는 경우에는 구분소유자 개인의 공용부분에 관한 복구권은 소멸함을 규정하고 있으며, 동조 제3항은 제1항의 규정을 규약으로 달리 정할 수 있다고 규정하고 있으므로 이에 대한 규약이 있는 경우에는 그 규약에 따른다.

2) 복구비용의 분담에 대하여

본법 제50조제2항은 "제1항에 따라 공용부분을복구한 자는 다른 구분소유자에게 제12조의 지분비율에 따라 복구에 든 비용의 상환을 청구할 수 있다."고 규정하고 있으므로 어느 구분소유자가 공용부분을 복구한 경우 복구자는 다른 구분소유자에 대하여 공유자의 지분비율(전유면적의 면적비율; 제12조의 지분비율)에 따라 복구에 소요된 비용의 상환을 청구할 수 있음이 원칙이다. 다만, **동조 제3항**은 제2항의 규정은 규약으로 달리 정할 수 있다고 규정하고 있으므로 구분소유자 개인에 의한 복구 및 그 복구비용의 상환에 관하여 관리규약으로 달리 정한바가 있으며, 그 규약에 따른다.

이 경우 본법 제50조제8항 규정에 의해 법원은 상환 또는 매수청구를 받은 구분소유자의 청구에 의하여 상환금 또는 대금의 지급에 관하여 적당한 기간을 허락할 수 있다.

다. 건물가격의 1/2초과 멸실 시의 복구

본법 제50조제4항은 "건물이 일부 멸실된 경우로서 제1항 본문의 경우를 제외한 경우에 관리단집회는 구분소유자의 4/5이상 및 의결권의 4/5이상으로 멸실한 공용부분을 복구할 것을 결의할 수 있다."고 규정하면서, **동조 제5조**는 "제4항의 결의가 있는 경우에는 제47조제5항을 준용한다."고 규정하고 있다. 이는 건물가격의 1/2이상에 상당하는 건물의 일부 멸실된 경우에는 복구, 개축증축, 재건축 어느 것으로 할 것인지 여부에 대하여 구분소유자들 사이에 이해관계가 복잡하기 때문에 관리단집회에서 구분소유자 및 의결권의 각 4/5 이상의 특별결의에 의하도록 규정한 것이고, 이를 명확히 하기 위하여 제47조제5항 규정에 의해 관리단집회의 의사록에는 각 구분소유자의 결의에 대한 찬반여부를 기재하도록 한 것이다.

라. 관리단집회의 복구 결의에 반대한 구분소유자의 찬성한 구분소유자에 대한 건물 및 그 대지의 매수 청구권에 대하여

본법 제50조제6항은 "제4항의 결의가 있는 때에는 그 결의에 찬성한구분소유자(그의 승계인 포함)외의 구분소유자는 결의에 찬성한 구분소유자(그의 승계인 포함)에게 건물 및 그 대지에 관한 권리를 시가로 매수할 것을 청구할 수 있다."고 규정하고 있다. 이는 건물가격의 1/2이상에 상당하는 건물의 일부 멸실된 경우 그 결의에 찬성하지 않은 구분소유자(그 승계인 포함함)는 그 결의에 찬성한 구분소유자(그 승계인 포함함)에게 건물 및 그 대지에 관한 권리를 시가로 매수할 것을 청구할 수 있는 매수청구권이 있음을 규정한 것으로 복구에 반대하는 소수의 구분소유자로 하여금 그 구분소유관계에서 탈퇴할 기회를 주기 위한 것이다.

위 매수청구권은 법적 성질이 형성권이므로 상대방은 찬성하는 구분소유자 전원 또는 그중 1인도 될 수 있으며, 시가라 함은 재건축결의시의 경우와 동이하게 객관적으로 정당한 거래가격을 말하므로 현재의 노후화된 건물이 존재하는 상태에서 평가한 가액이 아니라 재건축에 의하여 토지가 유효하게 활용되는 것을 전제로 하여 산정한 가액으로 봄이 타당하다

마. 복구 결의가 없는 경우의 건물가격의 1/2을 초과하는 건물부분이 일부 멸실된 경우의 건물 및 그 대지의 매수 청구권에 대하여

본법 제50조제7항은 "제4항의 경우에 건물 일부가 멸실한 날부터 6개월 이내에 같은 항 또는 제47조제1항의 결의가 없을 떼에는 각 구분소유자는 다른 구분소유자에게 건물 및 그 대지에 관한 권리를 시사로 매수할 것을 청구할 수 있다."고 규정하고 있다. 이는 건물가격의 1/2이상에 상당하는 건물의 일부 멸실된 경우 복구의 결의가 없거나 재건축 결의가 없는 경우 각 구분소유자는 다른 구분소유자에게 건물 및 그 대지에 관한 권리를 시가로 매수할 것을 청구할

수 있는 매수청구권이 인정한 것으로 이 경우 역시 매수청구권은 법적 성질이 형성권이고, 시가에 관하여는 위 재건축결의 시와 동일하다고 보아야 하다.

바. 법원의 매수청구권 행사에 의한 상환금 또는 대금지급기간 유예 결정

본법 제50조제8항은 "법원은 제2항, 제6항 및 제7항의 경우에 상환 또는 매수청구를 받은 구분소유자의 청구에 의하여 상환금 또는 대금의 지급에 관하여 적당한 기간을 허락할 수 있다."고 규정하고 있다. 이는 법원이 위 3가지의 경우의 대금 지급에 관하여 상환 또는 매수청구를 받은 구분소유자의 청구에 의하여 상환금 또는 대금의 지급에 관하여 적당한 기간의 유예를 허락할 수 있음을 규정한 것으로 일부멸실 후 복구의 여건도, 재건축의 여건도 되지 않은 건물의 대지의 효용을 살리기 위한 취지의 규정이다.

제2장 단지

1. 단지관리단의 의의

　　단지관리단이란 본법 제1장의 1동의 건물을 중심으로 한 법률관계와는 달리 한 단지 내에 수동의 건물이 있는 경우 그 단지 내의 토지 또는 부속시설(이에 관한 권리 포함)에 관한 관리를 위하여 관리단집회의 의결에 따라 구성되는 단체를 말한다.

가. 본법상 단지관리단에 관한 규정

　　본법 제51조제1항은 "한 단지에 여러 동의 건물이 있고 그 단지 내의 토지 또는 부속시설(이들에 관한 권리를 포함함)이 모두 그 건물 소유자(전유부분이 있는 건물에서는 구분소유자를 말함)의 공동소유에 속하는 경우에는 이들 소유자는 그 단지 내의 토지 또는 부속시설을 관리하기 위한 단체를 구성하여 이 법에서 정하는 바에 따라 집회를 개최하고 규약을 정하며 관리인을 둘 수 있다."고 규정하고 있다.

　　이는 1단지 내에 수동의 건물이 있고, 그 대지 전체가 모든 동의 구분소유자의 공유로 된 경우에 설립될 수 있는 단지관리단에 관하여 규정하고 있는 것이다.

　　동조 제2항은 "한 단지에 여러 동의 건물이 있고, 단지 내의 토지 또는 부속시설(이에 관한 권리 포함함)이 그 건물 소유자(전유부분이 있는 건물에서는 구분소유자를 말함) 중 일부의 공동소유에 속하는 경우에는 이들 소유자는 그 단지 내의 토지 또는 부속시설을 관리하기 위한 단체를 구성하여 이 법이 정하는 바에 따라 집회를 개최하고 규약을 정하며 관리인을 둘 수 있다."고 규정하고 있다. 이는 각 동의 대지의 소유관계는 각동마다 구분되어 있고 통로부분 등만이 모든 동의 구분소유자의 공용소유로 되어 있는 경우 및 공유하는 대지는 없으나 단지 내의 집회실 등 부속시설만이 모든 동의 구분소유자의 공유로 되어 있는 경우에 이들 소유자는 그 단지 내의 토지 또는 부속시설을 관리하기 위한 단체, 즉 단지관리단을 구성하여 본법이 정하는 바에 따라 집회를 개최하여 단지관리단 규약을 설정하고 관리인을 둘 수 있음을 규정하고 있다.

나. 각 동의 관리단들 사이의 결합도와 단지관리단의 유형화

각 동의 관리단에 의해 단지관리단이 성립하는 경우 그결합도는 가지각색으로 다양할 것이므로 당연히 단지 내의 모든 물건을 곧바로 단지 전체의 공동관리에 속하도록 법정화 하는 것은 타당하지 않다. 그렇다고 하여 단지관계의 결합도에 따라 이를 유형화(類型化)하여 그 유형마다 별개의 법률관계를 정하는 것 역시 실무상 불가능하고, 이론상으로도 한 동의 건물에 아무런 권리도 없는 다른 동의 건물의 소유자가 법률상 당연히 해당 동의 건물의 관리 또는 사용에 개입하도록 법제화하는 것 역시 타당성을 인정하기 어렵다.

위와 같은 각 동의 관리단들 사이의 결합도와 단지관리단의 유형화, 그리고 단지관리단 구성의 어려움을 감안하여, **본법 제51조제3항**은 "제1항의 단지관리단은 단지관리단의 구성원이 속하는 각 관리단의 사업의 전부 또는 일부를 그 사업 목적으로 할 수 있다. 이 경우 각 관리단의 구성원 및 의결권의 각 3/4이상에 의한 관리단집회의 결의가 있어야 한다."고 규정하고 있다.

즉, 각 관리단의 사업의 전부 또는 일부를 단지관리단의 사업 목적으로 할 수 있음을 규정하고 있고, 단지관리단 설치를 위해서는 각 관리단의 구성원 및 의결권의 각 3/4이상에 의한 관리단집회의 결의의 설립행위에 의해 임의적으로 설립할 수 있음을 규정하고 있는 것이다.

다. 단지관리단의 형태

단지관리단의 형태를 분류하면,

제1형태; 1단지 내에 수동의 건물이 있고, 그 대지 전체가 모든 동의 구분소유자의 공유로 된 경우,

제2형태; 각동의 대지의 소유관계는 각동마다 구분되어 있고 통로부분 등만이 모든 동의 구분소유자의 공용소유로 되어 있는 경우,

제3형태; 공유하는 대지는 없으나 단지 내의 집회실 등 부속시설이 모든 동의 소유자의 공유로 되어 있는 경우의 3가지 형태로 나누어 볼 수 있다.

한편, **제1형태의 단지관리단**의 경우에 대하여, 본법 제51조제3항 전문은 "단지관리단의 구성원이 속하는 각 관리단의 사업의 전부 또는 일부를 그 사업목적으로 할 수 있다."고 규정하고 있으므로 **단지 내의 토지 또는 부속시설의 관리를 위한 목적뿐만 아니라 각 관리단의 사업의 전부 또는 일부를 그 사업 목적**으로 한단지관리단도 역시 설립할 수 있다고 봄이 타당하다.

2. 단지관리단의 임의설립절차 및 본법 제1장 규정 준용에 대하여

가. 단지관리단의 임의설립절차

단지관리단은 위와 같이 건물의 소유자(전유부분이 있는 건물에서는 구분소유자)들이 본법 제51조제3항이 규정한 "각 관리단의 구성원의 3/4이상 및 의결권의 3/4 이상에 의한 관리단집회의 결의"에 따른 설립행위에 의해 임의적으로 설립된다. 이는 1동의 집합건물 관리단이 제23조제1항 규정절차에 따라 당연 설립되는 것과 명백히 구분된다.

나. 본법 제1장 규정 준용에 대하여

한편, **본법 제52조**는 "제51조의 경우에는 제3조, 제23조의 2, 제24조, 제24조의2, 제25조, 제26조, 제26조의2부터 제26조의5까지, 제27조부터 제42조까지 및 제42조의2를 준용[49]한다. 이 경우 전유부분이 없는 건물은 해당 건물의 수를 전유부분의 수로 한다."고 규정하고 있다. 이는 단지관리단의 경우에는 본법 제1장의 관리단에 관한 규정들 중 일부 규정만이 제한적으로 준용됨을 규정한 것이다.

단지관리단에도 본법 제41조 역시 위와 같이 준용되므로 단지관리단은 서면 또는 전자적 방법에 의한 합의에 의해 결의 관리단집회의 위 결의 없이 설립될 수 있음은 당연한 것이다.

다. 집합건물의 분양계약서에 의한 단지관리단의 성립 여부

분양자가 한 단지에 여러 동의 집합건물을 신축하여 분양하는 경우 그 여러 동의 건물을 분양자가 한 개의 관리단으로 하여 일정한 기간 관리를 한 후 관리권을 구분소유자들에게 넘기어 구분소유자들이 자치관리를 하거나 또는 위탁관리를 하도록 하는 것이 일반적인 관리의 형태이다. 이 경우 **분양계약**은 **단지관리단 설립을 전제로 계약이 체**

---

[49] 본법 제1장 규정 중 제6절 의무위반자에 대한 조치, 제7절 재건축 및 복구에 관한 규정은 준용되지 않는다.

결되는 것이 일반적이므로 그것이 본법 제41조 규정절차에 따른 본법 제51조 규정의 단지관리단의 설립요건을 충족하게 되어 분양계약서 그 자체에 의해 단지관리단이 설립된 것으로 인정될 수 있다.

유의할 점은 위와 같이 분양계약서에 의해 단지관리단이 설립되는 경우, 이는 본법 제23조 규정에 의해 당연 설립되는 것이 아니고, 본법 제51조 규정 및 동법 제41조 규정에 따라 임의적으로 설립이 간주되는 것이라는 점, 그리고 단지관리단의 규약의 설정은 본법 제29조제1항 절차에 따라 설정되거나 본법 제41조 규정 절차에 따라야 하고, 단지관리단의 관리인 선임 역시 본법 제24조 및 제38조제1항 규정절차, 또는 본법 제41조 규정 절차에 따라 선임된다는 점이다.

제2장의2 집합건물분쟁조정위원회

1. 의의 및 집합건물분쟁의 대상

가. 의의

집합건물분쟁조정위원회는 본법을 적용받는 건물과 관련된 집합건물 분쟁을 심의·조정하기 위하여 각 "시·도"에 설치한 조정위원회를 말한다.

본법 제52조의2제1항은 "이 법을 적용받는 건물과 관련된 분쟁을 심의·조정하기 위하여 특별시·광역시·특별자치시·도 또는 특별자치도 (이하 시·도라고 함)에 집합건물분쟁조정위원회를 둔다."고 규정하고 있고, **동조 제2항**은 "조정위원회는 분쟁 당사자의 신청에 따라 다음 각 호의 분쟁(이하 집합건물분쟁이라 함)을 심의·조정한다. 1.이 법을 적용받는 건물의 하자에 관한 분쟁. 다만,「공동주택관리법」제36조 및 제37조에 따른 공동주택의 담보책임 및 하자보수 등과 관련된 분쟁은 제외한다. 2.관리인 · 관리위원의 선임 · 해임 또는 관리단 · 관리위원회의 구성 · 운영에 관한 분쟁 3. 공용부분의 보존 · 관리 또는 변경에 관한 분쟁 4. 관리비의 징수 · 관리 및 사용에 관한 분쟁 5. 규약의 제정 · 개정에 관한 분쟁 6. 재건축과 관련된 철거, 비용분담 및 구분소유권 귀속에 관한 분쟁 6의 2. 소음 · 진동 · 악취 등 공동생활과 관련된 분쟁 7. 그 밖에 이 법을 적용받는 건물과 관련된 분쟁으로서 대통령령으로 정한 분쟁"이라고 규정하고 있다.

나. 집합건물분쟁의 대상의 한정

본법 제52조의2제2항은 위와 같이 **집합건물분쟁의 대상**에 대하여 **본법을 적용받는 건물의 하자에 관한 분쟁으로써 공동주택관리법 제36조(하자담보책임) 및 제37조(하자보수 등)에 따른 공동주택의 담보책임 및 하자보수 등과 관련된 8개 사항으로 한정**하고 있다. 여기서 '대통령령으로 정한 분쟁'에 대하여 **시행령 제16조**는 "법 제52조의2제2항 제7호에서 "대통령령으로 정한 분쟁"이란 다음 각 호의 분쟁을 말한다. 1. 건물의 대지와 부속시설의 보존·관리 또는 변경에 관한 분쟁 2. 규약에서 정한 전유부분의 사용방법에 관한 분쟁 3. 관리비 외에 관리단이 얻은 수입의 징수·관리 및 사용에 관한 분쟁 4. 관리위탁계약 등 관리단이 체결한 계약에 관한 분쟁 5. 그 밖에 법 제52조의2제1항에 따른 집합건물분쟁조정위원회(이하 "조정위원회"라 한다)가 분쟁의 조정이 필요하다고 인정하는 분쟁"이라고 한정하여 규정하고 있으므로 집합건물분쟁조정위원회에 관한 집합건물분쟁의 대상에 관한 위 규정 사항은 한정적이다.

2. 조정위원회의 구성과 운영

가. 구성

조정위원회의 구성에 대하여, **본법 제52조의3제1항**은 "조정위원회는 위원장 1명과 부위원장 1명을 포함한 10명 이내의 위원으로 구성한다." **동조 제2항**은 "조정위원회의 위원은 집합건물분쟁에 관한 법률지식과 경험이 풍부한 사람으로서 다음 각 호의 어느 하나에 해당하는 사람 중에서 시·도지사가 임명하거나 위촉한다. 이 경우 제1호 및 제2호에 해당하는 사람이 각각 2명 이상 포함되어야 한다. 1.법학 또는 조정·중재 등의 분쟁조정 관련 학문을 전공한 사람으로서 대학에서 조교수 이상으로 3년 이상 재직한 사람 2. 변호사 자격이 있는 사람으로서 3년 이상 법률에 관한 사무에 종사한 사람 3. 건설공사, 하자감정 또는 공동주택관리에 관한 전문적 지식을 갖춘 사람으로서 해당 업무에 3년 이상 종사한 사람 4.해당 시·도 소속 5급 이상 공무원으로서 관련 업무에 3년 이상 종사한 사람"라고 규정하고 있다.

나. 운영

본법 제52조의3제3항은 "조정위원회의 위원장은 해당 시·도지사가 위원 중에서 임명하거나 위촉한다."고 규정하고 있으며, **동조 제4항**은 "조정위원회에는 분쟁을 효율적으로 심의·조정하기 위하여 3명 이내의 위원으로 구성되는 소위원회를 둘 수 있다. 이 경우 소위원회에는 제2항 제1호 및 제2호에 해당하는 사람이 각각 1명 이상 포함되어야 한다."고 규정하고 있고, **동조 제5항**은 " 조정위원회는 재적위원 과반수의 출석과 출석위원 과반수의 찬성으로 의결하며, 소위원회는 재적위원 전원 출석과 출석위원 과반수의 찬성으로 의결한다."고 규정하고 있으며, **동조 제6항**은 "제1항부터 제5항까지에서 규정한 사항 외에 **조정위원회와 소위원회의 구성 및 운영에 필요한 사항**과 **조정 절차에 관한 사항**은 대통령령50)으로 정한다."고 규정하고 있다.

---

50) 조정위원회의 운영에 대하여 시행령 제18조"① 위원장은 회의를 소집하고 주재한다. ② 위원장
이 부득이한 사유로 직무를 수행할 수 없는 경우에는 부위원장이 직무를 대행하고, 조정위원회의
부위원장도 직무를 대행할 수 없는 경우에는 위원 중 연장자가 직무를 대행한다. ③ 위원장이
회의를 소집하려면 회의 개최 3일 전까지 회의의 일시·장소 및 안건을 각 위원에게 알려야 한
다. ④ 위원 전원이 동의하면 제3항의 소집절차를 거치지 아니하고 조정위원회를 소집할 수 있
다. ⑤ 법 제52조의10에 따른 비용을 제외한 조정 비용에 관하여 필요한 사항은 특별시·광역
시·특별자치시·도 및 특별자치도의 조례로 정한다. ⑥ 제1항부터 제5항까지에서 규정한 사항
외에 조정위원회의 운영에 필요한 사항은 조정위원회의 의결을 거쳐 위원장이 정한다."고 규정하
고 있고, 소위원회의 운영 등에 대하여 시행령 제19조는 " ① 법 제52조의3제4항에 따른 소위
원회(이하 "소위원회"라 함)는 조정위원회의 의결로 위임한 분쟁을 심의·조정한다. ② 소위원회
에 위원장 1명을 두며, 위원장은 해당 시·도지사가 위원장의 추천을 받아 소위원회 위원 중에
서 임명하거나 위촉한다. ③ 제1항 및 제2항에서 규정한 사항 외에 소위원회의 구성 및 운영에
필요한 사항은 조정위원회의 의결을 거쳐 위원장이 정한다."고 규정하고 있으ᅴ며, 조정절차에
관하여 시행령 제20조는 "① 조정위원회는 조정을 효율적으로 하기 위하여 필요하다고 인정하면
사건들을 분리하거나 병합할 수 있다. ② 조정위원회는 제1항에 따라 사건들을 분리하거나 병합
한 경우에는 당사자에게 지체 없이 서면으로 통보하여야 한다. ③ 조정위원회는 조정을 위하여
필요하다고 인정하면 당사자에게 증거서류 등 관련 자료의 제출을 요청하거나 당사자 또는 참고
인에게 출석을 요청할 수 있다. ④ 제1항부터 제3항까지에서 규정한 사항 외에 조정절차에 필요
한 사항은 조정위원회의 의결을 거쳐 위원장이 정한다."고 규정하고 있다.

3. 위원의 제척 사항

본법 제52조의4제1항은 "조정위원회의 위원이 다음 각 호의 어느 하나에 해당하는 경우에는 그 사건의 심의 · 조정에서 제척(除斥)된다.

1. 위원 또는 그 배우자나 배우자이었던 사람이 해당 집합건물분쟁의 당사자가 되거나 그 집합건물분쟁에 관하여 당사자와 공동권리자 또는 공동의무자의 관계에 있는 경우

2. 위원이 해당 집합건물분쟁의 당사자와 친족이거나 친족이었던 경우

3. 위원이 해당 집합건물분쟁에 관하여 진술이나 감정을 한 경우

4. 위원이 해당 집합건물분쟁에 당사자의 대리인으로서 관여한 경우

5. 위원이 해당 집합건물분쟁의 원인이 된 처분이나 부작위에 관여한 경우로 규정하고 있다.

동조 제2항은 "조정위원회는 위원에게 제1항의 제척 원인이 있는 경우에는 직권이나 당사자의 신청에 따라 제척의 결정을 한다."고 규정하고 있고, 제3항은 "조정당사자는 위원에게 공정한 직무집행을 기대하기 어려운 사정이 있으면 조정위원회에 해당 위원에 대한 기피 신청을 할 수 있다."고 규정하고 있고, 제4항은 " 위원은 제1항 또는 제3항의 사유에 해당하면 스스로 그 집합건물분쟁의 심의 · 조정을 회피할 수 있다."고 규정하고 있다.

4. 조정의 신청과 조정 개시 여부 결정

가. 조정신청과 상대방의 의사 통지

본법 제52조의5제1항은 "조정위원회는 당사자 일방으로부터 분쟁의 조정신청을 받은 경우에는 지체 없이 그 신청내용을 상대방에게 통지하여야 한다."고 규정하고 있고, **동조 제2항**은 "제1항에 따라 통지를 받은 상대방은 그 통지를 받은 날부터 7일 이내에 조정에 응할 것인지에 관한 의사를 조정위원회에 통지하여야 한다."고 규정하고 있다. 이는 조정은 당사자의 분쟁의 조정신청과 조정위원회가 그 신청내용을 상대방에게 통지 및 그에 대하여 상대방이 응할 의사를 것을 통지함으로써 시작됨을 규정하고 있는 것이다.

나. 조정위원회의 조정의 개시 여부 결정

본법 제52조의5제3항은 "제1항에 따라 분쟁의 조정신청을 받은 조정위원회는 분쟁의 성질 등 조정에 적합하지 아니한 사유가 있다고 인정하는 경우에는 해당 조정의 불개시(不開始)결정을 할 수 있다. 이 경우 조정의 불개시 결정 사실과 그 사유를 당사자에게 통보하여야 한다."고 규정하고 있다. 이는 분쟁의 조정신청을 받은 조정위원회는 분쟁의 성질 등 조정에 적합한지 여부를 판단하여 조정에 적합하지 아니한 사유가 있다고 인정하는 경우에는 해당 조정의 불개시(不開始) 결정을 할 수 있고, 이 경우 조정의 불개시 결정 사실과 그 사유를 당사자에게 통보하여야 함을 규정하고 있는 것이다.

5. 조정절차

가. 조정의 진행절차

본법 제52조의6제1항은 "조정위원회는 제52조의5제1항에 따른 조정신청을 받으면 같은 조 제2항에 따른 조정 불응 또는 같은 조 제3항에 따른 조정의 불개시 결정이 있는 경우를 제외하고는 지체 없이 조정 절차를 개시하여야 하며, 신청을 받은 날부터 60일 이내에 그 절차를 마쳐야 한다."고 규정하고 있다. 이는 조정위원회가 조정 개시결정을 한 경우에는 지체 없이 조정 절차를 개시하여야 하며, 신청을 받은 날부터 60일 이내에 그 절차를 종료하여야 함을 규정한 것이다.

동조 제2항은 "조정위원회는 제1항의 기간 내에 조정을 마칠 수 없는 경우에는 조정위원회의 의결로 그 기간을 30일의 범위에서 한 차례만 연장할 수 있다. 이 경우 그 사유와 기한을 분명히 밝혀 당사자에게 서면으로 통지하여야 한다."고 규정하고 있다. 이는 조정위원회는 60일 이내에 조정을 마칠 수 없는 경우에는 조정위원회의 의결로 그 기간을 30일의 범위에서 한 차례만 연장할 수 있고, 이 경우 그 사유와 기한을 분명히 밝혀 당사자에게 서면으로 통지하여야 함을 규정하고 있는 것이다.

동조 제4항은 "조정위원회는 제1항에 따른 절차를 마쳤을 때에는 조정안을 작성하여 지체 없이 각 당사자에게 제시하여야 한다."고 규정하면서, **동조 제5항**은 "제4항에 따른 조정안을 제시받은 당사자는 제시받은 날부터 14일 이내에 조정안의 수락 여부를 조정위원회에 통보하여야 한다. 이 경우 당사자가 그 기간 내에 조정안에 대한 수락 여부를 통보하지 아니한 경우에는 조정안을 수락한 것으로 본다."고 규정하고 있다. 이는 조정의 성립이 조정위원회가 조정절차를 종료 후에 작성한 조정안에 대하여 양 당사자의 수락에 의해 성립함을 규정한 것이고, 당사자가 조정안을 제시받은 날부터 14일 이내에

수락 여부를 통보하지 아니한 경우에는 조정안을 수락한 것으로 간
주함을 규정하고 있는 것이다.

나. 조정위원회의 분쟁당사자, 분쟁 관련 이해관계인 등에 대한 의견진
   술 및 자료제출 요구에 대하여

   본법 제52조의6제3항은 "조정위원회는 제1항에 따른 조정의 절차를
   개시하기 전에 이해관계인 등의 의견을 들을 수 있다."고 규정하고
   있고, **본법 제52조의7제1항**은 "조정위원회는 조정을 위하여 필요하
   다고 인정하는 경우 분쟁당사자, 분쟁 관련 이해관계인 또는 참고인
   에게 출석하여 진술하게 하거나 조정에 필요한 자료나 물건 등을 제
   출하도록 요구할 수 있다."고 규정하고 있고, **동조 제2항**은 "조정위
   원회는 해당 조정업무에 참고하기 위하여 시·도지사 및 관련기관에
   해당 분쟁과 관련된 자료를 요청할 수 있다."고 규정하고 있다. 해당
   조정업무에 참고하기 위하여 시·도지사 및 관련기관에 해당 분쟁과
   관련된 자료를 요청할 수 있다.

다. 하자 등의 감정

   본법 제52조의10제1항은 "조정위원회는 당사자의 신청으로 또는 당
   사자와 협의하여 대통령령으로 정하는 안전진단기관, 하자감정전문
   기관[51] 등에 하자진단 또는 하자감정 등을 요청할 수 있다."고 규정
   하고 있고, **동조 제2항**은 " 조정위원회는 당사자의 신청으로 또는

---

51) 대통령령으로 정하는 안전진단기관, 하자감정전문기관 등에 대하여 시행령 제21조는 "법 제52
   조의10제1항에서 "대통령령으로 정하는 안전진단기관, 하자감정전문기관 등"이란 다음 각 호의
   기관을 말한다. 다만, 하자감정전문기관은 제1호부터 제4호까지의 기관만 해당한다. 1.「고등교육
   법」 제2조제1호 및 제2호에 따른 대학 및 산업대학의 주택 관련 부설 연구기관(상설기관에 한
   정한다) 2.「과학기술분야 정부출연연구기관 등의 설립·운영 및 육성에 관한 법률」 별표 제9호
   에 따른 한국건설기술연구원 3. 국립 또는 공립의 주택 관련 시험·검사기관 4.「국토안전관리
   원법」에 따른 국토안전관리원 5.「건축사법」 제23조제1항에 따라 신고한 건축사 6.「기술사법」
   제6조제1항에 따라 등록한 기술사 7.「시설물의 안전 및 유지관리에 관한 특별법」 제28조에 따
   라 등록한 건축 분야 안전진단전문기관 8.「엔지니어링산업 진흥법」제21조에 따라 신고한 해당
   분야의 엔지니어링사업자"고 규정하고 있다.

당사자와 협의하여「공동주택관리법」제39조에 따른 하자심사·분쟁조정위원회에 하자판정을 요청할 수 있다."고 규정하고 있으며, **동조 제3항**은 "제1항 및 제2항에 따른 비용은 대통령령으로 정하는 바52)에 따라 당사자가 부담한다."고 규정하고 있다.

라. 조정의 중지 및 통보, 소송 진행 중인 신청에 대한 통보 및 각하결정

본법 제52조의8제1항은 "조정위원회는 당사자가 제52조의5제2항에 따라 조정에 응하지 아니할 의사를 통지하거나 제52조의6제5항에 따라 조정안을 거부한 경우에는 조정을 중지하고 그 사실을 상대방에게 서면으로 통보하여야 한다."고 규정하고 있으므로 조정위원회는 조정 당사자 일방이 조정거부의사를 표시하거나 조정안에 대하여 거부한 경우에는 그 사실을 조정상대방에게 통보하여야 하고, **동조 제2항**은 "조정위원회는 당사자 중 일방이 소를 제기한 경우에는 조정을 중지하고 그 사실을 상대방에게 통보하여야 한다."고 규정하고 있으므로 조정위원회는 조정당사자 일방이 소를 제기하여 진행 중인 경우에는 조정을 중지하고 그 사실을 조정상대방에게 통보하여야 하며, **동조 제3항**은 "조정위원회는 법원에 소송계속 중인 당사자 중 일방이 조정을 신청한 때에는 해당 조정 신청을 결정으로 각하하여야 한다."고 규정하고 있으므로 조정위원회는 소송계속 중인 사건에 대하여 당사자 일방이 위 소송에도 불구하고 조정을 신청한 경우에는 그 조정신청을 각하하여야 한다.

---

52) 하자진단 등의 비용부담에 관하여, 시행령 제22조는 "법 제52조의10제1항 및 제2항에 따른 비용은 당사자 간의 합의로 정하는 비율에 따라 당사자가 미리 내야 한다. 다만, 당사자 간에 비용 부담에 대하여 합의가 되지 아니하면 조정위원회에서 부담 비율을 정한다."고 규정하고 있다.

6. 조정의 효력

　본법 제52조의9제1항은 "당사자가 제52조의6제5항에 따라 조정안을 수락하면 조정위원회는 지체 없이 조정서 3부를 작성하여 위원장 및 각 당사자로 하여금 조정서에 서명날인하게 하여야 한다."고 규정하면서, **동조 제2항**은 "제1항의 경우 당사자 간에 조정서와 같은 내용의 합의가 성립된 것으로 본다."고 규정하고 있다. 이는 조정은 양당사자의 조정안 수락의 의사 표시에 의해 조정이 성립하며, 이 경우 조정위원회는 지체 없이 조정서 3부를 작성하여 위원장 및 각 당사자로 하여금 조정서에 서명날인하게 하여야 하며, 이 경우 그 조정의 효력은 당사자 간에 조정서와 같은 내용의 합의가 성립된 것으로 간주한다. 이 경우 조정안은 법원의 확정판결과 동일한 효력이 있음에 유의하여야 한다.

제3장 구분건물의 건축물대장

1. 건축물대장 및 그에 관한 건물등기부와의 관계

가. 건축물대장과 건물등기부의 각 의의 및 생성 관계

건축물대장이란 지방세의 부과·징수 등을 목적으로 소관 공무원이 건축물의 상황을 직권으로 조사하여 작성한 장부를 말하며, 건축물대장은 각 관할 시(市)·구(區)·면(面)에 비치되어 있다.

한편, 부동산등기부, 특히 건물등기부는 건축물대장을 근거로 만들어지며(부동산등기법 제65조제1호), 건물에 대한 사법적(私法的) 권리관계를 공시하기 위한 장부를 말하며, 그에 대한 등기는 법률에 다른 규정이 없는 경우에는 등기권리자와 등기의무자가 공동으로 신청하는 공동신청주의를 원칙으로 하고, 단독신청의 예외의 경우에는 아래 각주53)에서 설시한바와 같다. 또한, 관공서의 촉탁에 따른 등기는 위 신청에 따른 등기에 관한 규정을 준용하여 처리하고, 법률에 다른 규정이 있는 경우에는 그 법률이 규정한 등기절차에 따라 작성되며(부동산등기법 제22조, 제23조), 그에 관한 등기부는 부동산의 소재지의 관할법원의 각 등기소에 비치되어 등기관이 등기사무를 처리한다.

다만, 등기관의 배우자 또는 4촌 이내의 친족이 신청하는 경우에는 제한된 업무처리절차에 따라 처리한다.(동법 제7조, 제11조, 제12조)

나. 건축물대장과 건물등기부 사이의 일치에 대하여

건축물대장과 건물등기부는 위와 같이 그 기능·목적·작성방법·소관청

---

53) 등기의 공동신청주의의 예외로 소유권보존등기 또는 그에 대한 말소등기는 등기명의인으로 될 자 또는 등기명의인이 단독으로, 상속, 법인의 합병 등 포괄적승계에 따른 등기는 등기권리자가 단독으로, 이행, 인수를 명하는 판결이나 공유물 분할의 판결에 의한 등기는 각 승소한 권리자 또는 등기의무자가 단독으로, 그리고 부동산의 신탁등기는 수탁자가 단독으로 신청한다.(부동산등기법 제22조, 제23조)

등을 달리하지만, 양자는 모두 건물의 현황과 소유자를 동일하게기재하는 공통점이 있으며, 그 내용의 일치를 위한 각종의 제도가 마련되어 있다. 예를 들면, 건물의 소유권보존등기는 건축물대장을 근거로 만들어 지며(부동산등기법 제65조제1호), 양자의 표시가 불일치한 경우 이를 일치시키기 위한 변경등기를 제외하고는 해당 건물에 대한 다른 등기를 신청할 수 없도록 하고 있다. 한국의 경우 부동산등기사무의 신속을 위하여 등기관에게는 등기신청에 대한 형식적심사권만을 부여하고 있을 뿐이므로 일단 건축물대장이 작성되면 그에 따른 보존등기를 행할 수밖에 없어 부정확한 건축물대장으로 인하여 등기공시상의 혼란이 발생할 수 있으며, 특히 구분건물의 경우 그의 요건을 갖추지 못한 건물의 등기가 문제된다. 본법은 정확한 등기공시제도의 확보를 위하여 본법은 제3장 구분건물의 건축물대장에서 1동의 집합건물을 기준으로 하여 구분건물에 관한 건축물대장에 대한 구체적인 편성방법 및 그의 등록사항, 등록절차, 신규 등록 및 변경등록 신청, 신청의무의 승계 신청의 기간, 그리고 소관청의 직권조사 및 조사 후의 처리 등에 관하여 자세히 규정하고 있고, 이에 부합하여 부동산등기법은 구체적인 사항에 관하여 규정하고 있다.

다. 집합건물에 관한 부동산등기법상 규정

부동산등기법 제40조제1항은 등기사항 중 **제1항 제6호**에서 구분건물인 경우 표제부에 도면의 번호를 기록하도록 하였고, **동조 제2항**은 일반건물의 경우의 표제부에 기록하는 건물의 소재, 지번 및 건물번호 대신 1동 건물의 등기기록의 표제부에 소재와 지번, 건물명칭 및 번호를 기록하고 전유부분의 등기기록의 표제부에 건물번호를 기록하여야 한다고 규정하고 있다. 또한, **동조 제3항**은 구분건물에 대지사용권으로서 건물과 분리하여 처분할 수 없는 대지권이 있는 경우에는 위 제2항의 기록 사항 외에 1동 건물의 등기기록의 표제부에 대지권의 목적인 토지의 표시에 관한 사항을 기록하고 전유부분의 등기기록의 표제부에는 대지권의 표시에 관한 사항을 기록하여야 한다고 규정하고 있으며, **동조 제4항**은 위 제3항에 따라 대지권

등기를 하였을 때에는 등기관이 직권으로 대지권의 목적인 토지의 등기기록에 소유권, 지상권, 전세권, 또는 임차권이 대지권이라는 뜻을 기록하여야 한다고 규정하고 있다.

부동산등기법 제41조제1항은 구분건물의 등기사항에 변경이 있는 경우 그 건물 소유권의 등기명의인은 그 사실이 있을 때부터 1개월 이내에 그 등기를 신청하여야 한다고 규정하였고,

동조 제2항은 구분건물로서 표시등기만 있는 건물에 관하여는 본법 제65조 각 호의 해당자, 즉 아래의 미등기의 토지 또는 건물에 관한 소유권보존등기의 신청인가 등기를 신청하여야 함을 규정하고 있다.

1. 토지대장, 임야대장 또는 건축물대장에 최초의 소유자로 등록되어 있는 자 또는 그 상속인, 그 밖의 포괄승계인

2. 확정판결에 의하여 자기의 소유권을 증명하는 자

3. 수용(收用)으로 인하여 소유권을 취득하였음을 증명하는 자

4. 특별자치도지사, 시장, 군수 또는 구청장(자치구의 구청장을 말함)의 확인에 의하여 건물에 관하여 자기의 소유권을 증명하는 자(건물의 경우에 한정 함)

동조 제3항은 구분건물로서 그 대지권의 변경이나 소멸이 있는 경우에는 구분건물의 소유권의 등기명의인은 1동의 건물에 속하는 다른 구분건물의 소유권의 등기명의인을 대위하여 그 등기를 신청할 수 있다고 규정하고 있고,

동조 제4항은 구분건물인 경우에 그 건물의 등기기록 중 1동 표제부에 기록하는 등기사항에 관한 변경등기는 그 구분건물과 같은 1동의 건물에 속하는 다른 구분건물에 대하여도 변경등기로서의 효력이 있음을 규정하고 있다.

부동산등기법 제43조제3항은 구분건물로서 그 건물에 속하는 1동 전부가 멸실된 경우에는 그 구분건물의 소유권의 등기명의인은 1동

의 건물에 속하는 다른 구분건물의 소유권의 등기명의인을 대위하여 1동 전부에 대한 멸실등기를 신청할 수 있음을 규정하고 있다.

부동산등기법 제44조제3항은 존재하지 아니하는 건물이 구분건물인 경우에도 위 제43조제3항을 준용하여 대위하여 멸실등기를 신청할 수 있음을 규정하고 있다.

부동산등기법 제46조는 구분건물의 표시에 관한 등기에 대하여 **제1항**은 1동의 건물에 속하는 구분건물 중 일부만에 관하여 소유권보존등기를 신청하는 경우에는 나머지 구분건물의 표제부에 관한 등기를 동시에 신청하여야 함을 규정하고 있고,

제2항은 위 제1항의 경우에 구분건물의 소유자는 1동에 속하는 다른 구분건물의 소유자를 대위하여 그 건물의 표시에 관한 등기를 신청할 수 있다고 규정하고 있고,

제3항은 구분건물이 아닌 건물로 등기된 건물에 접속하여 구분건물을 신축한 경우에 그 신축건물의 소유권보존등기를 신청할 때에는 구분건물이 아닌 건물을 구분건물로 변경하는 건물의 표시변경등기를 동시에 신청하여야 하며, 이 경우 위 제2항을 준용하여 대위 등기를 신청할 수 있음을 규정하고 있다.

부동산등기법 제47조는 규약상 공용부분의 등기와 규약폐지에 따른 등기에 관하여 **제1항**은 본법 제3조제4항에 따른 공용부분의 등기, 즉 규약의 설정 및 규약에 상응하는 공정증서(公正證書)에 의한 규약상공용부분의 등기는 소유권의 등기명의인이 신청하여야 한다. 이 경우 공용부분인 건물에 소유권 외의 권리에 관한 등기가 있을 때에는 그 권리의 등기명의인의 승낙이 있어야 한다고 규정하고 있고, 제2항은 규약의 폐지에 의해 규약상공용부분을 취득한 자는 지체 없이 소유권보존등기를 신청하여야 함을 규정하고 있다.

부동산등기법 제60조는 대지사용권의 취득에 관하여 **제1항**은 구분건물을 신축한 자가 본법상 대지사용권을 가지고 있는 경우 대지권

에 관한 등기를 하지 아니하고 구분건물에 관하여만 소유권이전등기를 마쳤을 때에는 현재의 구분건물의 소유명의인과 공동으로 대지사용권에 관한 이전등기를 신청하여야 함을 규정하고 있고, **제2항**은 구분건물을 신축하여 양도한 자가 그 건물의 대지사용권을 나중에 취득하여 이전하기로 약정한 경우에는 위 제1항을 준용하여 양도인은 현재의 구분건물의 소유명의인과 공동으로 대지사용권에 관한 이전등기를 신청하여야 함을,

제3항은 위 제1항 및 제2항에 따른 대지사용권등기는 대지권에 관한 등기와 동시에 신청하여 함을 규정하고 있다.

부동산등기법 제61조는 구분건물의 등기기록에 대지권등기가 되어 있는 경우에 관하여 **제1항**은 대지권을 등기한 후에 한 건물의 권리에 관한 등기는 대지권에 대하여 동일한 등기로서 효력이 있다. 다만, 그 등기에 건물만에 관한 것이라는 뜻의 부기가 되어 있을 때에는 그러하지 아니하다. 즉 가사, 대지권을 등기한 후에 한 건물의 권리에 관한 등기라 하더라도 그 경우에는 대지권에 대하여 동일한 등기로서 효력이 있지 않음을 규정하고 있고, **제2항**은 위 제1항에 따라 대지권등기와 대지권의 목적인 토지의 등기기록 중 해당 구에 한 등기의 순서는 접수번호에 따른다고 규정하고 있고, **제3항**은 대지권이 등기된 구분건물의 등기기록에는 건물만에 관한 소유권이전등기 또는 저당권설정등기, 그 밖에 이와 관련이 있는 등기를 할 수 없음을 규정하고 있으며, **제4항**은 토지의 소유권이 대지권인 경우에 대지권이라는 뜻의 등기가 되어 있는 토지의 등기기록에는 소유권이전등기, 저당권설정등기, 그밖에 이와 관련이 있는 등기를 할 수 없음을 규정하고 있고, **제5항**은 지상권, 전세권 또는 임차권이 대지권인 경우에는 위 제4항을 준용하여 토지의 등기기록에는 소유권이전등기, 저당권설정등기, 그밖에 이와 관련이 있는 등기를 할 수 없음을 규정하고 있다.

따라서 구분건물에 관한 나머지 등기는 일반 건물과 토지에 관한 부동산등기법 규정들이 적용된다.

2. 건축물대장의 편성

가. 1동의 집합건물과 단지집합건물의 각 건축물대장의 구성에 대하여

1동의 집합건물에 대한 건축물대장은 1동의 집합건물 전체에 대한 대지위치, 대지면적, 건축면적, 부속건축물과 건축물 주구조와 주용도, 각 층별의 건축물 현황, 집합건축물의 변동사항을 등재한 집합건축물대장(표제부, 갑)과 집합건축물대장(표제부, 을), 그리고 각 전유부분(각 호실)과 그에 대한 공용부분, 그리고 소유자현황 등에 관한 집합건축물대장(전유부분, 갑)으로 구성되어 있다. 한편, **단지집합건물의 경우의 집합건축물대장**은 1동의 집합건물에 대한 건축물대장 앞에 단지 전체에 대한 각 동의 건축물 현황과 변동사항에 관한 건축물대장 총괄표제부(갑)를 추가하여 구성되어 있다.

나. 건축물대장의 편성

본법 제53조제1항은 "소관청은 이 법을 적용받는 건물에 대하여는 이 법에서 정하는 건축물대장과 건물의 도면 및 각 층의 평면도를 갖추어 두어야 한다."고 규정하고 있다. 이는 건축물대장은 본법이 정한 요건을 갖춘 건물의 도면에 따라 이를 전제로 작성된 것으로 판단되므로 그 상황을 파악할 수 있도록 소관청장은 1동의 건물 전체와 그에 속하는 전유부분과의 관계를 명백히 할 수 있도록 건축물대장과 그에 속하는 전유부분과의 관계를 명확히 할 수 있는 건물의 도면(圖面) 및 각 층의 평면도를 비치하여야 함을 규정한 것이다.

동조 제2항은 "대장은 1동의 건물을 표시할 용지와 그 1동의 건물에 속하는 전유부분의 건물을 표시할 용지로 편성한다."고 규정하고 있으므로 **건축물대장**은 1동의 건물을 표시하는 1용지와 그에 속하는 각 전용부분의 건물을 표시하는 용지들로 편성되어 모두 1책(1冊)으로 편철하는 것이 일반적이며, 이를 용지의 맨 앞에 편철한다.

동조 제3항은 "1동의 건물에 대하여는 각 1용지를 사용하고 전유부분의 건물에 대하여는 구분한 건물마다 1용지를 사용한다."고 규정하고 있고, **동조 제4항**은 "1동의 건물에 속하는 구분된 건물의 대장은 1책에 편철하고 1동의 건물을 표시할 용지 다음에 구분한 건물을 표시할 용지를 편철한다."고 규정하고 있으며, **동조 제5항**은 "제4항의 경우에 편철한 용지가 너무 많을 때에는 여러 책으로 나누어 편철할 수 있다."고 규정하고 있는바, 이는 1동의 건물을 표시하는 용지는 위와 같이 1개로 함이 일반적으로 충분하나, 편철할 용지가 과다할 때에는 수책(數冊)으로 나누어 편철할 수 있음을 규정한 것이다.

건축물대장을 위와 같이 1동의 건물1개를 단위로 하여 1책(冊)으로 편성하는 것을 원칙으로 하는 것은 전유부분 모두가 1동의 건물을 구성하며, 한편으로는 물리적으로 1동의 건물의 일부에 속하므로 1동의 각 전유부분에 대한 각 위치와 공용부분을 명확히 하기 위한 것이다. 결국 1개의 전유부분의 건축물대장은 1동의 건물을 표시한 용지와 각 전유부분을 표시한 용지를 합하여 1책(冊)으로 편철하는 것이다.

3. 건축물대장의 등록사항

본법 제54조제1항은 "1동의 건물을 표시할 용지에는 다음 각 호의 사항을 등록하여야 한다. 1.1동의 건물의 소재지와 지번(地番) 2. 1동의 건물에 번호가 있을 때에는 그 번호 3. 1동의 건물의 구조와 면적 4. 1동의 건물에 속하는 전유부분의 번호 5. 그 밖에 국토교통부령으로 정하는 사항."이라고 규정하고 있는바, 위 각 사항은 건축물대장에 등록하여야 하는 구체적인 등록사항이다.

동조 제2항은 "전유부분을 표시할 용지에는 다음 각 호의 사항을 등록하여야 한다. 1.전유부분의 번호 2.전유부분이 속하는 1동의 건물의 번호 3.전유부분의 종류, 구조와 면적 4.부속건물이 있을 때에는 부속건물의 종류, 구조, 면적 5.소유자의 성명 또는 명칭과 주소 또는 사무소. 이 경우 소유자가 둘 이상일 때에는 그 지분 6.그 밖에 국토교통부령으로 정하는 사항."이라고 규정하고 있는바, 위 각 사항은 전유부분의 용지에 표시할 등록사항이다.

동조 제3항은 "제2항 제4호의 경우에 부속건물이 그 전유부분과 다른 별채의 건물이거나 별채인 1동의 건물을 구분한 것일 때에는 그 1동의 건물의 소재지, 지번, 번호, 종류, 구조 및 면적을 등록하여야 한다."고 규정하고 있는바, 이는 전유부분과는 별도의 별채의 건물, 또는 별도의 1동의 건물이 있는 경우에 그를 구분하기 위한 등록사항을 규정하고 있는 것이다.

동조 제4항은 "제3항의 경우에 건물의 표시 및 소유자의 표시에 관한 사항을 등록할 때에는 원인 및 그 연월일을 적어야 한다."고 규정하고 있는바, 이는 공용부분의 경우 그 부속건물이 그 전유부분과 다른 별채의 건물이거나 별채인 1동의 건물을 구분한 것일 때의 등록사항과 건물의 표시 및 소유자의 표시에 관한 사항을 등록할 때의 그 원인 및 그 연월일을 적어야 함을 규정하고 있는 것이다.

동조 제5항은 "제3조제2항 및 제3항에 따른 공용부분의 등록에 관하여는 제2항과 제4항을 준용한다. 이 경우 그 건물의 표시란에 공용부분이라는 취지를 등록한다.”고 규정하고 있는바, 이는 규약상 공용부분의 등록은 위 제2항과 제4항 규정에 따름을 규정하고 있는 것이다.

<u>동조 제6항</u>은 “구분점포의 경우에는 전유부분 용지의 구조란에 경계벽이 없다는 뜻을 적어야 한다.”고 규정하고 있는바, 이는 개방형(오픈) 상가구분점포의 경우에는 각 구분점포의 전용부분의 구조란에 ‘경계벽이 없음’을 등재하도록 규정하고 있는 것이다.

4. 건축물대장의 신규등록절차 및 변경등록절차

가. 건축물대장의 신규등록절차

본법 제55조는 "건축물대장의 등록은 소유자 등의 신청이나 소관청의 조사결정에 의한다."고 규정하고 있는바, 이는 건축물대장의 신규등록은 소유자 등의 신청이나 소관청의 조사결정에 의함을 규정한 것이다.

제56조제1항은 "이 법을 적용받는 건물을 신축한 자는 1개월 이내에 1동의 건물에 속하는 전유부분 전부에 대하여 동시에 건축물대장 등록신청을 하여야 한다."고 규정하고 있는바, 이는 집합건물의 건축물대장의 신규등록은 신축한 자, 즉 건축주가 신축 후 1개월 이내에 1동의 건물에 속하는 모든 전유부분에 대하여 동시에 건축물대장에 대한 등록신청을 해야 함을 규정하고 있는 것이며, **본법 제66조제1항 8호**는 위 규정에 따른 신규등록절차 위반에 대하여 과태료 부과사항으로 규정하고 있다.

동조 제2항은 "제1항의 신청서에는 제54조에 규정된 사항을 적고 건물의 도면, 각 층의 평면도(구분점포의 경우에는「건축사법」제23조에 따라 신고한 건축사 또는「공간정보의 구축 및 관리 등에 관한 법률」제39조제2항에서 정한 측량기술자가 구분점포의 경계표지에 관한 측량성과를 적어 작성한 평면도를 말함)와 신청인의 소유임을 증명하는 서면을 첨부하여야 하며, 신청서에 적은 사항 중 규약이나 규약에 상당하는 공정증서로써 정한 것이 있는 경우에는 그 규약이나 공정증서를 첨부하여야 한다."고 규정하고 있는바, 이는 건축물대장의 신규등록경우 신청서에 제54조에 규정된 건축물대장의 등록사항을 기재하고 건물의 도면, 각 층의 평면도(구분점포의 경우에는 공식 건축사 또는 측량기술자가 구분점포의 경계표지에 관한 측량성과를 적어 작성한 평면도)와 신청인의 소유임을 증명하는 서면, 규약상공용부분의 경우에는 그 규약이나 공정증서를 첨부하여야 함을 규정한 것이다.

동조 제3항은 "이 법을 적용받지 아니하던 건물이 구분, 신축 등으로 인하여 이 법을 적용받게 된 경우에는 제1항과 제2항을 준용한다."고 규정하고 있는바, 이는 구분건물에 속하지 않았던 건물이 구분건물로 변경된 경우 그 건축물대장의 등록절차 역시 동일함을 규정하고 있다. **동조 제4항**은 "제3항의 경우에 건물 소유자는 다른 건물의 소유자를 대위(代位)하여 제1항의 신청을 할 수 있다."고 규정하고 있는바, 이는 위 등록신청의무는 1동의 건물 신축의 경우 뿐만아니라 구분건물에 속하지 않았던 건물을 구분건물로 하거나, 위 건물에 접속·연속하여 건물을 신축하여 모든 건물이 구분건물이 되어 각 소유자가 다른 경우에도 신축자(新築者)가 대위하여 등록신청을 할 수 있음을 규정하고 있는 것이다.

나. 건축물대장의 변경등록절차

본법 제57조제1항은 "건축물대장에 등록한 사항이 변경된 경우에는 소유자는 1개월 이내에 변경등록신청을 하여야 한다."고 규정하고 있는바, 이는 소유자의 변경등록 신청 의무를 규정하고 있다.

동조 제2항은 "1동의 건물을 표시할 사항과 공용부분의 표시에 관한 사항의 변경등록은 전유부분 소유자 중 1인 또는 여럿이 제1항의 기간까지 신청할 수 있다." 고 규정하고 있는바, 이는 1동의 건물의 표시사항이거나 공용부분의 표시사항인 경우의 전유부분의 소유자 1인 또는 수인이 그 변경등록을 신청할 수 있음을 규정하고 있다.

동조 제3항은 "제1항 및 제2항의 신청서에는 변경된 사항과 1동의 건물을 표시하기에 충분한 사항을 적고 그 변경을 증명하는 서면을 첨부하여야 하며 건물의 소재지, 구조, 면적이 변경되거나 부속건물을 신축한 경우에는 건물도면 또는 각 층의 평면도도 첨부하여야 한다."고 규정하고 있는바, 이는 변경신청서의 기재 내용과 첨부서류를 규정한 것이다.

<u>동조 제4항</u>은 "구분점포는 제1조의2제1항 제1호의용도 외의 다른 용도로 변경할 수 없다."고 규정하고 있는바, 이는 구분점포는 판매시설 및 운송시설의 용도 외의 다른 용도로의 변경을 할 수 없음을 규정하고 있다.

한편, <u>**본법 제58조**</u>는 "소유자가 변경된 경우에는 전소유자가 하여야 할 제56조와 제57조제1항의 등록신청은 소유자가 변경된 날로부터 1개월 이내에 새로운 소유자가 하여야 한다."고 규정하고 있는바, 이는 소유자가 변경된 경우 변경된 날로부터 1개월 이내에 소유권을 승계한 새로운 소유자에게 변경 신청의무가 있음을 규정하고 있다.

5. 소관청의 구분건물에 관한 직권조사 및 조사 후의 처리에 관하여

가. 소관청의 구분건물에 관한 직권조사

본법 제59조제1항은 "소관청은 제56조 또는 제57조의 신청을 받아 또는 직권으로 건축물대장에 등록할 때에는 소속 공무원에게 건물의 표시에 관한 사항을 조사하게 할 수 있다."고 규정하고 있는바, 이는 소관청의 건물의 표시에 관한 사항에 대한 직권조사를 규정하고 있는 것이다.

동조 제2항은 "소관청은 구분점포에 관하여 제56조 또는 제57조의 신청을 받으면 신청내용이 제1조의2제1항 각 호의 요건을 충족하는지와 건축물의 실제 현황과 일치하는지를 조사하여야 한다."고 규정하고 있는바, 이는 제1조의2제1항 각 호의 상가건물의 구분소유 요건을 충족하는지 여부와 그것이 건축물의 실제 현황과 일치하는지 여부를 소관청이 조사하여야 함을 규정한 것이다.

동조 제3항은 "제1항 및 제2항의 조사를 하는 경우 해당 공무원은 일출 후 일몰 전까지 그 건물에 출입할 수 있으며, 점유자나 그 밖의 이해관계인에게 질문하거나 문서의 제시를 요구할 수 있다. 이 경우 관계인에게 그 신분을 증명하는 증표를 보여 주어야 한다."고 규정하고 있는바, 이는 건축물대장의 신규등록 또는 변경등록의 신청이 있는 경우 소관청은 소속 공무원에게 건물의 표시에 관한 사항을 직권조사하게 할 수 있고, 그 조사를 위해 담당공무원은 일출 후 일몰 전까지 그 건물에 출입할 수 있으며, 점유자나 그 밖의 이해관계인에게 질문하거나 문서의 제시를 요구할 수 있고, 해당 공무원은 관계인에게 그 신분을 증명하는 증표를 보여 주어야 함을 규정하고 있는 것이다.

나. 소관청의 구분건물에 관한 직권조사 후의 처리에 관하여

본법 제60조제1항은 "제56조의 경우에 소관청은 관계공무원의 직권조사 결과 그 신고내용이 부당하다고 인정할 때에는 그 취지를 적어 정정할 것을 명하고, 그 신고내용을 정정하여도 그 건물의 상황이 건물의 구분소유 또는 상가건물의 구분소유 요건에 맞지 아니하다고 인정할 때에는 그 등록을 거부하고 그 건물 전체를 하나의 건물로 하여 일반건축물대장에 등록하여야 한다."고 규정하고 있는바, 이는 건축물대장의 신규등록신청의 경우에 소관청의 직권조사 결과 그 신고 내용이 부당하다고 인정할 때에는 그 취지를 적어 정정할 것을 명하고, 그 신고 내용을 정정하여도 그 건물의 상황이 건물의 구분소유 또는 상가건물의 구분소유 규정에 맞지 아니하다고 인정할 때에는 그 등록을 거부하고 그 건물 전체를 하나의 건물로 하여 일반건축물대장에 등록하여야 하는 소관청의 직권조사 후의 처리에 대하여 규정한 것이다.

<u>동조 제2항</u>은 "제1항의 경우에는 일반건축물대장에 등록한 날로부터 7일 이내에 신고인에게 그 등록거부 사유를 서면으로 통지하여야 한다."고 규정하고 있는바, 이는 소관청의 조사 후 처리에 관한 규정으로 건축물대장의 신규 등록신청의 경우에 소관청은 관계 공무원의 조사 결과의 조치로 소관청이 등록을 거부할 경우에는 일반건축물대장에 등록한 날부터 7일 이내에 신고인에게 그 등록거부 사유를 서면으로 통지하여야 한다.

한편, <u>구분점포에 관하여 집합건축물대장의 신규 또는 변경등록신청의 있는 경우</u> <u>부동산등기규칙 제121조</u>는 소관청은 관계공무원의 조사 결과 그 건물의 상황이 제1조(건물의 구분소유) 또는 제1조의2(상가건물의 구분소유)의 규정에 맞지 아니하다고 인정할 때에는 그 등록을 거부하고 그 건물 전체를 하나의 건물로 하여 일반건축물대장에 등록하여야 하고, 구분건물에 대하여 소유권보존등기를 신청하는 경우에는 그 집합건물의 표시를 증명하는 서면으로 건축물대장과 1동의 건물의 소재도와 각 층의 평면도 및 전유부분의 평면도를 첨부, 정보로서 등기소에 제공하여야 함을 규정하고 있고, <u>부동산등기규칙 제86조</u>는 구분건물이 아닌 건물을 구분하여 구분건물로 건물

표시변경등기의 신청을 하는 경우에도 그 변경을 증명하는 건축물대장을 첨부, 정보로서 등기소에 제공하여야 함을 규정하고 있다.

유의할 점은 본법 제1조의2가 시행된 2004. 1. 19. 이후 집합건축물대장의 신규 또는 변경등록이 이루어지고 그에 따라 구분등기가 마쳐진 구분점포에 대하여는 특별한 사정이 없는 한 본법 소정의 절차에 따라 적법하게 대장이 등록되고 이에 기하여 구분등기가 마쳐진 것으로서 그 등록 및 등기가 마쳐질 당시 본법 제1조의2에서 정한 구분소유권의 요건을 갖추고 있었다고 추정된다는 점이다.

제4장 벌칙

본법은 효율적인 시행과 본법의 준수를 위하여 아래와 같이 벌금 대상과 과태료 대상으로 구분하여 본법을 위반한 일정한 경우 벌금과 과태료에 처하고 있다.

가. 벌금 대상

1) 제1조의2제1항에서 정한 상가건물의 구분소유에서 정한 경계표지 또는 건물번호표지를 파손, 이동 또는 제거하거나 그 밖의 방법으로 경계를 알아볼 수 없게 한 사람은 3년 이하의 징역 또는 1천만원 이하의 벌금에 처한다.(본법 제65조제1항)

2) 건축사 또는 측량기술자가 제56조제2항에서 정한 평면도에 측량성과를 사실과 다르게 적었을 때에는 2년 이하의 징역 또는 500만 원 이하의 벌금에 처한다.(본법 제65조제2항)

나. 과태료 대상

1) 다음 각 호의 어느 하나에 해당하는 자에게는 500만 원 이하의 과태료를 부과한다.(본법 제66조제1항)

   1. 제26조의2제1항 또는 제3항(제52조에서 준용하는 경우를 포함)에 따른 회계감사를 받지 아니하거나 부정한 방법으로 받은 자

   2. 제26조의2제6항(제52조에서 준용하는 경우포함)을 위반하여 회계감사를 방해하는 등 같은 항 각 호의 어느 하나에 해당하는 행위를 한 자

2) 다음 각 호의 어느 하나에 해당하는 자에게는 300만 원 이하의 과태료를 부과한다.(본법 제66조제2항)

   1. 제26조의2제4항(제52조에서 준용하는 경우 포함)을 위반하여 회계감사 결과를 보고하지 아니하거나 거짓으로 보고한 자

   1의 2. 제26조의5제1항(제52조에서 준용하는 경우 포함)에 따른 보고 또는 자료 제출 명령을 위반한 자

2. 제59조제1항에 따른 조사를 거부·방해 또는 기피한 자

3. 제59조제3항에 따른 질문 및 문서 제시 요구에 응하지 아니하거나 거짓으로 응한 자

3) 다음 각 호의 어느 하나에 해당하는 자에게는 200만 원 이하의 과태료를 부과한다.(본법 제66조제3항)

1. 제9조의3제3항을 위반하여 통지를 하지 아니한 자

2. 제9조의3제4항을 위반하여 관리단집회를 소집하지 아니한 자

3. 제24조제6항(제52조에서 준용하는 경우를 포함한다)에 따른 신고를 하지 아니한 자

4. 제26조제1항(제52조에서 준용하는 경우를 포함한다)을 위반하여 보고를 하지 아니하거나 거짓으로 보고한 자

4의2. 제26조제2항(제52조에서 준용하는 경우 포함)을 위반하여 장부 또는 증빙서류를 작성·보관하지 아니하거나 거짓으로 작성한 자

4의3. 제26조제3항 각 호 외의 부분 후단(제52조에서 준용하는 경우를 포함한다)을 위반하여 정당한 사유 없이 제26조제1항에 따른 보고 자료 또는 같은 조 제2항에 따른 장부나 증빙서류에 대한 열람 청구 또는 등본의 교부 청구에 응하지 아니하거나 거짓으로 응한 자

5. 제30조제1항, 제39조제4항, 제41조제4항(이들 규정을 제52조에서 준용하는 경우 포함)을 위반하여 규약, 의사록 또는 서면(전자적 방법으로 기록된 정보 포함)을 보관하지 아니한 자

6. 제30조제3항, 제39조제4항, 제41조제4항(이들 규정을 제52조에서 준용하는 경우 포함)을 위반하여 정당한 사유 없이 규약, 의사록 또는 서면(전자적 방법으로 기록된 정보를 포함한다)의 열람이나 등본의 발급청구를 거부한 자

7. 제39조제2항 및 제3항(이들 규정을 제52조에서 준용하는 경우 포함)을 위반하여 의사록을 작성하지 아니하거나 의사록에 적어야 할 사항을 적지 아니하거나 거짓으로 적은 자

8. 제56조제1항,제57조제1항,제58조에 따른 등록신청을 게을리 한 자

4) 제1항부터 제3항까지의 규정에 따른 과태료는 대통령령[54]으로 정하는 바에 따라 소관청(제2항제1호의2의 경우에는 시·도지사 또는 시장·군수·구청장을 말함)이 부과·징수한다.(본법 제66조 제4항)

---

54) 시행령 제23조는 본법 제66조제1항부터 제3항까지의 규정에 따른 과태료의 부과기준은 별표와 같다고 규정하고 있고, 별표는 별지 첨부한바와 같다.

과태료의 부과기준(제23조 관련)

1. 일반기준

가. 위반행위의 횟수에 따른 과태료의 가중된 부과기준은 최근 1년간 같은 위반행위로 과태료 부과처분을 받은 경우에 적용한다. 이 경우 기간의 계산은 위반행위에 대하여 과태료 부과처분을 받은 날과 그 처분 후 다시 같은 위반행위를 하여 적발된 날을 기준으로 한다.

나. 가목에 따라 가중된 부과처분을 하는 경우 가중처분의 적용 차수는 그 위반행위 전 부과처분 차수(가목에 따른 기간 내에 과태료 부과처분이 둘 이상 있었던 경우에는 높은 차수를 말한다)의 다음 차수로 한다.

다. 하나의 행위가 둘 이상의 위반행위에 해당하는 경우에는 그 위반행위 중 가장 중한 과태료를 부과하고, 둘 이상의 위반행위가 경합하는 경우에는 각 위반행위에 대하여 정한 과태료를 각각 부과한다.

라. 부과권자는 위반행위의 정도, 위반행위의 동기와 그 결과 등을 고려하여 제2호의 개별기준에 따른 과태료 금액의 2분의 1 범위에서 그 금액을 가중할 수 있다.

마. 부과권자는 다음의 어느 하나에 해당하는 경우에는 제2호의 개별기준에 따른 과태료 금액의 2분의 1 범위에서 그 금액을 감경할 수 있다. 다만, 과태료를 체납하고 있는 위반행위자의 경우에는 감경할 수 없으며, 감경 사유가 여러 개 있는 경우라도 감경의 범위는 과태료 금액의 2분의 1을 넘을 수 없다.

1) 위반행위가 사소한 부주의나 오류로 인한 것으로 인정되는 경우

2) 위반행위자가 위반행위를 바로 정정하거나 시정하여 해소한 경우

3) 그 밖에 위반행위의 정도, 위반행위의 동기와 그 결과 등을 고려하여 감경할 필요가 있다고 인정되는 경우

2. 개별기준(단위: 만원)

위반행위	근거 법조문	과태료 금액		
		1차 위반	2차 위반	3차 이상 위반
가. 법 제9조의3제3항을 위반하여 통지를 하지 않은 경우	법 제66조제3항제1호	80		
나. 법 제9조의3제4항을 위반하여 관리단집회를 소집하지 않은 경우	법 제66조제3항제2호	80		
다. 법 제24조제6항(법 제52조에서 준용하는 경우를 포함한다)에 따른 신고를 하지 않은 경우	법 제66조제3항제3호			
1) 신고 지연기간이 1개월 미만인 경우		20		
2) 신고 지연기간이 1개월 이상인 경우		40		
라. 법 제26조제1항(법 제52조에서 준용하는 경우를 포함한다)을 위반하여 보고를 하지 않거나 거짓으로 보고한 경우	법 제66조제3항제4호	15	30	50
마. 법 제26조의2제1항 또는 제3항(법 제52조에서 준용하는 경우를 포함한다)에 따른 회계감사를 받지 않거나 부정한 방법으로 받은 경우	법 제66조제1항제1호	200	300	500
바. 법 제26조의2제4항(법 제52조에서 준용하는 경우를 포함한다)을 위반하여 회계감사 결과를 보고하지 않거나 거짓으로 보고한 경우	법 제66조제2항제1호	200		
사. 법 제26조의2제6항(법 제52조에서 준용하는 경우를 포함한다)을 위반하여 회계감사를 방해하는 등 같은 항 각 호의 어느 하나에 해당하는 행위를 한 경우	법 제66조제1항제2호	200	300	500

아. 법 제30조제1항, 제39조제4항, 제41조제3항(이들 규정을 법 제52조에서 준용하는 경우를 포함한다)을 위반하여 규약, 의사록 또는 서면(전자적 방법으로 기록된 정보를 포함한다)을 보관하지 않은 경우	법 제66조제3항제5호	80	120	200	
자. 법 제30조제3항, 제39조제4항, 제41조제3항(이들 규정을 법 제52조에서 준용하는 경우를 포함한다)을 위반하여 정당한 사유 없이 규약, 의사록 또는 서면(전자적 방법으로 기록된 정보를 포함한다)의 열람이나 등본의 발급청구를 거부한 경우	법 제66조제3항제6호	80	120	200	
차. 법 제39조제2항 및 제3항(이들 규정을 법 제52조에서 준용하는 경우를 포함한다)을 위반하여 의사록을 작성하지 않거나 의사록에 적어야 할 사항을 적지 않거나 거짓으로 적은 경우	법 제66조제3항제7호	80	120	200	
카. 법 제56조제1항, 제57조제1항, 제58조에 따른 등록신청을 게을리한 경우	법 제66조제3항제8호				
1) 신청 지연기간이 1개월 미만인 경우			20		
2) 신청 지연기간이 1개월 이상인 경우			40		
타. 법 제59조제1항에 따른 조사를 거부·방해 또는 기피한 경우	법 제66조제2항제2호	50	100	200	
파. 법 제59조제3항에 따른 질문 및 문서 제시 요구에 응하지 않거나 거짓으로 응한 경우	법 제66조제2항제3호	50	100	200	

부칙 <small>(부칙 규정)</small>

부칙
〈제3725호, 1984.4.10〉

제1조 (시행일) 이 법은 공포 후 1년이 경과한 날로부터 시행한다.

제2조 (현존 가옥대장의 개제등에 관한 경과조치) ① 이 법 시행당시 현존하는 구분건물의 가옥대장은 이 법 시행 후 1년 이내에 이 법의 규정에 의한 양식의 대장으로 개제하여야 한다. 이 경우 가옥대장이 비치되지 아니한 때에는 건축법의 규정에 의한 건축물대장을 가옥대장으로 본다.
② 제1항 후단의 규정에 의하여 개제한 건축물대장은 이 법에 의한 가옥대장으로 본다.

제3조 (공용부분의 지분에 관한 경과조치) 이 법 시행당시 현존하는 공용부분이 구분소유자 전원 또는 그 일부의 공유에 속하는 경우에 각 공유자의 지분이 제12조의 규정에 합당하지 아니할 때에는 그 지분은 제10조제2항 단서의 규정에 의하여 규약으로써 정한 것으로 본다.

제4조 (경과조치) 이 법 시행당시 현존하는 전유부분과 이에 대한 대지사용권에 관한 제20조 내지 제22조의 규정은 이 법의 시행일로부터 2년이 경과한 날로부터 적용한다. 다만, 법률 제3726호 부동산등기법 중 개정법률 부칙 제2조제2항의 규정에 의한 등기를 완료한 건물에 대하여는 그 등기를 완료한 날의 다음날로부터 이 법 제20조 내지 제22조의 규정을 적용한다.〈개정 1986.5.12〉

제5조 (공유지분등의 취득에 관한 경과조치) ① 이 법 시행당시 구분건물로 등기된 건물이 제1조의 규정에 부합하지 아니하여 그 등기용지가 폐쇄된 때에는 그 건물의 소유자는 분양가 또는 분양가를 알 수 없을 때에는 감정업자의 감정가의 비율에 따라 그 건물이 속하는 1동의 건물의 공유지분을 취득한 것으로 본다.
② 제1항의 경우 그 구분건물에 등기된 소유권의 등기외의 권리에 관한 등기의 효력은 그 지분에 당연히 미친다.

제6조 삭제 〈2012.12.18.〉

부칙
〈제3826호, 1986.5.12〉

이 법은 공포한 날로부터 시행한다.

부칙(부동산등기법)

〈제5592호, 1998. 12. 28〉

제1조 (시행일) 이 법은 공포한 날부터 시행한다.

제2조 (다른 법률의 개정) ① 내지 ⑧생략
⑨ 집합건물의 소유 및 관리에 관한 법률 중 다음과 같이 개정한다.
제62조 · 제63조 및 제64조제1항 중 "등기공무원"을 각각 "등기관"으로 한다.
⑩ 생략

제3조 (다른 법령과의 관계) 이 법 시행당시 다른 법령에서 등기공무원을 인용한 경우에는 등기관을 인용한 것으로 본다.

부칙

〈제6925호, 2003. 7. 18〉

① (시행일) 이 법은 공포 후 6월이 경과한 날부터 시행한다.
② (경과조치) 이 법 시행 당시 구분건물로 등기된 건물이 제1조의 규정에 부합하지 아니하여도 이 법 시행 후 2년 이내에 제1조의2제1항에서 정한 구분점포로서의 요건을 갖추고 제56조제2항의 평면도를 첨부하여 제54조제1항 제3호와 동조 제6항에 관한 건축물대장 변경등록을 마친 경우에는 구분건물로 등기된 때에 구분점포별로 소유권의 목적이 된 것으로 본다.

부칙

〈제7502호, 2005. 5. 26〉

이 법은 공포한 날부터 시행한다.

부칙

〈제9172호, 2008. 12. 26〉

이 법은 공포한 날부터 시행한다.

부칙

① (시행일) 이 법은 공포한 날부터 시행한다.
② (벌칙 및 과태료에 관한 경과조치) 이 법 시행 전의 행위에 대하여 벌칙 및 과태료를 적용할 때에는 종전의 규정에 따른다.
③ (과태료재판에 관한 경과조치) 이 법 시행 당시 법원에 계속 중인 과태료재판에 대하여는 종전의 규정에 따른다.

부칙 (측량·수로조사 및 지적에 관한 법률)

〈제9774호, 2009.6.9〉

제1조(시행일) 이 법은 공포 후 6개월이 경과한 날부터 시행한다.

제2조부터 제17조까지 생략

제18조(다른 법률의 개정) ① 부터 〈40〉 까지 생략

〈41〉집합건물의 소유 및 관리에 관한 법률 일부를 다음과 같이 개정한다.

제56조제2항 중 "측량법 제2조제15호"를 "「측량·수로조사 및 지적에 관한 법률」 제39조제2항"으로 한다.

〈42〉 부터 〈44〉 까지 생략

제19조 생략

부칙

〈제10204호, 2010.3.31〉

이 법은 공포한 날부터 시행한다.

부칙 (부동산등기법)

〈제10580호, 2011.4.12〉

제1조(시행일) 이 법은 공포 후 6개월이 경과한 날부터 시행한다. 〈단서 생략〉

제2조 및 제3조 생략

제4조(다른 법률의 개정) ①부터 〈33〉까지 생략
〈34〉 집합건물의 소유 및 관리에 관한 법률 일부를 다음과 같이 개정한다.
제61조부터 제64조까지를 각각 삭제한다.
〈35〉부터 〈42〉까지 생략

제5조 생략

부칙

〈제11555호, 2012.12.18〉

제1조(시행일) 이 법은 공포 후 6개월이 경과한 날부터 시행한다.

제2조(관리인 임기에 관한 적용례) 제24조제2항의 개정규정은 이 법 시행 후 최초로 선임되거나 임기가 새로 개시되는 관리인부터 적용한다.

제3조(담보책임에 관한 경과조치) 제2조의2, 제9조, 제9조의2, 법률 제3725호 집합건물의 소유 및 관리에 관한 법률 부칙 제6조(법률 제7502호 집합건물의 소유 및 관리에 관한 법률 일부 개정 법률에 따라 개정된 내용을 포함)의 개정규정 및 부칙 제4조에도 불구하고 이 법 시행 전에 분양된 건물의 담보책임에 관하여는 종전의 규정에 따른다.

제4조(다른 법률의 개정) 주택법 일부를 다음과 같이 개정한다.

제46조제1항 각 호 외의 부분 중 "「민법」 제667조부터 제671조까지의 규정을 준용하도록 한 「집합건물의 소유 및 관리에 관한 법률」 제9조에도 불구하고, 공동주택의 사용검사일(주택단지 안의 공동주택의 전부에 대하여 임시 사용승인을 받은 경우에는 그 임시 사용승인일을 말하고, 제29조제1항 단서에 따라 분할 사용검사나 동별 사용검사를 받은 경우에는 분할 사용검사일 또는 동별 사용검사일을 말한다) 또는 「건축법」 제22조에 따른 공동주택의 사용승인일부터"를 "전유부분은 입주자에게 인도한 날부터, 공용부분은 공동주택의 사용검사일(주택단지 안의 공동주택의 전부에 대하여 임시 사용승인을 받은 경우에는 그 임시 사용승인일을 말하고, 제29조제1항 단서에 따라 분할 사용검사나 동별 사용검사를 받은 경우에는 분할 사용검사일 또는 동별 사용검사일을 말한다) 또는 「건축법」 제22조에 따른 공동주택의 사용승인일부터"로 한다.

부칙(정부조직법)

〈제11690호, 2013.3.23〉

제1조(시행일) ① 이 법은 공포한 날부터 시행한다.

② 생략

제2조부터 제5조까지 생략

제6조(다른 법률의 개정) ①부터 〈132〉까지 생략
〈133〉 집합건물의 소유 및 관리에 관한 법률 일부를 다음과 같이 개정한다.
제54조제1항제5호 및 제2항제6호 중 "국토해양부령"을 각각 "국토교통부령"으로 한다.

〈134〉부터 〈710〉까지 생략

제7조 생략

부칙(공간정보의 구축 및 관리 등에 관한 법률)

〈제12738호, 2014.6.3〉

제1조(시행일) 이 법은 공포 후 1년이 경과한 날부터 시행한다. 〈단서 생략〉

제2조(다른 법률의 개정) ①부터 〈60〉까지 생략

〈61〉집합건물의 소유 및 관리에 관한 법률 일부를 다음과 같이 개정한다.

제56조제2항 중 "「측량·수로조사 및 지적에 관한 법률」 제39조제2항"을 "「공간정보의 구축 및 관리 등에 관한 법률」제39조제2항"으로 한다.

〈62〉부터 〈65〉까지 생략

제3조 생략

부칙(공동주택관리법)

〈제13474호, 2015.8.11〉

제1조(시행일) 이 법은 공포 후 1년이 경과한 날부터 시행한다.

제2조부터 제33조까지 생략

제34조(다른 법률의 개정) ①부터 ⑮까지 생략

〈16〉집합건물의 소유 및 관리에 관한 법률 일부를 다음과 같이 개정한다.

제2조의2의 제목 중 "「주택법」"을 "다른 법률"로 하고, 같은 조 중 "「주택법」"을 "「주택법」 및 「공동주택관리법」"으로 하며, 제52조의2제2항제1호 단서 중 "「주택법」 제46조"를 "「공동주택관리법」 제36조 및 제37조"로 하고, 제52조의9제2항 중 "「주택법」 제46조의2"를 "「공동주택관리법」 제39조"로 한다.

제35조 및 제36조 생략

부칙(주택법)

〈제13805호, 2016.1.19〉

제1조(시행일) 이 법은 2016년 8월 12일부터 시행한다.

제2조부터 제20조까지 생략

제21조(다른 법률의 개정) ①부터 〈75〉까지 생략

〈76〉 집합건물의 소유 및 관리에 관한 법률 일부를 다음과 같이 개정한다.

제9조의2제2항제2호 중 "「주택법」 제29조"를 각각 "「주택법」 제49조"로 한다.

〈77〉부터 〈86〉까지 생략

제22조 생략

부칙
〈제16919호, 2020.2.4〉

제1조(시행일) 이 법은 공포 후 1년이 경과한 날부터 시행한다.

제2조(분양자의 통지의무 등에 관한 적용례) 제9조의3의 개정규정은 이 법 시행 이후 분양하는 경우부터 적용한다.

제3조(관리인 선임 등 신고에 관한 적용례) 제24조제6항의 개정규정(제52조의 개정규정에서 준용하는 경우를 포함한다)은 이 법 시행 이후 관리인을 선임하는 경우부터 적용한다.

제4조(관리인의 회계감사에 관한 적용례) 제26조의2의 개정규정(제52조의 개정규정에서 준용하는 경우를 포함한다)은 이 법 시행 이후 개시되는 회계연도부터 적용한다.

제5조(관리위원회 구성에 관한 경과조치) 이 법 시행 당시 재직 중인 관리위원회 위원에 대해서는 잔여임기 동안 제26조의4제2항의 개정규정(제52조의 개정규정에서 준용하는 경우를 포함)에도 불구하고 종전의 규정에 따른다.

부칙
〈제19282호, 2023.3.28.〉

제1조(시행일) 이 법은 공포 후 6개월이 경과한 날부터 시행한다.

제2조(관리인의 장부 작성 및 보관 등에 관한 적용례) 제26조제2항 및 제3항(제2항에 관한 부분으로 한정한다)의 개정규정(제52조에서 준용하는 경우를 포함한다)은 이 법 시행일이 속하는 달의 다음 달의 회계부터 적용한다.

집합건물법 시행령(대통령령) 부칙

부칙
[2003.12.24.]

이 영은 2004년 1월 19일부터 시행한다.

부칙
[2013.6.17. 제24605호]

제1조(시행일) 이 영은 2013년 6월 19일부터 시행한다.

제2조(관리단 사무 집행을 위한 분담금액과 비용의 산정방법 보고에 관한 적용례) 제6조제2항의 개정규정에 따른 관리단의 사무 집행을 위한 분담금액과 비용의 산정방법에 대한 관리인의 보고는 이 영 시행일이 속하는 달의 관리단 사무 집행을 위한 분담금액과 비용의 산정분부터 적용한다.

제3조(금치산자에 관한 경과조치) ① 제8조제1호의 개정규정 중 "피성년후견인"은 2013년 6월 30일까지는 "금치산자"로 본다.

② 제8조제1호의 개정규정에도 불구하고 같은 규정에 따른 피성년후견인에는 법률 제10429호 민법 일부개정법률 부칙 제2조에 따라 금치산 선고의 효력이 유지되는 사람을 포함하는 것으로 본다.

부칙(시설물의 안전 및 유지관리에 관한 특별법 시행령)
⟨제28586호, 2018.1.16⟩

제1조(시행일) 이 영은 2018년 1월 18일부터 시행한다. ⟨단서 생략⟩

제2조부터 제6조까지 생략

제7조(다른 법령의 개정) ①부터 ⟨20⟩까지 생략

⟨21⟩ 집합건물의 소유 및 관리에 관한 법률 시행령 일부를 다음과 같이 개정한다.

제21조제4호 중 "「시설물의 안전관리에 관한 특별법」 제25조"를 "「시설물의 안전 및 유지관리에 관한 특별법」 제45조"로 하고, 같은 조 제7호 중 "「시설물의 안전관리에 관한 특별법」 제9조"를 "「시설물의 안전 및 유지관리에 관한 특별법」 제28조"로 한다.

⟨22⟩부터 ⟨24⟩까지 생략

제8조 생략

부칙(국토안전관리원법 시행령)
〈제31211호, 2020.12.1〉

제1조(시행일) 이 영은 2020년 12월 10일부터 시행한다.

제2조(다른 법령의 개정) ①부터 ⑭까지 생략
⑮ 집합건물의 소유 및 관리에 관한 법률 시행령 일부를 다음과 같이 개정한다.
　제21조제4호를 다음과 같이 한다.
　4. 「국토안전관리원법」에 따른 국토안전관리원
〈16〉 및 〈17〉 생략

부칙(전자서명법 시행령)
〈제31222호, 2020.12.8〉

제1조(시행일) 이 영은 2020년 12월 10일부터 시행한다.

제2조(다른 법령의 개정) ①부터 〈32〉까지 생략

〈33〉 집합건물의 소유 및 관리에 관한 법률 시행령 일부를 다음과 같이 개정한다.

제13조제1항제1호 중 "「전자서명법」제2조제3호에 따른 공인전자서명 또는 같은 조 제8호에 따른 공인인증서"를 "「전자서명법」 제2조제2호에 따른 전자서명 또는 인증서로서 서명자의 실지명의를 확인할 수 있는 전자서명 또는 인증서"로 한다.

〈34〉부터 〈37〉까지 생략

제3조 생략

부칙
〈제31423호,2021.2.2〉

이 영은 2021년 2월 5일부터 시행한다.

부칙
〈제33737호,2023.9.26.〉

이 영은 2023년 9월 29일부터 시행한다.

집합건물의 소유 및 관리에 관한 법률

(약칭: 집합건물법)

[시행 2023. 9. 29.]
[법률 제19282호, 2023. 3. 28., 일부개정]

법무부(법무심의관실) 02-2110-3164

제1장 건물의 구분소유

⟨개정 2010. 3. 31.⟩

제1절 총칙

⟨개정 2010. 3. 31.⟩

제1조(건물의 구분소유) 1동의 건물 중 구조상 구분된 여러 개의 부분이 독립한 건물로서 사용될 수 있을 때에는 그 각 부분은 이 법에서 정하는 바에 따라 각각 소유권의 목적으로 할 수 있다.

[전문개정 2010. 3. 31.]

제1조의2(상가건물의 구분소유) ① 1동의 건물이 다음 각 호에 해당하는 방식으로 여러 개의 건물부분으로 이용상 구분된 경우에 그 건물부분(이하 "구분점포"라 한다)은 이 법에서 정하는 바에 따라 각각 소유권의 목적으로 할 수 있다. ⟨개정 2020. 2. 4.⟩

1. 구분점포의 용도가 「건축법」 제2조제2항제7호의 판매시설 및 같은 항 제8호의 운수시설일 것
2. 삭제 ⟨2020. 2. 4.⟩
3. 경계를 명확하게 알아볼 수 있는 표지를 바닥에 견고하게 설치할 것
4. 구분점포별로 부여된 건물번호표지를 견고하게 붙일 것

② 제1항에 따른 경계표지 및 건물번호표지에 관하여 필요한 사항은 대통령령으로 정한다.

[전문개정 2010. 3. 31.]

제2조(정의) 이 법에서 사용하는 용어의 뜻은 다음과 같다.

1. "구분소유권"이란 제1조 또는 제1조의2에 규정된 건물부분[제3조제2항 및 제3항에 따라 공용부분(共用部分)으로 된 것은 제외한다]을 목적으로 하는 소유권을 말한다.
2. "구분소유자"란 구분소유권을 가지는 자를 말한다.
3. "전유부분"(專有部分)이란 구분소유권의 목적인 건물부분을 말한다.
4. "공용부분"이란 전유부분 외의 건물부분, 전유부분에 속하지 아니하는 건물의 부속물 및 제3조제2항 및 제3항에 따라 공용부분으로 된 부속의 건물을 말한다.
5. "건물의 대지"란 전유부분이 속하는 1동의 건물이 있는 토지 및 제4조에 따라 건물의 대지로 된 토지를 말한다.
6. "대지사용권"이란 구분소유자가 전유부분을 소유하기 위하여 건물의 대지에 대하여 가지는 권리를 말한다.

[전문개정 2010. 3. 31.]

제2조의2(다른 법률과의 관계) 집합주택의 관리 방법과 기준, 하자담보책임에 관한 「주택법」 및 「공동주택관리법」의 특별한 규정은 이 법에 저촉되어 구분소유자의 기본적인 권리를 해치지 아니하는 범위에서 효력이 있다. 〈개정 2015. 8. 11.〉

[본조신설 2012. 12. 18.]

[제목개정 2015. 8. 11.]

제3조(공용부분) ① 여러 개의 전유부분으로 통하는 복도, 계단, 그 밖에 구조상 구분소유자 전원 또는 일부의 공용(共用)에 제공되는 건물부분은 구분소유권의 목적으로 할 수 없다.

② 제1조 또는 제1조의2에 규정된 건물부분과 부속의 건물은 규약으로써 공용부분으로 정할 수 있다.

③ 제1조 또는 제1조의2에 규정된 건물부분의 전부 또는 부속건물을 소유하는 자는 공정증서(公正證書)로써 제2항의 규약에 상응하는 것을 정할 수 있다.

④ 제2항과 제3항의 경우에는 공용부분이라는 취지를 등기하여야 한다.

[전문개정 2010. 3. 31.]

제4조(규약에 따른 건물의 대지) ① 통로, 주차장, 정원, 부속건물의 대지, 그 밖에 전유부분이 속하는 1동의 건물 및 그 건물이 있는 토지와 하나로 관리되거나 사용되는 토지는 규약으로써 건물의 대지로 할 수 있다.

② 제1항의 경우에는 제3조제3항을 준용한다.

③ 건물이 있는 토지가 건물이 일부 멸실함에 따라 건물이 있는 토지가 아닌 토지로 된 경우에는 그 토지는 제1항에 따라 규약으로써 건물의 대지로 정한 것으로 본다. 건물이 있는 토지의 일부가 분할로 인하여 건물이 있는 토지가 아닌 토지로 된 경우에도 같다.

[전문개정 2010. 3. 31.]

제5조(구분소유자의 권리·의무 등) ① 구분소유자는 건물의 보존에 해로운 행위나 그 밖에 건물의 관리 및 사용에 관하여 구분소유자 공동의 이익에 어긋나는 행위를 하여서는 아니 된다.

② 전유부분이 주거의 용도로 분양된 것인 경우에는 구분소유자는 정당한 사유 없이 그 부분을 주거 외의 용도로 사용하거나 그 내부 벽을 철거하거나 파손하여 증축·개축하는 행위를 하여서는 아니 된다.

③ 구분소유자는 그 전유부분이나 공용부분을 보존하거나 개량하기 위하여 필요한 범위에서 다른 구분소유자의 전유부분 또는 자기의 공유(共有)에 속하지 아니하는 공용부분의 사용을 청구할 수 있다. 이 경우 다른 구분소유자가 손해를 입었을 때에는 보상하여야 한다.

④ 전유부분을 점유하는 자로서 구분소유자가 아닌 자(이하 "점유자"라 한다)에 대하여는 제1항부터 제3항까지의 규정을 준용한다.

[전문개정 2010. 3. 31.]

제6조(건물의 설치·보존상의 흠 추정) 전유부분이 속하는 1동의 건물의 설치 또는 보존의 흠으로 인하여 다른 자에게 손해를 입힌 경우에는 그 흠은 공용부분에 존재하는 것으로 추정한다.

[전문개정 2010. 3. 31.]

제7조(구분소유권 매도청구권) 대지사용권을 가지지 아니한 구분소유자가 있을 때에는 그 전유부분의 철거를 청구할 권리를 가진 자는 그 구분소유자에 대하여 구분소유권을 시가(時價)로 매도할 것을 청구할 수 있다.

[전문개정 2010. 3. 31.]

제8조(대지공유자의 분할청구 금지) 대지 위에 구분소유권의 목적인 건물이 속하는 1동의 건물이 있을 때에는 그 대지의 공유자는 그 건물 사용에 필요한 범위의 대지에 대하여는 분할을 청구하지 못한다.

[전문개정 2010. 3. 31.]

제9조(담보책임) ① 제1조 또는 제1조의2의 건물을 건축하여 분양한 자(이하 "분양자"라 한다)와 분양자와의 계약에 따라 건물을 건축한 자로서 대통령령으로 정하는 자(이하 "시공자"라 한다)는 구분소유자에 대하여 담보책임을 진다. 이 경우 그 담보책임에 관하여는 「민법」 제667조 및 제668조를 준용한다. 〈개정 2012. 12. 18.〉
② 제1항에도 불구하고 시공자가 분양자에게 부담하는 담보책임에 관하여 다른 법률에 특별한 규정이 있으면 시공자는 그 법률에서 정하는 담보책임의 범위에서 구분소유자에게 제1항의 담보책임을 진다. 〈신설 2012. 12. 18.〉
③ 제1항 및 제2항에 따른 시공자의 담보책임 중 「민법」 제667조제2항에 따른 손해배상책임은 분양자에게 회생절차개시 신청, 파산 신청, 해산, 무자력(無資力) 또는 그 밖에 이에 준하는 사유가 있는 경우에만 지며, 시공자가 이미 분양자에게 손해배상을 한 경우에는 그 범위에서 구분소유자에 대한 책임을 면(免)한다. 〈신설 2012. 12. 18.〉
④ 분양자와 시공자의 담보책임에 관하여 이 법과 「민법」에 규정된 것보다 매수인에게 불리한 특약은 효력이 없다. 〈개정 2012. 12. 18.〉

[전문개정 2010. 3. 31.]

제9조의2(담보책임의 존속기간) ① 제9조에 따른 담보책임에 관한 구분소유자의 권리는 다음 각 호의 기간 내에 행사하여야 한다.
　1. 「건축법」 제2조제1항제7호에 따른 건물의 주요구조부 및 지반공사의 하자: 10년
　2. 제1호에 규정된 하자 외의 하자: 하자의 중대성, 내구연한, 교체가능성 등을 고려하여 5년의 범위에서 대통령령으로 정하는 기간
② 제1항의 기간은 다음 각 호의 날부터 기산한다. 〈개정 2016. 1. 19.〉
　1. 전유부분: 구분소유자에게 인도한 날
　2. 공용부분: 「주택법」 제49조에 따른 사용검사일(집합건물 전부에 대하여 임시 사용승인을 받은 경우에는 그 임시 사용승인일을 말하고, 「주택법」 제49조제1항 단서에 따라 분할

사용검사나 동별 사용검사를 받은 경우에는 분할 사용검사일 또는 동별 사용검사일을 말한다) 또는 「건축법」 제22조에 따른 사용승인일

③ 제1항 및 제2항에도 불구하고 제1항 각 호의 하자로 인하여 건물이 멸실되거나 훼손된 경우에는 그 멸실되거나 훼손된 날부터 1년 이내에 권리를 행사하여야 한다.

[본조신설 2012. 12. 18.]

제9조의3(분양자의 관리의무 등) ① 분양자는 제24조제3항에 따라 선임(選任)된 관리인이 사무를 개시(開始)할 때까지 선량한 관리자의 주의로 건물과 대지 및 부속시설을 관리하여야 한다. *〈개정 2020. 2. 4.〉*

② 분양자는 제28조제4항에 따른 표준규약 및 같은 조 제5항에 따른 지역별 표준규약을 참고하여 공정증서로써 규약에 상응하는 것을 정하여 분양계약을 체결하기 전에 분양을 받을 자에게 주어야 한다. *〈개정 2023. 3. 28.〉*

③ 분양자는 예정된 매수인의 2분의 1 이상이 이전등기를 한 때에는 규약 설정 및 관리인 선임을 위한 관리단집회(제23조에 따른 관리단의 집회를 말한다. 이하 같다)를 소집할 것을 대통령령으로 정하는 바에 따라 구분소유자에게 통지하여야 한다. 이 경우 통지받은 날부터 3개월 이내에 관리단집회를 소집할 것을 명시하여야 한다. *〈개정 2020. 2. 4.〉*

④ 분양자는 구분소유자가 제3항의 통지를 받은 날부터 3개월 이내에 관리단집회를 소집하지 아니하는 경우에는 지체 없이 관리단집회를 소집하여야 한다. *〈신설 2020. 2. 4.〉*

[본조신설 2012. 12. 18.]

제2절 공용부분 *〈개정 2010. 3. 31.〉*

제10조(공용부분의 귀속 등) ① 공용부분은 구분소유자 전원의 공유에 속한다. 다만, 일부의 구분소유자만이 공용하도록 제공되는 것임이 명백한 공용부분(이하 "일부공용부분"이라 한다)은 그들 구분소유자의 공유에 속한다.

② 제1항의 공유에 관하여는 제11조부터 제18조까지의 규정에 따른다. 다만, 제12조, 제17조에 규정한 사항에 관하여는 규약으로써 달리 정할 수 있다.

[전문개정 2010. 3. 31.]

제11조(공유자의 사용권) 각 공유자는 공용부분을 그 용도에 따라 사용할 수 있다.

[전문개정 2010. 3. 31.]

제12조(공유자의 지분권) ① 각 공유자의 지분은 그가 가지는 전유부분의 면적 비율에 따른다.

② 제1항의 경우 일부공용부분으로서 면적이 있는 것은 그 공용부분을 공용하는 구분소유자의 전유부분의 면적 비율에 따라 배분하여 그 면적을 각 구분소유자의 전유부분 면적에 포함한다.

[전문개정 2010. 3. 31.]

제13조(전유부분과 공용부분에 대한 지분의 일체성) ① 공용부분에 대한 공유자의 지분은 그가 가지는 전유부분의 처분에 따른다.

② 공유자는 그가 가지는 전유부분과 분리하여 공용부분에 대한 지분을 처분할 수 없다.

③ 공용부분에 관한 물권의 득실변경(得失變更)은 등기가 필요하지 아니하다.

[전문개정 2010. 3. 31.]

제14조(일부공용부분의 관리) 일부공용부분의 관리에 관한 사항 중 구분소유자 전원에게 이해관계가 있는 사항과 제29조제2항의 규약으로써 정한 사항은 구분소유자 전원의 집회결의로써 결정하고, 그 밖의 사항은 그것을 공용하는 구분소유자만의 집회결의로써 결정한다.

[전문개정 2010. 3. 31.]

제15조(공용부분의 변경) ① 공용부분의 변경에 관한 사항은 관리단집회에서 구분소유자의 3분의 2 이상 및 의결권의 3분의 2 이상의 결의로써 결정한다. 다만, 다음 각 호의 어느 하나에 해당하는 경우에는 제38조제1항에 따른 통상의 집회결의로써 결정할 수 있다. 〈개정 2020. 2. 4.〉

 1. 공용부분의 개량을 위한 것으로서 지나치게 많은 비용이 드는 것이 아닐 경우
 2. 「관광진흥법」 제3조제1항제2호나목에 따른 휴양 콘도미니엄업의 운영을 위한 휴양 콘도미니엄의 공용부분 변경에 관한 사항인 경우

② 제1항의 경우에 공용부분의 변경이 다른 구분소유자의 권리에 특별한 영향을 미칠 때에는 그 구분소유자의 승낙을 받아야 한다.

[전문개정 2010. 3. 31.]

제15조의2(권리변동 있는 공용부분의 변경) ① 제15조에도 불구하고 건물의 노후화 억제 또는 기능 향상 등을 위한 것으로 구분소유권 및 대지사용권의 범위나 내용에 변동을 일으키는 공용부분의 변경에 관한 사항은 관리단집회에서 구분소유자의 5분의 4 이상 및 의결권의 5분의 4 이상의 결의로써 결정한다. 다만, 「관광진흥법」 제3조제1항제2호나목에 따른 휴양 콘도미니엄업의 운영을 위한 휴양 콘도미니엄의 권리변동 있는 공용부분 변경에 관한 사항은 구분소유자의 3분의 2 이상 및 의결권의 3분의 2 이상의 결의로써 결정한다. 〈개정 2023. 3. 28.〉

② 제1항의 결의에서는 다음 각 호의 사항을 정하여야 한다. 이 경우 제3호부터 제7호까지의 사항은 각 구분소유자 사이에 형평이 유지되도록 정하여야 한다.

 1. 설계의 개요
 2. 예상 공사 기간 및 예상 비용(특별한 손실에 대한 전보 비용을 포함한다)
 3. 제2호에 따른 비용의 분담 방법
 4. 변경된 부분의 용도
 5. 전유부분 수의 증감이 발생하는 경우에는 변경된 부분의 귀속에 관한 사항
 6. 전유부분이나 공용부분의 면적에 증감이 발생하는 경우에는 변경된 부분의 귀속에 관한

사항
　7. 대지사용권의 변경에 관한 사항
　8. 그 밖에 규약으로 정한 사항
③ 제1항의 결의를 위한 관리단집회의 의사록에는 결의에 대한 각 구분소유자의 찬반 의사를 적어야 한다.
④ 제1항의 결의가 있는 경우에는 제48조 및 제49조를 준용한다.
[본조신설 2020. 2. 4.]

제16조(공용부분의 관리) ① 공용부분의 관리에 관한 사항은 제15조제1항 본문 및 제15조의2의 경우를 제외하고는 제38조제1항에 따른 통상의 집회결의로써 결정한다. 다만, 보존행위는 각 공유자가 할 수 있다. 〈개정 2020. 2. 4.〉
② 구분소유자의 승낙을 받아 전유부분을 점유하는 자는 제1항 본문에 따른 집회에 참석하여 그 구분소유자의 의결권을 행사할 수 있다. 다만, 구분소유자와 점유자가 달리 정하여 관리단에 통지한 경우에는 그러하지 아니하며, 구분소유자의 권리·의무에 특별한 영향을 미치는 사항을 결정하기 위한 집회인 경우에는 점유자는 사전에 구분소유자에게 의결권 행사에 대한 동의를 받아야 한다. 〈신설 2012. 12. 18.〉
③ 제1항 및 제2항에 규정된 사항은 규약으로써 달리 정할 수 있다. 〈개정 2012. 12. 18.〉
④ 제1항 본문의 경우에는 제15조제2항을 준용한다. 〈개정 2012. 12. 18.〉
[전문개정 2010. 3. 31.]

제17조(공용부분의 부담·수익) 각 공유자는 규약에 달리 정한 바가 없으면 그 지분의 비율에 따라 공용부분의 관리비용과 그 밖의 의무를 부담하며 공용부분에서 생기는 이익을 취득한다.
[전문개정 2010. 3. 31.]

제17조의2(수선적립금) ① 제23조에 따른 관리단(이하 "관리단"이라 한다)은 규약에 달리 정한 바가 없으면 관리단집회 결의에 따라 건물이나 대지 또는 부속시설의 교체 및 보수에 관한 수선계획을 수립할 수 있다.
② 관리단은 규약에 달리 정한 바가 없으면 관리단집회의 결의에 따라 수선적립금을 징수하여 적립할 수 있다. 다만, 다른 법률에 따라 장기수선을 위한 계획이 수립되어 충당금 또는 적립금이 징수·적립된 경우에는 그러하지 아니하다.
③ 제2항에 따른 수선적립금(이하 이 조에서 "수선적립금"이라 한다)은 구분소유자로부터 징수하며 관리단에 귀속된다.
④ 관리단은 규약에 달리 정한 바가 없으면 수선적립금을 다음 각 호의 용도로 사용하여야 한다.
　1. 제1항의 수선계획에 따른 공사
　2. 자연재해 등 예상하지 못한 사유로 인한 수선공사
　3. 제1호 및 제2호의 용도로 사용한 금원의 변제

⑤ 제1항에 따른 수선계획의 수립 및 수선적립금의 징수·적립에 필요한 사항은 대통령령으로 정한다.

[본조신설 2020. 2. 4.]

제18조(공용부분에 관하여 발생한 채권의 효력) 공유자가 공용부분에 관하여 다른 공유자에 대하여 가지는 채권은 그 특별승계인에 대하여도 행사할 수 있다.

[전문개정 2010. 3. 31.]

제19조(공용부분에 관한 규정의 준용) 건물의 대지 또는 공용부분 외의 부속시설(이들에 대한 권리를 포함한다)을 구분소유자가 공유하는 경우에는 그 대지 및 부속시설에 관하여 제15조, 제15조의2, 제16조 및 제17조를 준용한다. 〈개정 2020. 2. 4.〉

[전문개정 2010. 3. 31.]

제3절 대지사용권

〈개정 2010. 3. 31.〉

제20조(전유부분과 대지사용권의 일체성) ① 구분소유자의 대지사용권은 그가 가지는 전유부분의 처분에 따른다.

② 구분소유자는 그가 가지는 전유부분과 분리하여 대지사용권을 처분할 수 없다. 다만, 규약으로써 달리 정한 경우에는 그러하지 아니하다.

③ 제2항 본문의 분리처분금지는 그 취지를 등기하지 아니하면 선의(善意)로 물권을 취득한 제3자에게 대항하지 못한다.

④ 제2항 단서의 경우에는 제3조제3항을 준용한다.

[전문개정 2010. 3. 31.]

제21조(전유부분의 처분에 따르는 대지사용권의 비율) ① 구분소유자가 둘 이상의 전유부분을 소유한 경우에는 각 전유부분의 처분에 따르는 대지사용권은 제12조에 규정된 비율에 따른다. 다만, 규약으로써 달리 정할 수 있다.

② 제1항 단서의 경우에는 제3조제3항을 준용한다.

[전문개정 2010. 3. 31.]

제22조(「민법」 제267조의 적용 배제) 제20조제2항 본문의 경우 대지사용권에 대하여는 「민법」 제267조(같은 법 제278조에서 준용하는 경우를 포함한다)를 적용하지 아니한다.

[전문개정 2010. 3. 31.]

제4절 관리단 및 관리단의 기관

〈개정 2012. 12. 18〉

제23조(관리단의 당연 설립 등) ① 건물에 대하여 구분소유 관계가 성립되면 구분소유자 전원을 구성원으로 하여 건물과 그 대지 및 부속시설의 관리에 관한 사업의 시

행을 목적으로 하는 관리단이 설립된다.

② 일부공용부분이 있는 경우 그 일부의 구분소유자는 제28조제2항의 규약에 따라 그 공용부분의 관리에 관한 사업의 시행을 목적으로 하는 관리단을 구성할 수 있다.

[전문개정 2010. 3. 31.]

제23조의2(관리단의 의무) 관리단은 건물의 관리 및 사용에 관한 공동이익을 위하여 필요한 구분소유자의 권리와 의무를 선량한 관리자의 주의로 행사하거나 이행하여야 한다.

[본조신설 2012. 12. 18.]

제24조(관리인의 선임 등) ① 구분소유자가 10인 이상일 때에는 관리단을 대표하고 관리단의 사무를 집행할 관리인을 선임하여야 한다. 〈개정 2012. 12. 18.〉

② 관리인은 구분소유자일 필요가 없으며, 그 임기는 2년의 범위에서 규약으로 정한다. 〈신설 2012. 12. 18.〉

③ 관리인은 관리단집회의 결의로 선임되거나 해임된다. 다만, 규약으로 제26조의3에 따른 관리위원회의 결의로 선임되거나 해임되도록 정한 경우에는 그에 따른다. 〈개정 2012. 12. 18., 2020. 2. 4.〉

④ 구분소유자의 승낙을 받아 전유부분을 점유하는 자는 제3항 본문에 따른 관리단집회에 참석하여 그 구분소유자의 의결권을 행사할 수 있다. 다만, 구분소유자와 점유자가 달리 정하여 관리단에 통지하거나 구분소유자가 집회 이전에 직접 의결권을 행사할 것을 관리단에 통지한 경우에는 그러하지 아니하다. 〈신설 2012. 12. 18.〉

⑤ 관리인에게 부정한 행위나 그 밖에 그 직무를 수행하기에 적합하지 아니한 사정이 있을 때에는 각 구분소유자는 관리인의 해임을 법원에 청구할 수 있다. 〈개정 2012. 12. 18.〉

⑥ 전유부분이 50개 이상인 건물(「공동주택관리법」에 따른 의무관리대상 공동주택 및 임대주택과 「유통산업발전법」에 따라 신고한 대규모점포등관리자가 있는 대규모점포 및 준대규모점포는 제외한다)의 관리인으로 선임된 자는 대통령령으로 정하는 바에 따라 선임된 사실을 특별자치시장, 특별자치도지사, 시장, 군수 또는 자치구의 구청장(이하 "소관청"이라 한다)에게 신고하여야 한다. 〈신설 2020. 2. 4.〉

[전문개정 2010. 3. 31.]

제24조의2(임시관리인의 선임 등) ① 구분소유자, 그의 승낙을 받아 전유부분을 점유하는 자, 분양자 등 이해관계인은 제24조제3항에 따라 선임된 관리인이 없는 경우에는 법원에 임시관리인의 선임을 청구할 수 있다.

② 임시관리인은 선임된 날부터 6개월 이내에 제24조제3항에 따른 관리인 선임을 위하여 관리단집회 또는 관리위원회를 소집하여야 한다.

③ 임시관리인의 임기는 선임된 날부터 제24조제3항에 따라 관리인이 선임될 때까지로 하되, 같은 조 제2항에 따라 규약으로 정한 임기를 초과할 수 없다.

[본조신설 2020. 2. 4.]

제25조(관리인의 권한과 의무) ① 관리인은 다음 각 호의 행위를 할 권한과 의무를 가진다. 〈개정 2020. 2. 4.〉

  1. 공용부분의 보존행위

  1의2. 공용부분의 관리 및 변경에 관한 관리단집회 결의를 집행하는 행위

  2. 공용부분의 관리비용 등 관리단의 사무 집행을 위한 비용과 분담금을 각 구분소유자에게 청구·수령하는 행위 및 그 금원을 관리하는 행위

  3. 관리단의 사업 시행과 관련하여 관리단을 대표하여 하는 재판상 또는 재판 외의 행위

  3의2. 소음·진동·악취 등을 유발하여 공동생활의 평온을 해치는 행위의 중지 요청 또는 분쟁 조정절차 권고 등 필요한 조치를 하는 행위

  4. 그 밖에 규약에 정하여진 행위

② 관리인의 대표권은 제한할 수 있다. 다만, 이로써 선의의 제3자에게 대항할 수 없다.

[전문개정 2010. 3. 31.]

제26조(관리인의 보고의무 등) ① 관리인은 대통령령으로 정하는 바에 따라 매년 1회 이상 구분소유자 및 그의 승낙을 받아 전유부분을 점유하는 자에게 그 사무에 관한 보고를 하여야 한다. 〈개정 2012. 12. 18., 2023. 3. 28.〉

② 전유부분이 50개 이상인 건물의 관리인은 관리단의 사무 집행을 위한 비용과 분담금 등 금원의 징수·보관·사용·관리 등 모든 거래행위에 관하여 장부를 월별로 작성하여 그 증빙서류와 함께 해당 회계연도 종료일부터 5년간 보관하여야 한다. 〈신설 2023. 3. 28.〉

③ 이해관계인은 관리인에게 제1항에 따른 보고 자료, 제2항에 따른 장부나 증빙서류의 열람을 청구하거나 자기 비용으로 등본의 교부를 청구할 수 있다. 이 경우 관리인은 다음 각 호의 정보를 제외하고 이에 응하여야 한다. 〈개정 2023. 3. 28.〉

  1. 「개인정보 보호법」 제24조에 따른 고유식별정보 등 개인의 사생활의 비밀 또는 자유를 침해할 우려가 있는 정보

  2. 의사결정 과정 또는 내부검토 과정에 있는 사항 등으로서 공개될 경우 업무의 공정한 수행에 현저한 지장을 초래할 우려가 있는 정보

④ 「공동주택관리법」에 따른 의무관리대상 공동주택 및 임대주택과 「유통산업발전법」에 따라 신고한 대규모점포등관리자가 있는 대규모점포 및 준대규모점포에 대해서는 제1항부터 제3항까지를 적용하지 아니한다. 〈신설 2023. 3. 28.〉

⑤ 이 법 또는 규약에서 규정하지 아니한 관리인의 권리의무에 관하여는 「민법」의 위임에 관한 규정을 준용한다. 〈개정 2012. 12. 18., 2023. 3. 28.〉

[전문개정 2010. 3. 31.]

제26조의2(회계감사) ① 전유부분이 150개 이상으로서 대통령령으로 정하는 건물의 관리인은 「주식회사 등의 외부감사에 관한 법률」 제2조제7호에 따른 감사인(이하 이 조에서 "감사인"이라 한다)의 회계감사를 매년 1회 이상 받아야 한다. 다만, 관리단집회에서 구분소유자의 3분의 2 이상 및 의결권의 3분의 2 이상이 회계감사를 받지 아니하기로 결의한 연도에는 그러하지 아니하다.

② 구분소유자의 승낙을 받아 전유부분을 점유하는 자는 제1항 단서에 따른 관리단 집회에 참석하여 그 구분소유자의 의결권을 행사할 수 있다. 다만, 구분소유자와 점유자가 달리 정하여 관리단에 통지하거나 구분소유자가 집회 이전에 직접 의결권을 행사할 것을 관리단에 통지한 경우에는 그러하지 아니하다.

③ 전유부분이 50개 이상 150개 미만으로서 대통령령으로 정하는 건물의 관리인은 구분소유자의 5분의 1 이상이 연서(連署)하여 요구하는 경우에는 감사인의 회계감사를 받아야 한다. 이 경우 구분소유자의 승낙을 받아 전유부분을 점유하는 자가 구분소유자를 대신하여 연서할 수 있다.

④ 관리인은 제1항 또는 제3항에 따라 회계감사를 받은 경우에는 대통령령으로 정하는 바에 따라 감사보고서 등 회계감사의 결과를 구분소유자 및 그의 승낙을 받아 전유부분을 점유하는 자에게 보고하여야 한다.

⑤ 제1항 또는 제3항에 따른 회계감사의 기준·방법 및 감사인의 선정방법 등에 관하여 필요한 사항은 대통령령으로 정한다.

⑥ 제1항 또는 제3항에 따라 회계감사를 받는 관리인은 다음 각 호의 어느 하나에 해당하는 행위를 하여서는 아니 된다.
  1. 정당한 사유 없이 감사인의 자료열람·등사·제출 요구 또는 조사를 거부·방해·기피하는 행위
  2. 감사인에게 거짓 자료를 제출하는 등 부정한 방법으로 회계감사를 방해하는 행위

⑦ 「공동주택관리법」에 따른 의무관리대상 공동주택 및 임대주택과 「유통산업발전법」에 따라 신고한 대규모점포등관리자가 있는 대규모점포 및 준대규모점포에는 제1항부터 제6항까지의 규정을 적용하지 아니한다.

[본조신설 2020. 2. 4.]

[종전 제26조의2는 제26조의3으로 이동 〈2020. 2. 4.〉]

제26조의3(관리위원회의 설치 및 기능) ① 관리단에는 규약으로 정하는 바에 따라 관리위원회를 둘 수 있다.

② 관리위원회는 이 법 또는 규약으로 정한 관리인의 사무 집행을 감독한다.

③ 제1항에 따라 관리위원회를 둔 경우 관리인은 제25조제1항 각 호의 행위를 하려면 관리위원회의 결의를 거쳐야 한다. 다만, 규약으로 달리 정한 사항은 그러하지 아니하다.

[본조신설 2012. 12. 18.]

[제26조의2에서 이동, 종전 제26조의3은 제26조의4로 이동 〈2020. 2. 4.〉]

제26조의4(관리위원회의 구성 및 운영) ① 관리위원회의 위원은 구분소유자 중에서 관리단집회의 결의에 의하여 선출한다. 다만, 규약으로 관리단집회의 결의에 관하여 달리 정한 경우에는 그에 따른다.

② 관리인은 규약에 달리 정한 바가 없으면 관리위원회의 위원이 될 수 없다. *〈개정 2020. 2. 4.〉*

③ 관리위원회 위원의 임기는 2년의 범위에서 규약으로 정한다. 〈신설 2020. 2. 4.〉
④ 제1항부터 제3항까지에서 규정한 사항 외에 관리위원회의 구성 및 운영에 필요한 사항은 대통령령으로 정한다. 〈개정 2020. 2. 4.〉
⑤ 구분소유자의 승낙을 받아 전유부분을 점유하는 자는 제1항 본문에 따른 관리단 집회에 참석하여 그 구분소유자의 의결권을 행사할 수 있다. 다만, 구분소유자와 점유자가 달리 정하여 관리단에 통지하거나 구분소유자가 집회 이전에 직접 의결권을 행사할 것을 관리단에 통지한 경우에는 그러하지 아니하다. 〈신설 2020. 2. 4.〉

[본조신설 2012. 12. 18.]
[제26조의3에서 이동 〈2020. 2. 4.〉]]

제26조의5(집합건물의 관리에 관한 감독) ① 특별시장·광역시장·특별자치시장·도지사·특별자치도지사(이하 "시·도지사"라 한다) 또는 시장·군수·구청장(자치구의 구청장을 말하며, 이하 "시장·군수·구청장"이라 한다)은 집합건물의 효율적인 관리와 주민의 복리증진을 위하여 필요하다고 인정하는 경우에는 전유부분이 50개 이상인 건물의 관리인에게 다음 각 호의 사항을 보고하게 하거나 관련 자료의 제출을 명할 수 있다.
  1. 제17조의2제2항에 따른 수선적립금의 징수·적립·사용 등에 관한 사항
  2. 제24조에 따른 관리인의 선임·해임에 관한 사항
  3. 제26조제1항에 따른 보고와 같은 조 제2항에 따른 장부의 작성·보관 및 증빙서류의 보관에 관한 사항
  4. 제26조의2제1항 또는 제3항에 따른 회계감사에 관한 사항
  5. 제32조에 따른 정기 관리단집회의 소집에 관한 사항
  6. 그 밖에 집합건물의 관리에 관한 감독을 위하여 필요한 사항으로서 대통령령으로 정하는 사항
② 제1항에 따른 명령의 절차 등 필요한 사항은 해당 지방자치단체의 조례로 정한다.

[본조신설 2023. 3. 28.]

제27조(관리단의 채무에 대한 구분소유자의 책임) ① 관리단이 그의 재산으로 채무를 전부 변제할 수 없는 경우에는 구분소유자는 제12조의 지분비율에 따라 관리단의 채무를 변제할 책임을 진다. 다만, 규약으로써 그 부담비율을 달리 정할 수 있다.
② 구분소유자의 특별승계인은 승계 전에 발생한 관리단의 채무에 관하여도 책임을 진다.

[전문개정 2010. 3. 31.]

제5절 규약 및 집회 〈개정 2010. 3. 31.〉

제28조(규약) ① 건물과 대지 또는 부속시설의 관리 또는 사용에 관한 구분소유자들 사이의 사항 중 이 법에서 규정하지 아니한 사항은 규약으로써 정할 수 있다.
② 일부공용부분에 관한 사항으로써 구분소유자 전원에게 이해관계가 있지 아니한 사항은 구분소유자 전원의 규약에 따로 정하지 아니하면 일부공용부분을 공용하

는 구분소유자의 규약으로써 정할 수 있다.

③ 제1항과 제2항의 경우에 구분소유자 외의 자의 권리를 침해하지 못한다.

④ 법무부장관은 이 법을 적용받는 건물과 대지 및 부속시설의 효율적이고 공정한 관리를 위하여 표준규약을 마련하여야 한다. 〈신설 2012. 12. 18., 2023. 3. 28.〉

⑤ 시·도지사는 제4항에 따른 표준규약을 참고하여 대통령령으로 정하는 바에 따라 지역별 표준규약을 마련하여 보급하여야 한다. 〈신설 2023. 3. 28.〉

[전문개정 2010. 3. 31.]

제29조(규약의 설정·변경·폐지) ① 규약의 설정·변경 및 폐지는 관리단집회에서 구분소유자의 4분의 3 이상 및 의결권의 4분의 3 이상의 찬성을 얻어서 한다. 이 경우 규약의 설정·변경 및 폐지가 일부 구분소유자의 권리에 특별한 영향을 미칠 때에는 그 구분소유자의 승낙을 받아야 한다.

② 제28조제2항에 규정한 사항에 관한 구분소유자 전원의 규약의 설정·변경 또는 폐지는 그 일부공용부분을 공용하는 구분소유자의 4분의 1을 초과하는 자 또는 의결권의 4분의 1을 초과하는 의결권을 가진 자가 반대할 때에는 할 수 없다.

[전문개정 2010. 3. 31.]

제30조(규약의 보관 및 열람) ① 규약은 관리인 또는 구분소유자나 그 대리인으로서 건물을 사용하고 있는 자 중 1인이 보관하여야 한다.

② 제1항에 따라 규약을 보관할 구분소유자나 그 대리인은 규약에 다른 규정이 없으면 관리단집회의 결의로써 정한다.

③ 이해관계인은 제1항에 따라 규약을 보관하는 자에게 규약의 열람을 청구하거나 자기 비용으로 등본의 발급을 청구할 수 있다.

[전문개정 2010. 3. 31.]

제31조(집회의 권한) 관리단의 사무는 이 법 또는 규약으로 관리인에게 위임한 사항 외에는 관리단집회의 결의에 따라 수행한다.

[전문개정 2010. 3. 31.]

제32조(정기 관리단집회) 관리인은 매년 회계연도 종료 후 3개월 이내에 정기 관리단집회를 소집하여야 한다. 〈개정 2012. 12. 18.〉

[전문개정 2010. 3. 31.]

제33조(임시 관리단집회) ① 관리인은 필요하다고 인정할 때에는 관리단집회를 소집할 수 있다.

② 구분소유자의 5분의 1 이상이 회의의 목적 사항을 구체적으로 밝혀 관리단집회의 소집을 청구하면 관리인은 관리단집회를 소집하여야 한다. 이 정수(定數)는 규약으로 감경할 수 있다. 〈개정 2012. 12. 18.〉

③ 제2항의 청구가 있은 후 1주일 내에 관리인이 청구일부터 2주일 이내의 날을 관리단집회일로 하는 소집통지 절차를 밟지 아니하면 소집을 청구한 구분소유자는

법원의 허가를 받아 관리단집회를 소집할 수 있다. 〈개정 2012. 12. 18.〉

④ 관리인이 없는 경우에는 구분소유자의 5분의 1 이상은 관리단집회를 소집할 수 있다. 이 정수는 규약으로 감경할 수 있다. 〈개정 2012. 12. 18.〉

[전문개정 2010. 3. 31.]

제34조(집회소집통지) ① 관리단집회를 소집하려면 관리단집회일 1주일 전에 회의의 목적사항을 구체적으로 밝혀 각 구분소유자에게 통지하여야 한다. 다만, 이 기간은 규약으로 달리 정할 수 있다.

② 전유부분을 여럿이 공유하는 경우에 제1항의 통지는 제37조제2항에 따라 정하여진 의결권을 행사할 자(그가 없을 때에는 공유자 중 1인)에게 통지하여야 한다.

③ 제1항의 통지는 구분소유자가 관리인에게 따로 통지장소를 제출하였으면 그 장소로 발송하고, 제출하지 아니하였으면 구분소유자가 소유하는 전유부분이 있는 장소로 발송한다. 이 경우 제1항의 통지는 통상적으로 도달할 시기에 도달한 것으로 본다.

④ 건물 내에 주소를 가지는 구분소유자 또는 제3항의 통지장소를 제출하지 아니한 구분소유자에 대한 제1항의 통지는 건물 내의 적당한 장소에 게시함으로써 소집통지를 갈음할 수 있음을 규약으로 정할 수 있다. 이 경우 제1항의 통지는 게시한 때에 도달한 것으로 본다.

⑤ 회의의 목적사항이 제15조제1항, 제29조제1항, 제47조제1항 및 제50조제4항인 경우에는 그 통지에 그 의안 및 계획의 내용을 적어야 한다.

[전문개정 2010. 3. 31.]

제35조(소집절차의 생략) 관리단집회는 구분소유자 전원이 동의하면 소집절차를 거치지 아니하고 소집할 수 있다.

[전문개정 2010. 3. 31.]

제36조(결의사항) ① 관리단집회는 제34조에 따라 통지한 사항에 관하여만 결의할 수 있다.

② 제1항의 규정은 이 법에 관리단집회의 결의에 관하여 특별한 정수가 규정된 사항을 제외하고는 규약으로 달리 정할 수 있다.

③ 제1항과 제2항은 제35조에 따른 관리단집회에 관하여는 적용하지 아니한다.

[전문개정 2010. 3. 31.]

제37조(의결권) ① 각 구분소유자의 의결권은 규약에 특별한 규정이 없으면 제12조에 규정된 지분비율에 따른다.

② 전유부분을 여럿이 공유하는 경우에는 공유자는 관리단집회에서 의결권을 행사할 1인을 정한다.

③ 구분소유자의 승낙을 받아 동일한 전유부분을 점유하는 자가 여럿인 경우에는 제16조제2항, 제24조제4항, 제26조의2제2항 또는 제26조의4제5항에 따라 해당 구

분소유자의 의결권을 행사할 1인을 정하여야 한다. 〈신설 2012. 12. 18., 2020. 2. 4.〉

[전문개정 2010. 3. 31.]

제38조(의결 방법) ① 관리단집회의 의사는 이 법 또는 규약에 특별한 규정이 없으면 구분소유자의 과반수 및 의결권의 과반수로써 의결한다.

② 의결권은 서면이나 전자적 방법(전자정보처리조직을 사용하거나 그 밖에 정보통신 기술을 이용하는 방법으로서 대통령령으로 정하는 방법을 말한다. 이하 같다)으로 또는 대리인을 통하여 행사할 수 있다. 〈개정 2012. 12. 18.〉

③ 제34조에 따른 관리단집회의 소집통지나 소집통지를 갈음하는 게시를 할 때에는 제2항에 따라 의결권을 행사할 수 있다는 내용과 구체적인 의결권 행사 방법을 명확히 밝혀야 한다. 〈신설 2012. 12. 18.〉

④ 제1항부터 제3항까지에서 규정한 사항 외에 의결권 행사를 위하여 필요한 사항은 대통령령으로 정한다. 〈신설 2012. 12. 18.〉

[전문개정 2010. 3. 31.]

제39조(집회의 의장과 의사록) ① 관리단집회의 의장은 관리인 또는 집회를 소집한 구분소유자 중 연장자가 된다. 다만, 규약에 특별한 규정이 있거나 관리단집회에서 다른 결의를 한 경우에는 그러하지 아니하다.

② 관리단집회의 의사에 관하여는 의사록을 작성하여야 한다.

③ 의사록에는 의사의 경과와 그 결과를 적고 의장과 구분소유자 2인 이상이 서명날 인하여야 한다.

④ 의사록에 관하여는 제30조를 준용한다.

[전문개정 2010. 3. 31.]

제40조(점유자의 의견진술권) ① 구분소유자의 승낙을 받아 전유부분을 점유하는 자는 집회의 목적사항에 관하여 이해관계가 있는 경우에는 집회에 출석하여 의견을 진술 할 수 있다.

② 제1항의 경우 집회를 소집하는 자는 제34조에 따라 소집통지를 한 후 지체 없이 집회의 일시, 장소 및 목적사항을 건물 내의 적당한 장소에 게시하여야 한다.

[전문개정 2010. 3. 31.]

제41조(서면 또는 전자적 방법에 의한 결의 등) ① 이 법 또는 규약에 따라 관리단집 회에서 결의할 것으로 정한 사항에 관하여 구분소유자의 4분의 3 이상 및 의결권의 4분의 3 이상이 서면이나 전자적 방법 또는 서면과 전자적 방법으로 합의하면 관리 단집회를 소집하여 결의한 것으로 본다. 〈개정 2012. 12. 18., 2023. 3. 28.〉

② 제1항에도 불구하고 다음 각 호의 경우에는 그 구분에 따른 의결정족수 요건을 갖추어 서면이나 전자적 방법 또는 서면과 전자적 방법으로 합의하면 관리단집회 를 소집하여 결의한 것으로 본다. 〈신설 2023. 3. 28.〉

1. 제15조제1항제2호의 경우: 구분소유자의 과반수 및 의결권의 과반수

2. 제15조의2제1항 본문, 제47조제2항 본문 및 제50조제4항의 경우: 구분소유자의 5분의 4

이상 및 의결권의 5분의 4 이상
　　3. 제15조의2제1항 단서 및 제47조제2항 단서의 경우: 구분소유자의 3분의 2 이상 및 의결권의 3분의 2 이상
③ 구분소유자들은 미리 그들 중 1인을 대리인으로 정하여 관리단에 신고한 경우에는 그 대리인은 그 구분소유자들을 대리하여 관리단집회에 참석하거나 서면 또는 전자적 방법으로 의결권을 행사할 수 있다. 〈개정 2012. 12. 18., 2023. 3. 28.〉
④ 제1항 및 제2항의 서면 또는 전자적 방법으로 기록된 정보에 관하여는 제30조를 준용한다. 〈개정 2012. 12. 18., 2023. 3. 28.〉
[전문개정 2010. 3. 31.]
[제목개정 2012. 12. 18.]

제42조(규약 및 집회의 결의의 효력) ① 규약 및 관리단집회의 결의는 구분소유자의 특별승계인에 대하여도 효력이 있다.
② 점유자는 구분소유자가 건물이나 대지 또는 부속시설의 사용과 관련하여 규약 또는 관리단집회의 결의에 따라 부담하는 의무와 동일한 의무를 진다.
[전문개정 2010. 3. 31.]

제42조의2(결의취소의 소) 구분소유자는 다음 각 호의 어느 하나에 해당하는 경우에는 집회 결의 사실을 안 날부터 6개월 이내에, 결의한 날부터 1년 이내에 결의취소의 소를 제기할 수 있다.
　　1. 집회의 소집 절차나 결의 방법이 법령 또는 규약에 위반되거나 현저하게 불공정한 경우
　　2. 결의 내용이 법령 또는 규약에 위배되는 경우
[본조신설 2012. 12. 18.]

제6절 의무위반자에 대한 조치

〈개정 2010. 3. 31.〉

제43조(공동의 이익에 어긋나는 행위의 정지청구 등) ① 구분소유자가 제5조제1항의 행위를 한 경우 또는 그 행위를 할 우려가 있는 경우에는 관리인 또는 관리단집회의 결의로 지정된 구분소유자는 구분소유자 공동의 이익을 위하여 그 행위를 정지하거나 그 행위의 결과를 제거하거나 그 행위의 예방에 필요한 조치를 할 것을 청구할 수 있다.
② 제1항에 따른 소송의 제기는 관리단집회의 결의가 있어야 한다.
③ 점유자가 제5조제4항에서 준용하는 같은 조 제1항에 규정된 행위를 한 경우 또는 그 행위를 할 우려가 있는 경우에도 제1항과 제2항을 준용한다.
[전문개정 2010. 3. 31.]

제44조(사용금지의 청구) ① 제43조제1항의 경우에 제5조제1항에 규정된 행위로 구분소유자의 공동생활상의 장해가 현저하여 제43조제1항에 규정된 청구로는 그 장해를 제거하여 공용부분의 이용 확보나 구분소유자의 공동생활 유지를 도모함이 매우 곤란할 때에는 관리인 또는 관리단집회의 결의로 지정된 구분소유자는 소(訴)로써 적당한

기간 동안 해당 구분소유자의 전유부분 사용금지를 청구할 수 있다. 〈개정 2020. 2. 4.〉

② 제1항의 청구는 구분소유자의 4분의 3 이상 및 의결권의 4분의 3 이상의 관리단 집회 결의가 있어야 한다. 〈개정 2020. 2. 4.〉

③ 제1항의 결의를 할 때에는 미리 해당 구분소유자에게 변명할 기회를 주어야 한다.

[전문개정 2010. 3. 31.]

제45조(구분소유권의 경매) ① 구분소유자가 제5조제1항 및 제2항을 위반하거나 규약에서 정한 의무를 현저히 위반한 결과 공동생활을 유지하기 매우 곤란하게 된 경우에는 관리인 또는 관리단집회의 결의로 지정된 구분소유자는 해당 구분소유자의 전유부분 및 대지사용권의 경매를 명할 것을 법원에 청구할 수 있다.

② 제1항의 청구는 구분소유자의 4분의 3 이상 및 의결권의 4분의 3 이상의 관리단 집회 결의가 있어야 한다.

③ 제2항의 결의를 할 때에는 미리 해당 구분소유자에게 변명할 기회를 주어야 한다.

④ 제1항의 청구에 따라 경매를 명한 재판이 확정되었을 때에는 그 청구를 한 자는 경매를 신청할 수 있다. 다만, 그 재판확정일부터 6개월이 지나면 그러하지 아니하다.

⑤ 제1항의 해당 구분소유자는 제4항 본문의 신청에 의한 경매에서 경락인이 되지 못한다.

[전문개정 2010. 3. 31.]

제46조(전유부분의 점유자에 대한 인도청구) ① 점유자가 제45조제1항에 따른 의무위반을 한 결과 공동생활을 유지하기 매우 곤란하게 된 경우에는 관리인 또는 관리단 집회의 결의로 지정된 구분소유자는 그 전유부분을 목적으로 하는 계약의 해제 및 그 전유부분의 인도를 청구할 수 있다.

② 제1항의 경우에는 제44조제2항 및 제3항을 준용한다.

③ 제1항에 따라 전유부분을 인도받은 자는 지체 없이 그 전유부분을 점유할 권원(權原)이 있는 자에게 인도하여야 한다.

[전문개정 2010. 3. 31.]

제7절 재건축 및 복구

〈개정 2010. 3. 31.〉

제47조(재건축 결의) ① 건물 건축 후 상당한 기간이 지나 건물이 훼손되거나 일부 멸실되거나 그 밖의 사정으로 건물 가격에 비하여 지나치게 많은 수리비·복구비나 관리비용이 드는 경우 또는 부근 토지의 이용 상황의 변화나 그 밖의 사정으로 건물을 재건축하면 재건축에 드는 비용에 비하여 현저하게 효용이 증가하게 되는 경우에 관리단집회는 그 건물을 철거하여 그 대지를 구분소유권의 목적이 될 새 건물의 대지로 이용할 것을 결의할 수 있다. 다만, 재건축의 내용이 단지 내 다른 건물의 구분소유자에게 특별한 영향을 미칠 때에는 그 구분소유자의 승낙을 받아야 한다.

② 제1항의 결의는 구분소유자의 5분의 4 이상 및 의결권의 5분의 4 이상의 결의에 따른다. 다만, 「관광진흥법」 제3조제1항제2호나목에 따른 휴양 콘도미니엄업의 운영을 위한 휴양 콘도미니엄의 재건축 결의는 구분소유자의 3분의 2 이상 및 의결권의 3분의 2 이상의 결의에 따른다. 〈개정 2023. 3. 28.〉

③ 재건축을 결의할 때에는 다음 각 호의 사항을 정하여야 한다.

1. 새 건물의 설계 개요
2. 건물의 철거 및 새 건물의 건축에 드는 비용을 개략적으로 산정한 금액
3. 제2호에 규정된 비용의 분담에 관한 사항
4. 새 건물의 구분소유권 귀속에 관한 사항

④ 제3항제3호 및 제4호의 사항은 각 구분소유자 사이에 형평이 유지되도록 정하여야 한다.

⑤ 제1항의 결의를 위한 관리단집회의 의사록에는 결의에 대한 각 구분소유자의 찬반 의사를 적어야 한다.

[전문개정 2010. 3. 31.]

제48조(구분소유권 등의 매도청구 등) ① 재건축의 결의가 있으면 집회를 소집한 자는 지체 없이 그 결의에 찬성하지 아니한 구분소유자(그의 승계인을 포함한다)에 대하여 그 결의 내용에 따른 재건축에 참가할 것인지 여부를 회답할 것을 서면으로 촉구하여야 한다.

② 제1항의 촉구를 받은 구분소유자는 촉구를 받은 날부터 2개월 이내에 회답하여야 한다.

③ 제2항의 기간 내에 회답하지 아니한 경우 그 구분소유자는 재건축에 참가하지 아니하겠다는 뜻을 회답한 것으로 본다.

④ 제2항의 기간이 지나면 재건축 결의에 찬성한 각 구분소유자, 재건축 결의 내용에 따른 재건축에 참가할 뜻을 회답한 각 구분소유자(그의 승계인을 포함한다) 또는 이들 전원의 합의에 따라 구분소유권과 대지사용권을 매수하도록 지정된 자(이하 "매수지정자"라 한다)는 제2항의 기간 만료일부터 2개월 이내에 재건축에 참가하지 아니하겠다는 뜻을 회답한 구분소유자(그의 승계인을 포함한다)에게 구분소유권과 대지사용권을 시가로 매도할 것을 청구할 수 있다. 재건축 결의가 있은 후에 이 구분소유자로부터 대지사용권만을 취득한 자의 대지사용권에 대하여도 또한 같다.

⑤ 제4항에 따른 청구가 있는 경우에 재건축에 참가하지 아니하겠다는 뜻을 회답한 구분소유자가 건물을 명도(明渡)하면 생활에 현저한 어려움을 겪을 우려가 있고 재건축의 수행에 큰 영향이 없을 때에는 법원은 그 구분소유자의 청구에 의하여 대금 지급일 또는 제공일부터 1년을 초과하지 아니하는 범위에서 건물 명도에 대하여 적당한 기간을 허락할 수 있다.

⑥ 재건축 결의일부터 2년 이내에 건물 철거공사가 착수되지 아니한 경우에는 제4항에 따라 구분소유권이나 대지사용권을 매도한 자는 이 기간이 만료된 날부터 6개

월 이내에 매수인이 지급한 대금에 상당하는 금액을 그 구분소유권이나 대지사용권을 가지고 있는 자에게 제공하고 이들의 권리를 매도할 것을 청구할 수 있다. 다만, 건물 철거공사가 착수되지 아니한 타당한 이유가 있을 경우에는 그러하지 아니하다.

⑦ 제6항 단서에 따른 건물 철거공사가 착수되지 아니한 타당한 이유가 없어진 날부터 6개월 이내에 공사에 착수하지 아니하는 경우에는 제6항 본문을 준용한다. 이 경우 같은 항 본문 중 "이 기간이 만료된 날부터 6개월 이내에"는 "건물 철거공사가 착수되지 아니한 타당한 이유가 없어진 것을 안 날부터 6개월 또는 그 이유가 없어진 날부터 2년 중 빠른 날까지"로 본다.

[전문개정 2010. 3. 31.]

제49조(재건축에 관한 합의) 재건축 결의에 찬성한 각 구분소유자, 재건축 결의 내용에 따른 재건축에 참가할 뜻을 회답한 각 구분소유자 및 구분소유권 또는 대지사용권을 매수한 각 매수지정자(이들의 승계인을 포함한다)는 재건축 결의 내용에 따른 재건축에 합의한 것으로 본다.

[전문개정 2010. 3. 31.]

제50조(건물이 일부 멸실된 경우의 복구) ① 건물가격의 2분의 1 이하에 상당하는 건물 부분이 멸실되었을 때에는 각 구분소유자는 멸실한 공용부분과 자기의 전유부분을 복구할 수 있다. 다만, 공용부분의 복구에 착수하기 전에 제47조제1항의 결의나 공용부분의 복구에 대한 결의가 있는 경우에는 그러하지 아니하다.

② 제1항에 따라 공용부분을 복구한 자는 다른 구분소유자에게 제12조의 지분비율에 따라 복구에 든 비용의 상환을 청구할 수 있다.

③ 제1항 및 제2항의 규정은 규약으로 달리 정할 수 있다.

④ 건물이 일부 멸실된 경우로서 제1항 본문의 경우를 제외한 경우에 관리단집회는 구분소유자의 5분의 4 이상 및 의결권의 5분의 4 이상으로 멸실한 공용부분을 복구할 것을 결의할 수 있다.

⑤ 제4항의 결의가 있는 경우에는 제47조제5항을 준용한다.

⑥ 제4항의 결의가 있을 때에는 그 결의에 찬성한 구분소유자(그의 승계인을 포함한다) 외의 구분소유자는 결의에 찬성한 구분소유자(그의 승계인을 포함한다)에게 건물 및 그 대지에 관한 권리를 시가로 매수할 것을 청구할 수 있다.

⑦ 제4항의 경우에 건물 일부가 멸실한 날부터 6개월 이내에 같은 항 또는 제47조 제1항의 결의가 없을 때에는 각 구분소유자는 다른 구분소유자에게 건물 및 그 대지에 관한 권리를 시가로 매수할 것을 청구할 수 있다.

⑧ 법원은 제2항, 제6항 및 제7항의 경우에 상환 또는 매수청구를 받은 구분소유자의 청구에 의하여 상환금 또는 대금의 지급에 관하여 적당한 기간을 허락할 수 있다.

[전문개정 2010. 3. 31.]

제2장 단지

〈개정 2010. 3. 31.〉

제51조(단지관리단) ① 한 단지에 여러 동의 건물이 있고 그 단지 내의 토지 또는 부속시설(이들에 관한 권리를 포함한다)이 그 건물 소유자(전유부분이 있는 건물에서는 구분소유자를 말한다)의 공동소유에 속하는 경우에는 이들 소유자는 그 단지 내의 토지 또는 부속시설을 관리하기 위한 단체를 구성하여 이 법에서 정하는 바에 따라 집회를 개최하고 규약을 정하며 관리인을 둘 수 있다.

② 한 단지에 여러 동의 건물이 있고 단지 내의 토지 또는 부속시설(이들에 관한 권리를 포함한다)이 그 건물 소유자(전유부분이 있는 건물에서는 구분소유자를 말한다) 중 일부의 공동소유에 속하는 경우에는 이들 소유자는 그 단지 내의 토지 또는 부속시설을 관리하기 위한 단체를 구성하여 이 법에서 정하는 바에 따라 집회를 개최하고 규약을 정하며 관리인을 둘 수 있다.

③ 제1항의 단지관리단은 단지관리단의 구성원이 속하는 각 관리단의 사업의 전부 또는 일부를 그 사업 목적으로 할 수 있다. 이 경우 각 관리단의 구성원의 4분의 3 이상 및 의결권의 4분의 3 이상에 의한 관리단집회의 결의가 있어야 한다.

[전문개정 2010. 3. 31.]

제52조(단지에 대한 준용) 제51조의 경우에는 제3조, 제23조의2, 제24조, 제24조의2, 제25조, 제26조, 제26조의2부터 제26조의5까지, 제27조부터 제42조까지 및 제42조의2를 준용한다. 이 경우 전유부분이 없는 건물은 해당 건물의 수를 전유부분의 수로 한다. *〈개정 2012. 12. 18., 2020. 2. 4., 2023. 3. 28.〉*

[전문개정 2010. 3. 31.]

제2장의2 집합건물분쟁조정위원회

〈신설 2012. 12. 18.〉

제52조의2(집합건물분쟁조정위원회) ① 이 법을 적용받는 건물과 관련된 분쟁을 심의·조정하기 위하여 특별시·광역시·특별자치시·도 또는 특별자치도(이하 "시·도"라 한다)에 집합건물분쟁조정위원회(이하 "조정위원회"라 한다)를 둔다.

② 조정위원회는 분쟁 당사자의 신청에 따라 다음 각 호의 분쟁(이하 "집합건물분쟁"이라 한다)을 심의·조정한다. *〈개정 2015. 8. 11., 2020. 2. 4.〉*

1. 이 법을 적용받는 건물의 하자에 관한 분쟁. 다만, 「공동주택관리법」 제36조 및 제37조에 따른 공동주택의 담보책임 및 하자보수 등과 관련된 분쟁은 제외한다.
2. 관리인·관리위원의 선임·해임 또는 관리단·관리위원회의 구성·운영에 관한 분쟁
3. 공용부분의 보존·관리 또는 변경에 관한 분쟁
4. 관리비의 징수·관리 및 사용에 관한 분쟁
5. 규약의 제정·개정에 관한 분쟁

6. 재건축과 관련된 철거, 비용분담 및 구분소유권 귀속에 관한 분쟁

6의2. 소음·진동·악취 등 공동생활과 관련된 분쟁

7. 그 밖에 이 법을 적용받는 건물과 관련된 분쟁으로서 대통령령으로 정한 분쟁

[본조신설 2012. 12. 18.]

제52조의3(조정위원회의 구성과 운영) ① 조정위원회는 위원장 1명과 부위원장 1명을 포함한 10명 이내의 위원으로 구성한다.

② 조정위원회의 위원은 집합건물분쟁에 관한 법률지식과 경험이 풍부한 사람으로서 다음 각 호의 어느 하나에 해당하는 사람 중에서 시·도지사가 임명하거나 위촉한다. 이 경우 제1호 및 제2호에 해당하는 사람이 각각 2명 이상 포함되어야 한다.

1. 법학 또는 조정·중재 등의 분쟁조정 관련 학문을 전공한 사람으로서 대학에서 조교수 이상으로 3년 이상 재직한 사람

2. 변호사 자격이 있는 사람으로서 3년 이상 법률에 관한 사무에 종사한 사람

3. 건설공사, 하자감정 또는 공동주택관리에 관한 전문적 지식을 갖춘 사람으로서 해당 업무에 3년 이상 종사한 사람

4. 해당 시·도 소속 5급 이상 공무원으로서 관련 업무에 3년 이상 종사한 사람

③ 조정위원회의 위원장은 해당 시·도지사가 위원 중에서 임명하거나 위촉한다.

④ 조정위원회에는 분쟁을 효율적으로 심의·조정하기 위하여 3명 이내의 위원으로 구성되는 소위원회를 둘 수 있다. 이 경우 소위원회에는 제2항제1호 및 제2호에 해당하는 사람이 각각 1명 이상 포함되어야 한다.

⑤ 조정위원회는 재적위원 과반수의 출석과 출석위원 과반수의 찬성으로 의결하며, 소위원회는 재적위원 전원 출석과 출석위원 과반수의 찬성으로 의결한다.

⑥ 제1항부터 제5항까지에서 규정한 사항 외에 조정위원회와 소위원회의 구성 및 운영에 필요한 사항과 조정 절차에 관한 사항은 대통령령으로 정한다.

[본조신설 2012. 12. 18.]

제52조의4(위원의 제척 등) ① 조정위원회의 위원이 다음 각 호의 어느 하나에 해당하는 경우에는 그 사건의 심의·조정에서 제척(除斥)된다.

1. 위원 또는 그 배우자나 배우자이었던 사람이 해당 집합건물분쟁의 당사자가 되거나 그 집합건물분쟁에 관하여 당사자와 공동권리자 또는 공동의무자의 관계에 있는 경우

2. 위원이 해당 집합건물분쟁의 당사자와 친족이거나 친족이었던 경우

3. 위원이 해당 집합건물분쟁에 관하여 진술이나 감정을 한 경우

4. 위원이 해당 집합건물분쟁에 당사자의 대리인으로서 관여한 경우

5. 위원이 해당 집합건물분쟁의 원인이 된 처분이나 부작위에 관여한 경우

② 조정위원회는 위원에게 제1항의 제척 원인이 있는 경우에는 직권이나 당사자의 신청에 따라 제척의 결정을 한다.

③ 당사자는 위원에게 공정한 직무집행을 기대하기 어려운 사정이 있으면 조정위원회에 해당 위원에 대한 기피신청을 할 수 있다.

④ 위원은 제1항 또는 제3항의 사유에 해당하면 스스로 그 집합건물분쟁의 심의·조정을 회피할 수 있다.

[본조신설 2012. 12. 18.]

제52조의5(분쟁조정신청과 통지 등) ① 조정위원회는 당사자 일방으로부터 분쟁의 조정신청을 받은 경우에는 지체 없이 그 신청내용을 상대방에게 통지하여야 한다.

② 제1항에 따라 통지를 받은 상대방은 그 통지를 받은 날부터 7일 이내에 조정에 응할 것인지에 관한 의사를 조정위원회에 통지하여야 한다.

③ 제1항에 따라 분쟁의 조정신청을 받은 조정위원회는 분쟁의 성질 등 조정에 적합하지 아니한 사유가 있다고 인정하는 경우에는 해당 조정의 불개시(不開始) 결정을 할 수 있다. 이 경우 조정의 불개시 결정 사실과 그 사유를 당사자에게 통보하여야 한다.

[본조신설 2012. 12. 18.]

제52조의6(조정의 절차) ① 조정위원회는 제52조의5제1항에 따른 조정신청을 받으면 같은 조 제2항에 따른 조정 불응 또는 같은 조 제3항에 따른 조정의 불개시 결정이 있는 경우를 제외하고는 지체 없이 조정 절차를 개시하여야 하며, 신청을 받은 날부터 60일 이내에 그 절차를 마쳐야 한다.

② 조정위원회는 제1항의 기간 내에 조정을 마칠 수 없는 경우에는 조정위원회의 의결로 그 기간을 30일의 범위에서 한 차례만 연장할 수 있다. 이 경우 그 사유와 기한을 분명히 밝혀 당사자에게 서면으로 통지하여야 한다.

③ 조정위원회는 제1항에 따른 조정의 절차를 개시하기 전에 이해관계인 등의 의견을 들을 수 있다.

④ 조정위원회는 제1항에 따른 절차를 마쳤을 때에는 조정안을 작성하여 지체 없이 각 당사자에게 제시하여야 한다.

⑤ 제4항에 따른 조정안을 제시받은 당사자는 제시받은 날부터 14일 이내에 조정안의 수락 여부를 조정위원회에 통보하여야 한다. 이 경우 당사자가 그 기간 내에 조정안에 대한 수락 여부를 통보하지 아니한 경우에는 조정안을 수락한 것으로 본다.

[본조신설 2012. 12. 18.]

제52조의7(출석 및 자료제출 요구) ① 조정위원회는 조정을 위하여 필요하다고 인정하는 경우 분쟁당사자, 분쟁 관련 이해관계인 또는 참고인에게 출석하여 진술하게 하거나 조정에 필요한 자료나 물건 등을 제출하도록 요구할 수 있다.

② 조정위원회는 해당 조정업무에 참고하기 위하여 시·도지사 및 관련기관에 해당 분쟁과 관련된 자료를 요청할 수 있다.

[본조신설 2020. 2. 4.]

[종전 제52조의7은 제52조의8로 이동 〈2020. 2. 4.〉]

제52조의8(조정의 중지 등) ① 조정위원회는 당사자가 제52조의5제2항에 따라 조정에 응하지 아니할 의사를 통지하거나 제52조의6제5항에 따라 조정안을 거부한 경우에는 조정을 중지하고 그 사실을 상대방에게 서면으로 통보하여야 한다.

② 조정위원회는 당사자 중 일방이 소를 제기한 경우에는 조정을 중지하고 그 사실을 상대방에게 통보하여야 한다.

③ 조정위원회는 법원에 소송계속 중인 당사자 중 일방이 조정을 신청한 때에는 해당 조정 신청을 결정으로 각하하여야 한다.

[본조신설 2012. 12. 18.]

[제52조의7에서 이동, 종전 제52조의8은 제52조의9로 이동 〈2020. 2. 4.〉]

제52조의9(조정의 효력) ① 당사자가 제52조의6제5항에 따라 조정안을 수락하면 조정위원회는 지체 없이 조정서 3부를 작성하여 위원장 및 각 당사자로 하여금 조정서에 서명날인하게 하여야 한다.

② 제1항의 경우 당사자 간에 조정서와 같은 내용의 합의가 성립된 것으로 본다.

[본조신설 2012. 12. 18.]

[제52조의8에서 이동, 종전 제52조의9는 제52조의10으로 이동 〈2020. 2. 4.〉]

제52조의10(하자 등의 감정) ① 조정위원회는 당사자의 신청으로 또는 당사자와 협의하여 대통령령으로 정하는 안전진단기관, 하자감정전문기관 등에 하자진단 또는 하자감정 등을 요청할 수 있다.

② 조정위원회는 당사자의 신청으로 또는 당사자와 협의하여 「공동주택관리법」 제39조에 따른 하자심사 · 분쟁조정위원회에 하자판정을 요청할 수 있다. 〈개정 2015. 8. 11.〉

③ 제1항 및 제2항에 따른 비용은 대통령령으로 정하는 바에 따라 당사자가 부담한다.

[본조신설 2012. 12. 18.]

[제52조의9에서 이동 〈2020. 2. 4.〉]

제3장 구분건물의 건축물대장

〈개정 2010. 3. 31.〉

제53조(건축물대장의 편성) ① 소관청은 이 법을 적용받는 건물에 대하여는 이 법에서 정하는 건축물대장과 건물의 도면 및 각 층의 평면도를 갖추어 두어야 한다. 〈개정 2020. 2. 4.〉

② 대장은 1동의 건물을 표시할 용지와 그 1동의 건물에 속하는 전유부분의 건물을 표시할 용지로 편성한다.

③ 1동의 건물에 대하여는 각 1용지를 사용하고 전유부분의 건물에 대하여는 구분한 건물마다 1용지를 사용한다.

④ 1동의 건물에 속하는 구분한 건물의 대장은 1책에 편철하고 1동의 건물을 표시할 용지 다음에 구분한 건물을 표시할 용지를 편철한다.

⑤ 제4항의 경우에 편철한 용지가 너무 많을 때에는 여러 책으로 나누어 편철할 수 있다.

[전문개정 2010. 3. 31.]

제54조(건축물대장의 등록사항) ① 1동의 건물을 표시할 용지에는 다음 각 호의 사항을 등록하여야 한다. 〈개정 2013. 3. 23., 2020. 2. 4.〉

1. 1동의 건물의 소재지와 지번(地番)
2. 1동의 건물에 번호가 있을 때에는 그 번호
3. 1동의 건물의 구조와 면적
4. 1동의 건물에 속하는 전유부분의 번호
5. 그 밖에 국토교통부령으로 정하는 사항

② 전유부분을 표시할 용지에는 다음 각 호의 사항을 등록하여야 한다. 〈개정 2013. 3. 23.〉

1. 전유부분의 번호
2. 전유부분이 속하는 1동의 건물의 번호
3. 전유부분의 종류, 구조와 면적
4. 부속건물이 있을 때에는 부속건물의 종류, 구조, 면적
5. 소유자의 성명 또는 명칭과 주소 또는 사무소. 이 경우 소유자가 둘 이상일 때에는 그 지분
6. 그 밖에 국토교통부령으로 정하는 사항

③ 제2항제4호의 경우에 부속건물이 그 전유부분과 다른 별채의 건물이거나 별채인 1동의 건물을 구분한 것일 때에는 그 1동의 건물의 소재지, 지번, 번호, 종류, 구조 및 면적을 등록하여야 한다.

④ 제3항의 경우에 건물의 표시 및 소유자의 표시에 관한 사항을 등록할 때에는 원인 및 그 연월일과 등록연월일을 적어야 한다.

⑤ 제3조제2항 및 제3항에 따른 공용부분의 등록에 관하여는 제2항과 제4항을 준용한다. 이 경우 그 건물의 표시란에 공용부분이라는 취지를 등록한다.

⑥ 구분점포의 경우에는 전유부분 용지의 구조란에 경계벽이 없다는 뜻을 적어야 한다.

[전문개정 2010. 3. 31.]

제55조(건축물대장의 등록절차) 건축물대장의 등록은 소유자 등의 신청이나 소관청의 조사결정에 의한다.

[전문개정 2010. 3. 31.]

제56조(건축물대장의 신규 등록신청) ① 이 법을 적용받는 건물을 신축한 자는 1개월 이내에 1동의 건물에 속하는 전유부분 전부에 대하여 동시에 건축물대장 등록신청을 하여야 한다.

② 제1항의 신청서에는 제54조에 규정된 사항을 적고 건물의 도면, 각 층의 평면도(구분점포의 경우에는 「건축사법」 제23조에 따라 신고한 건축사 또는 「공간정보의 구축 및 관리 등에 관한 법률」 제39조제2항에서 정한 측량기술자가 구분점포의 경계표지에 관한 측량성과를 적어 작성한 평면도를 말한다)와 신청인의 소유임을 증명하는 서면을 첨부하여야 하며, 신청서에 적은 사항 중 규약이나 규약에 상당하는 공정증서로써 정한 것이 있는 경우에는 그 규약이나 공정증서를 첨부하여야 한다. 〈개정 2014. 6. 3.〉

③ 이 법을 적용받지 아니하던 건물이 구분, 신축 등으로 인하여 이 법을 적용받게 된 경우에는 제1항과 제2항을 준용한다.

④ 제3항의 경우에 건물 소유자는 다른 건물의 소유자를 대위(代位)하여 제1항의 신청을 할 수 있다.

[전문개정 2010. 3. 31.]

제57조(건축물대장의 변경등록신청) ① 건축물대장에 등록한 사항이 변경된 경우에는 소유자는 1개월 이내에 변경등록신청을 하여야 한다.

② 1동의 건물을 표시할 사항과 공용부분의 표시에 관한 사항의 변경등록은 전유부분 소유자 중 1인 또는 여럿이 제1항의 기간까지 신청할 수 있다.

③ 제1항 및 제2항의 신청서에는 변경된 사항과 1동의 건물을 표시하기에 충분한 사항을 적고 그 변경을 증명하는 서면을 첨부하여야 하며 건물의 소재지, 구조, 면적이 변경되거나 부속건물을 신축한 경우에는 건물도면 또는 각 층의 평면도를 첨부하여야 한다.

④ 구분점포는 제1조의2제1항제1호의 용도 외의 다른 용도로 변경할 수 없다.

[전문개정 2010. 3. 31.]

제58조(신청의무의 승계) 소유자가 변경된 경우에는 전 소유자가 하여야 할 제56조와 제57조제1항의 등록신청은 소유자가 변경된 날부터 1개월 이내에 새로운 소유자가 하여야 한다.

[전문개정 2010. 3. 31.]

제59조(소관청의 직권조사) ① 소관청은 제56조 또는 제57조의 신청을 받아 또는 직권으로 건축물대장에 등록할 때에는 소속 공무원에게 건물의 표시에 관한 사항을 조사하게 할 수 있다.

② 소관청은 구분점포에 관하여 제56조 또는 제57조의 신청을 받으면 신청 내용이 제1조의2제1항 각 호의 요건을 충족하는지와 건축물의 실제 현황과 일치하는지를 조사하여야 한다.

③ 제1항 및 제2항의 조사를 하는 경우 해당 공무원은 일출 후 일몰 전까지 그 건물에 출입할 수 있으며, 점유자나 그 밖의 이해관계인에게 질문하거나 문서의 제시를 요구할 수 있다. 이 경우 관계인에게 그 신분을 증명하는 증표를 보여주어야 한다.

[전문개정 2010. 3. 31.]

제60조(조사 후 처리) ① 제56조의 경우에 소관청은 관계 공무원의 조사 결과 그 신고 내용이 부당하다고 인정할 때에는 그 취지를 적어 정정할 것을 명하고, 그 신고 내용을 정정하여도 그 건물의 상황이 제1조 또는 제1조의2의 규정에 맞지 아니하다고 인정할 때에는 그 등록을 거부하고 그 건물 전체를 하나의 건물로 하여 일반건축물대장에 등록하여야 한다.

② 제1항의 경우에는 일반건축물대장에 등록한 날부터 7일 이내에 신고인에게 그 등록거부 사유를 서면으로 통지하여야 한다.

[전문개정 2010. 3. 31.]

제61조 삭제 〈2011. 4. 12.〉

제62조 삭제 〈2011. 4. 12.〉

제63조 삭제 〈2011. 4. 12.〉

제64조 삭제 〈2011. 4. 12.〉

제4장 벌칙

〈개정 2010. 3. 31.〉

제65조(벌금) ① 제1조의2제1항에서 정한 경계표지 또는 건물번호표지를 파손, 이동 또는 제거하거나 그 밖의 방법으로 경계를 알아볼 수 없게 한 사람은 3년 이하의 징역 또는 1천만원 이하의 벌금에 처한다.

② 건축사 또는 측량기술자가 제56조제2항에서 정한 평면도에 측량성과를 사실과 다르게 적었을 때에는 2년 이하의 징역 또는 500만원 이하의 벌금에 처한다.

[전문개정 2010. 3. 31.]

제66조(과태료) ① 다음 각 호의 어느 하나에 해당하는 자에게는 500만원 이하의 과태료를 부과한다.
  1. 제26조의2제1항 또는 제3항(제52조에서 준용하는 경우를 포함한다)에 따른 회계감사를 받지 아니하거나 부정한 방법으로 받은 자
  2. 제26조의2제6항(제52조에서 준용하는 경우를 포함한다)을 위반하여 회계감사를 방해하는 등 같은 항 각 호의 어느 하나에 해당하는 행위를 한 자
② 다음 각 호의 어느 하나에 해당하는 자에게는 300만원 이하의 과태료를 부과한다. 〈개정 2023. 3. 28.〉
  1. 제26조의2제4항(제52조에서 준용하는 경우를 포함한다)을 위반하여 회계감사 결과를 보고하지 아니하거나 거짓으로 보고한 자
  1의2. 제26조의5제1항(제52조에서 준용하는 경우를 포함한다)에 따른 보고 또는 자료 제출 명령을 위반한 자
  2. 제59조제1항에 따른 조사를 거부·방해 또는 기피한 자
  3. 제59조제3항에 따른 질문 및 문서 제시 요구에 응하지 아니하거나 거짓으로 응한 자
③ 다음 각 호의 어느 하나에 해당하는 자에게는 200만원 이하의 과태료를 부과한다. 〈개정 2023. 3. 28.〉
  1. 제9조의3제3항을 위반하여 통지를 하지 아니한 자
  2. 제9조의3제4항을 위반하여 관리단집회를 소집하지 아니한 자
  3. 제24조제6항(제52조에서 준용하는 경우를 포함한다)에 따른 신고를 하지 아니한 자
  4. 제26조제1항(제52조에서 준용하는 경우를 포함한다)을 위반하여 보고를 하지 아니하거나

거짓으로 보고한 자

4의2. 제26조제2항(제52조에서 준용하는 경우를 포함한다)을 위반하여 장부 또는 증빙서류를 작성·보관하지 아니하거나 거짓으로 작성한 자

4의3. 제26조제3항 각 호 외의 부분 후단(제52조에서 준용하는 경우를 포함한다)을 위반하여 정당한 사유 없이 제26조제1항에 따른 보고 자료 또는 같은 조 제2항에 따른 장부나 증빙서류에 대한 열람 청구 또는 등본의 교부 청구에 응하지 아니하거나 거짓으로 응한 자

5. 제30조제1항, 제39조제4항, 제41조제4항(이들 규정을 제52조에서 준용하는 경우를 포함한다)을 위반하여 규약, 의사록 또는 서면(전자적 방법으로 기록된 정보를 포함한다)을 보관하지 아니한 자

6. 제30조제3항, 제39조제4항, 제41조제4항(이들 규정을 제52조에서 준용하는 경우를 포함한다)을 위반하여 정당한 사유 없이 규약, 의사록 또는 서면(전자적 방법으로 기록된 정보를 포함한다)의 열람이나 등본의 발급청구를 거부한 자

7. 제39조제2항 및 제3항(이들 규정을 제52조에서 준용하는 경우를 포함한다)을 위반하여 의사록을 작성하지 아니하거나 의사록에 적어야 할 사항을 적지 아니하거나 거짓으로 적은 자

8. 제56조제1항, 제57조제1항, 제58조에 따른 등록신청을 게을리 한 자

④ 제1항부터 제3항까지의 규정에 따른 과태료는 대통령령으로 정하는 바에 따라 소관청(제2항제1호의2의 경우에는 시·도지사 또는 시장·군수·구청장을 말한다)이 부과·징수한다. 〈개정 2023. 3. 28.〉

[전문개정 2020. 2. 4.]

부칙

〈제19282호, 2023. 3. 28.〉

제1조(시행일) 이 법은 공포 후 6개월이 경과한 날부터 시행한다.

제2조(관리인의 장부 작성 및 보관 등에 관한 적용례) 제26조제2항 및 제3항(제2항에 관한 부분으로 한정한다)의 개정규정(제52조에서 준용하는 경우를 포함한다)은 이 법 시행일이 속하는 달의 다음 달의 회계부터 적용한다.

집합건물의 소유 및 관리에 관한 법률 시행령

(약칭: 집합건물법 시행령)

[시행 2023. 9. 29.]
[대통령령 제33737호, 2023. 9. 26., 일부개정]
법무부(법무심의관실) 02-2110-3510, 3515, 3729

제1조(목적) 이 영은 「집합건물의 소유 및 관리에 관한 법률」에서 위임된 사항과 그 시행에 필요한 사항을 규정함을 목적으로 한다.

제2조(경계표지) ① 「집합건물의 소유 및 관리에 관한 법률」(이하 "법"이라 한다) 제1조의2제1항제3호에 따른 경계표지는 바닥에 너비 3센티미터 이상의 동판, 스테인리스강판, 석재 또는 그 밖에 쉽게 부식·손상 또는 마모되지 아니하는 재료로서 구분점포의 바닥재료와는 다른 재료로 설치하여야 한다.
② 경계표지 재료의 색은 건물바닥의 색과 명확히 구분되어야 한다.

제3조(건물번호표지) ① 법 제1조의2제1항제4호에 따른 건물번호표지는 구분점포 내 바닥의 잘 보이는 곳에 설치하여야 한다.
② 건물번호표지 글자의 가로규격은 5센티미터 이상, 세로규격은 10센티미터 이상이 되어야 한다.
③ 구분점포의 위치가 표시된 현황도를 건물 각 층 입구의 잘 보이는 곳에 견고하게 설치하여야 한다.
④ 건물번호표지의 재료와 색에 관하여는 제2조를 준용한다.

제4조(시공자의 범위) 법 제9조제1항 전단에서 "대통령령으로 정하는 자"란 다음 각 호의 자를 말한다.
  1. 건물의 전부 또는 일부를 시공하여 완성한 자
  2. 제1호의 자로부터 건물의 시공을 일괄 도급받은 자(제1호의 자가 담보책임을 질 수 없는 경우로 한정한다)

제5조(담보책임의 존속기간) 법 제9조의2제1항제2호에서 "대통령령으로 정하는 기간"이란 다음 각 호의 구분에 따른 기간을 말한다.
  1. 법 제9조의2제2항 각 호에 따른 기산일 전에 발생한 하자: 5년
  2. 법 제9조의2제2항 각 호에 따른 기산일 이후에 발생한 하자: 다음 각 목의 구분에 따른다.
    가. 대지조성공사, 철근콘크리트공사, 철골공사, 조적(組積)공사, 지붕 및 방수공사의 하자 등 건물의 구조상 또는 안전상의 하자: 5년
    나. 「건축법」 제2조제1항제4호에 따른 건축설비 공사(이와 유사한 설비공사를 포함한다), 목공사, 창호공사 및 조경공사의 하자 등 건물의 기능상 또는 미관상의 하자: 3년
    다. 마감공사의 하자 등 하자의 발견·교체 및 보수가 용이한 하자: 2년

제5조의2(분양자의 관리단집회 소집통지 등) ① 법 제9조제1항에 따른 분양자(이하 "분양자"라 한다)는 법 제9조의3제3항에 따라 구분소유자에게 규약 설정 및 관리인

선임을 위한 관리단집회(법 제23조에 따른 관리단의 집회를 말한다. 이하 같다)를 소집할 것을 다음 각 호의 사항을 기재한 서면으로 통지해야 한다. 〈개정 2023. 9. 26.〉

　　1. 예정된 매수인 중 이전등기를 마친 매수인의 비율
　　2. 법 제33조제4항에 따른 관리단집회의 소집청구에 필요한 구분소유자의 정수(定數)
　　3. 구분소유자는 해당 통지를 받은 날부터 3개월 이내에 관리단집회를 소집해야 하고 그렇지 않은 경우에는 분양자가 법 제9조의3제4항에 따라 지체 없이 관리단집회를 소집한다는 뜻

② 제1항의 통지는 구분소유자가 분양자에게 따로 통지장소를 알린 경우에는 그 장소로 발송하고, 알리지 않은 경우에는 구분소유자가 소유하는 전유부분이 있는 장소로 발송해야 한다. 이 경우 제1항의 통지는 통상적으로 도달할 시기에 도달한 것으로 본다.

③ 분양자는 제1항의 통지내용을 건물 내의 적당한 장소에 게시함으로써 건물 내에 주소를 가지는 구분소유자 또는 제2항의 통지장소를 알리지 않은 구분소유자에 대한 소집통지를 갈음할 수 있음을 법 제9조의3제2항에 따른 규약에 상응하는 것으로 정할 수 있다. 이 경우 제1항의 통지는 게시한 때에 도달한 것으로 본다.

[본조신설 2021. 2. 2.]

제5조의3(수선계획의 수립) 법 제23조에 따른 관리단(이하 "관리단"이라 한다)이 법 제17조의2제1항에 따라 수립하는 수선계획에는 다음 각 호의 사항이 포함되어야 한다.

　　1. 계획기간
　　2. 외벽 보수, 옥상 방수, 급수관·배수관 교체, 창·현관문 등의 개량 등 수선대상 및 수선방법
　　3. 수선대상별 예상 수선주기
　　4. 계획기간 내 수선비용 추산액 및 산출근거
　　5. 수선계획의 재검토주기
　　6. 법 제17조의2제2항 본문에 따른 수선적립금(이하 "수선적립금"이라 한다)의 사용절차
　　7. 그 밖에 관리단집회의 결의에 따라 수선계획에 포함하기로 한 사항

[본조신설 2021. 2. 2.]

제5조의4(수선적립금의 징수·적립) ① 관리단은 법 제17조의2제2항 본문에 따라 수선적립금을 징수하려는 경우 관리비와 구분하여 징수해야 한다.

② 수선적립금은 법 제28조에 따른 규약(이하 "규약"이라 한다)이나 관리단집회의 결의로 달리 정한 바가 없으면 법 제12조에 따른 구분소유자의 지분 비율에 따라 산출하여 징수하고, 관리단이 존속하는 동안 매달 적립한다. 이 경우 분양되지 않은 전유부분의 면적 비율에 따라 산출한 수선적립금 부담분은 분양자가 부담한다.

③ 수선적립금의 예치방법에 관하여 규약이나 관리단집회의 결의로 달리 정한 바가 없으면 「은행법」 제2조제1항제2호에 따른 은행 또는 우체국에 관리단의 명의로 계좌를 개설하여 예치해야 한다.

④ 구분소유자는 수선적립금을 법 제5조제4항에 따른 점유자(이하 "점유자"라 한다)

가 대신하여 납부한 경우에는 그 금액을 점유자에게 지급해야 한다.
[본조신설 2021. 2. 2.]

제5조의5(관리인의 선임신고) 법 제24조제6항에 따른 관리인으로 선임된 자는 선임일부터 30일 이내에 별지 서식의 관리인 선임 신고서에 선임사실을 입증할 수 있는 다음 각 호의 어느 하나에 해당하는 자료를 첨부하여 특별자치시장, 특별자치도지사, 시장, 군수 또는 자치구의 구청장(이하 "소관청"이라 한다)에게 제출해야 한다. *〈개정 2023. 9. 26.〉*

1. 법 제39조제2항에 따른 관리단집회 의사록
2. 규약 및 제11조제2항에 따른 관리위원회 의사록
3. 법 제24조의2제1항에 따른 임시관리인 선임청구에 대한 법원의 결정문

[본조신설 2021. 2. 2.]

제6조(관리인의 보고의무) ① 법 제26조제1항에 따라 관리인이 보고해야 하는 사무는 다음 각 호와 같다. *〈개정 2021. 2. 2.〉*

1. 관리단의 사무 집행을 위한 분담금액과 비용의 산정방법, 징수·지출·적립내역에 관한 사항
2. 제1호 외에 관리단이 얻은 수입 및 그 사용 내역에 관한 사항
3. 관리위탁계약 등 관리단이 체결하는 계약의 당사자 선정과정 및 계약조건에 관한 사항
4. 규약 및 규약에 기초하여 만든 규정의 설정·변경·폐지에 관한 사항
5. 관리단 임직원의 변동에 관한 사항
6. 건물의 대지, 공용부분 및 부속시설의 보존·관리·변경에 관한 사항
7. 관리단을 대표한 재판상 행위에 관한 사항
8. 그 밖에 규약, 규약에 기초하여 만든 규정이나 관리단집회의 결의에서 정하는 사항

② 관리인은 규약에 달리 정한 바가 없으면 월 1회 구분소유자 및 그의 승낙을 받아 전유부분을 점유하는 자에게 관리단의 사무 집행을 위한 분담금액과 비용의 산정방법을 서면으로 보고하여야 한다. *〈개정 2023. 9. 26.〉*

③ 관리인은 법 제32조에 따른 정기 관리단집회에 출석하여 관리단이 수행한 사무의 주요 내용과 예산·결산 내역을 보고하여야 한다.

제6조의2(회계감사대상 건물의 범위) ① 법 제26조의2제1항 본문에서 "대통령령으로 정하는 건물"이란 다음 각 호의 어느 하나에 해당하는 건물을 말한다.

1. 직전 회계연도에 구분소유자로부터 징수한 관리비(전기료, 수도료 등 구분소유자 또는 점유자가 납부하는 사용료를 포함한다. 이하 이 조에서 같다)가 3억원 이상인 건물
2. 직전 회계연도 말 기준으로 적립되어 있는 수선적립금이 3억원 이상인 건물

② 법 제26조의2제3항 전단에서 "대통령령으로 정하는 건물"이란 다음 각 호의 어느 하나에 해당하는 건물을 말한다.

1. 제1항 각 호의 어느 하나에 해당하는 건물
2. 직전 회계연도를 포함하여 3년 이상 「주식회사 등의 외부감사에 관한 법률」 제2조제7호에 따른 감사인(이하 "감사인"이라 한다)의 회계감사를 받지 않은 건물로서 다음 각 목의 어느 하나에 해당하는 건물

가. 직전 회계연도에 구분소유자로부터 징수한 관리비가 1억원 이상인 건물
나. 직전 회계연도 말 기준으로 적립되어 있는 수선적립금이 1억원 이상인 건물

[본조신설 2021. 2. 2.]

제6조의3(감사인의 선정방법 및 회계감사의 기준 등) ① 법 제26조의2제1항 본문에 따라 회계감사를 받아야 하는 관리인은 매 회계연도 종료 후 3개월 이내에 해당 회계연도의 회계감사를 실시할 감사인을 선임해야 한다. 이 경우 해당 건물에 법 제26조의3제1항에 따른 관리위원회(이하 "관리위원회"라 한다)가 구성되어 있는 경우에는 관리위원회의 결의를 거쳐 감사인을 선임해야 한다.

② 법 제26조의2제1항 또는 제3항에 따라 회계감사를 받아야 하는 관리인은 소관청 또는 「공인회계사법」 제41조에 따른 한국공인회계사회에 감사인의 추천을 의뢰할 수 있다. 이 경우 해당 건물에 관리위원회가 구성되어 있는 경우에는 관리위원회의 결의를 거쳐 감사인의 추천을 의뢰해야 한다.

③ 법 제26조의2제1항 또는 제3항에 따라 회계감사를 받아야 하는 관리인은 매 회계연도 종료 후 9개월 이내에 다음 각 호의 재무제표와 관리비 운영의 적정성에 대하여 회계감사를 받아야 한다.

　1. 재무상태표
　2. 운영성과표
　3. 이익잉여금처분계산서 또는 결손금처리계산서
　4. 주석(註釋)

④ 제3항 각 호의 재무제표를 작성하는 회계처리기준은 법무부장관이 정하여 고시한다.

⑤ 제3항에 따른 회계감사는 「주식회사 등의 외부감사에 관한 법률」 제16조에 따른 회계감사기준에 따라 실시한다.

[본조신설 2021. 2. 2.]

제6조의4(회계감사의 결과 보고) ① 법 제26조의2제1항 또는 제3항에 따른 회계감사를 받은 관리인은 감사보고서 등 회계감사의 결과를 제출받은 날부터 1개월 이내에 해당 결과를 구분소유자 및 그의 승낙을 받아 전유부분을 점유하는 자에게 서면으로 보고해야 한다.

② 제1항의 보고는 구분소유자 또는 그의 승낙을 받아 전유부분을 점유하는 자가 관리인에게 따로 보고장소를 알린 경우에는 그 장소로 발송하고, 알리지 않은 경우에는 구분소유자가 소유하는 전유부분이 있는 장소로 발송한다. 이 경우 제1항의 보고는 통상적으로 도달할 시기에 도달한 것으로 본다.

③ 제2항에도 불구하고 법 제26조의2제4항에 따른 관리인의 보고의무는 건물 내의 적당한 장소에 회계감사의 결과를 게시하거나 인터넷 홈페이지에 해당 결과를 공개함으로써 이행할 수 있음을 규약으로 정할 수 있다. 이 경우 제1항의 보고는 게시한 때에 도달한 것으로 본다.

[본조신설 2021. 2. 2.]

제7조(관리위원회의 구성) ① 관리위원회의 위원은 선거구별로 선출할 수 있다. 이 경

우 선거구 및 선거구별 관리위원회 위원의 수는 규약으로 정한다. 〈개정 2021. 2. 2.〉

② 법 제26조의4제1항 단서에 따라 규약으로 관리위원회의 위원 선출에 대한 관리단집회의 결의에 관하여 달리 정하는 경우에는 구분소유자의 수 및 의결권의 비율을 합리적이고 공평하게 고려해야 한다. 〈개정 2021. 2. 2.〉

③ 관리위원회에는 위원장 1명을 두며, 위원장은 관리위원회의 위원 중에서 선출하되 그 선출에 관하여는 법 제26조의4제1항을 준용한다. 〈개정 2021. 2. 2.〉

④ 관리위원회의 위원은 규약에서 정한 사유가 있는 경우에 해임할 수 있다. 이 경우 관리위원회 위원의 해임 방법에 관하여는 제1항 및 법 제26조의4제1항을 준용하며, "선출"은 "해임"으로 본다. 〈개정 2021. 2. 2.〉

제8조(관리위원회 위원의 결격사유) 다음 각 호의 어느 하나에 해당하는 사람은 관리위원회의 위원이 될 수 없다.
  1. 미성년자, 피성년후견인
  2. 파산선고를 받은 자로서 복권되지 아니한 사람
  3. 금고 이상의 형을 선고받고 그 집행이 끝나거나 그 집행을 받지 아니하기로 확정된 후 5년이 지나지 아니한 사람(과실범은 제외한다)
  4. 금고 이상의 형을 선고받고 그 집행유예 기간이 끝난 날부터 2년이 지나지 아니한 사람(과실범은 제외한다)
  5. 집합건물의 관리와 관련하여 벌금 100만원 이상의 형을 선고받은 후 5년이 지나지 아니한 사람
  6. 관리위탁계약 등 관리단의 사무와 관련하여 관리단과 계약을 체결한 자 또는 그 임직원
  7. 관리단에 매달 납부하여야 할 분담금을 3개월 연속하여 체납한 사람

제9조(관리위원회의 소집) ① 관리위원회의 위원장은 필요하다고 인정할 때에는 관리위원회를 소집할 수 있다.

② 관리위원회의 위원장은 다음 각 호의 어느 하나에 해당하는 경우에는 관리위원회를 소집하여야 한다.
  1. 관리위원회 위원 5분의 1 이상이 청구하는 경우
  2. 관리인이 청구하는 경우
  3. 그 밖에 규약에서 정하는 경우

③ 제2항의 청구가 있은 후 관리위원회의 위원장이 청구일부터 2주일 이내의 날을 회의일로 하는 소집통지 절차를 1주일 이내에 밟지 아니하면 소집을 청구한 사람이 관리위원회를 소집할 수 있다.

④ 관리위원회를 소집하려면 회의일 1주일 전에 회의의 일시, 장소, 목적사항을 구체적으로 밝혀 각 관리위원회 위원에게 통지하여야 한다. 다만, 이 기간은 규약으로 달리 정할 수 있다.

⑤ 관리위원회는 관리위원회의 위원 전원이 동의하면 제4항에 따른 소집절차를 거치지 아니하고 소집할 수 있다.

제10조(관리위원회의 의결방법) ① 관리위원회의 의사(議事)는 규약에 달리 정한 바가

없으면 관리위원회 재적위원 과반수의 찬성으로 의결한다.

② 관리위원회 위원은 질병, 해외체류 등 부득이한 사유가 있는 경우 외에는 서면이나 대리인을 통하여 의결권을 행사할 수 없다.

제11조(관리위원회의 운영) ① 규약에 달리 정한 바가 없으면 다음 각 호의 순서에 따른 사람이 관리위원회의 회의를 주재한다.

1. 관리위원회의 위원장
2. 관리위원회의 위원장이 지정한 관리위원회 위원
3. 관리위원회의 위원 중 연장자

② 관리위원회 회의를 주재한 자는 관리위원회의 의사에 관하여 의사록을 작성 · 보관하여야 한다.

③ 이해관계인은 제2항에 따라 관리위원회의 의사록을 보관하는 자에게 관리위원회 의사록의 열람을 청구하거나 자기 비용으로 등본의 발급을 청구할 수 있다.

제11조의2(집합건물의 관리에 관한 감독) 법 제26조의5제1항제6호에서 "대통령령으로 정하는 사항"이란 다음 각 호의 사항을 말한다.

1. 법 제30조(법 제52조에서 준용하는 경우를 포함한다)에 따른 규약의 보관에 관한 사항
2. 법 제39조(법 제52조에서 준용하는 경우를 포함한다)에 따른 관리단집회 의사록의 작성 · 보관에 관한 사항
3. 법 제41조(법 제52조에서 준용하는 경우를 포함한다)에 따른 관리단집회의 서면 또는 전자적 방법으로 기록된 정보의 보관에 관한 사항

[본조신설 2023. 9. 26.]

제12조(표준규약) 법 제28조제4항에 따라 법무부장관이 마련해야 하는 표준규약과 같은 조 제5항에 따라 특별시장 · 광역시장 · 특별자치시장 · 도지사 및 특별자치도지사(이하 "시 · 도지사"라 한다)가 마련해야 하는 지역별 표준규약에는 각각 다음 각 호의 사항이 포함되어야 한다. 〈개정 2023. 9. 26.〉

1. 구분소유자의 권리와 의무에 관한 사항
2. 규약의 설정 · 변경 · 폐지에 관한 사항
3. 구분소유자 공동의 이익과 관련된 전유부분의 사용에 관한 사항
4. 건물의 대지, 공용부분 및 부속시설의 사용 및 보존 · 관리 · 변경에 관한 사항
5. 관리위탁계약 등 관리단이 체결하는 계약에 관한 사항
6. 관리단집회의 운영에 관한 사항
7. 관리인의 선임 및 해임에 관한 사항
8. 관리위원회에 관한 사항
9. 관리단의 임직원에 관한 사항
10. 관리단의 사무 집행을 위한 분담금액과 비용의 산정방법, 징수 · 지출 · 적립내역에 관한 사항
11. 제10호 외에 관리단이 얻은 수입의 사용방법에 관한 사항
12. 회계처리기준 및 회계관리 · 회계감사에 관한 사항
13. 의무위반자에 대한 조치에 관한 사항
14. 그 밖에 집합건물의 관리에 필요한 사항

제13조(전자적 방법에 의한 의결권 행사) ① 법 제38조제2항에서 "대통령령으로 정하는 방법"이란 다음 각 호의 방법을 말한다. 〈개정 2020. 12. 8., 2023. 9. 26.〉

1. 「전자서명법」제2조제2호에 따른 전자서명 또는 인증서로서 서명자의 실지명의를 확인할 수 있는 전자서명 또는 인증서를 통하여 본인 확인을 거쳐 의결권을 행사하는 방법

1의2. 휴대전화를 통한 본인인증 등 「정보통신망 이용촉진 및 정보보호 등에 관한 법률」제23조의3제1항에 따른 지정을 받은 본인확인기관에서 제공하는 본인 확인을 거쳐 의결권을 행사하는 방법

2. 규약에서 「전자서명법」제2조제1호에 따른 전자문서를 제출하는 방법 등 본인 확인절차를 완화한 방법으로 의결권을 행사할 수 있도록 제1호 또는 제1호의2와 달리 정하고 있는 경우에는 그에 따른 방법

② 법 제38조제2항에 따른 전자적 방법(이하 "전자투표"라 한다)으로 의결권을 행사할 수 있도록 하는 경우에는 관리단집회의 소집통지에 다음 각 호의 사항을 구체적으로 밝혀야 한다. 〈개정 2023. 9. 26.〉

1. 전자투표를 할 인터넷 주소
2. 전자투표를 할 기간
3. 그 밖에 전자투표에 필요한 기술적인 사항

③ 전자투표는 규약 또는 관리단집회의 결의로 달리 정한 바가 없으면 관리단집회일 전날까지 하여야 한다.

④ 관리단은 전자투표를 관리하는 기관을 지정하여 본인 확인 등 의결권 행사 절차의 운영을 위탁할 수 있다.

제14조(서면에 의한 의결권 행사) ① 관리단집회의 소집통지를 할 때에는 서면에 의하여 의결권을 행사하는데 필요한 자료를 첨부하여야 한다.

② 서면에 의한 의결권 행사는 규약 또는 관리단집회의 결의로 달리 정한 바가 없으면 관리단집회의 결의 전까지 할 수 있다.

제15조(대리인에 의한 의결권 행사) ① 대리인은 의결권을 행사하기 전에 의장에게 대리권을 증명하는 서면을 제출하여야 한다.

② 대리인 1인이 수인의 구분소유자를 대리하는 경우에는 구분소유자의 과반수 또는 의결권의 과반수 이상을 대리할 수 없다.

제16조(집합건물분쟁조정위원회의 심의·조정사항) 법 제52조의2제2항제7호에서 "대통령령으로 정한 분쟁"이란 다음 각 호의 분쟁을 말한다.

1. 건물의 대지와 부속시설의 보존·관리 또는 변경에 관한 분쟁
2. 규약에서 정한 전유부분의 사용방법에 관한 분쟁
3. 관리비 외에 관리단이 얻은 수입의 징수·관리 및 사용에 관한 분쟁
4. 관리위탁계약 등 관리단이 체결한 계약에 관한 분쟁
5. 그 밖에 법 제52조의2제1항에 따른 집합건물분쟁조정위원회(이하 "조정위원회"라 한다)가 분쟁의 조정이 필요하다고 인정하는 분쟁

제17조(조정위원회의 구성) ① 조정위원회의 부위원장은 해당 시·도지사가 조정위원회

의 위원장(이하 "위원장"이라 한다)의 추천을 받아 위원 중에서 임명하거나 위촉한다.

② 조정위원회 위원의 임기는 2년으로 한다.

③ 제1항 및 제2항에서 규정한 사항 외에 조정위원회의 구성에 필요한 사항은 조정위원회의 의결을 거쳐 위원장이 정한다.

제18조(조정위원회의 운영) ① 위원장은 회의를 소집하고 주재한다.

② 위원장이 부득이한 사유로 직무를 수행할 수 없는 경우에는 부위원장이 직무를 대행하고, 조정위원회의 부위원장도 직무를 대행할 수 없는 경우에는 위원 중 연장자가 직무를 대행한다.

③ 위원장이 회의를 소집하려면 회의 개최 3일 전까지 회의의 일시·장소 및 안건을 각 위원에게 알려야 한다.

④ 위원 전원이 동의하면 제3항의 소집절차를 거치지 아니하고 조정위원회를 소집할 수 있다.

⑤ 법 제52조의10에 따른 비용을 제외한 조정 비용에 관하여 필요한 사항은 특별시·광역시·특별자치시·도 및 특별자치도의 조례로 정한다. 〈개정 2021. 2. 2.〉

⑥ 제1항부터 제5항까지에서 규정한 사항 외에 조정위원회의 운영에 필요한 사항은 조정위원회의 의결을 거쳐 위원장이 정한다.

제19조(소위원회의 운영 등) ① 법 제52조의3제4항에 따른 소위원회(이하 "소위원회"라 한다)는 조정위원회의 의결로 위임한 분쟁을 심의·조정한다.

② 소위원회에 위원장 1명을 두며, 위원장은 해당 시·도지사가 위원장의 추천을 받아 소위원회 위원 중에서 임명하거나 위촉한다.

③ 제1항 및 제2항에서 규정한 사항 외에 소위원회의 구성 및 운영에 필요한 사항은 조정위원회의 의결을 거쳐 위원장이 정한다.

제20조(조정절차) ① 조정위원회는 조정을 효율적으로 하기 위하여 필요하다고 인정하면 사건들을 분리하거나 병합할 수 있다.

② 조정위원회는 제1항에 따라 사건들을 분리하거나 병합한 경우에는 당사자에게 지체 없이 서면으로 통보하여야 한다.

③ 조정위원회는 조정을 위하여 필요하다고 인정하면 당사자에게 증거서류 등 관련 자료의 제출을 요청하거나 당사자 또는 참고인에게 출석을 요청할 수 있다.

④ 제1항부터 제3항까지에서 규정한 사항 외에 조정절차에 필요한 사항은 조정위원회의 의결을 거쳐 위원장이 정한다.

제21조(하자의 진단 및 감정 기관) 법 제52조의10제1항에서 "대통령령으로 정하는 안전진단기관, 하자감정전문기관 등"이란 다음 각 호의 기관을 말한다. 다만, 하자감정전문기관은 제1호부터 제4호까지의 기관만 해당한다. 〈개정 2018. 1. 16., 2020. 12. 1., 2021. 2. 2.〉

  1. 「고등교육법」 제2조제1호 및 제2호에 따른 대학 및 산업대학의 주택 관련 부설 연구기관 (상설기관에 한정한다)

2. 「과학기술분야 정부출연연구기관 등의 설립·운영 및 육성에 관한 법률」 별표 제9호에 따른 한국건설기술연구원
3. 국립 또는 공립의 주택 관련 시험·검사기관
4. 「국토안전관리원법」에 따른 국토안전관리원
5. 「건축사법」 제23조제1항에 따라 신고한 건축사
6. 「기술사법」 제6조제1항에 따라 등록한 기술사
7. 「시설물의 안전 및 유지관리에 관한 특별법」 제28조에 따라 등록한 건축 분야 안전진단 전문기관
8. 「엔지니어링산업 진흥법」 제21조에 따라 신고한 해당 분야의 엔지니어링사업자

제22조(하자진단 등의 비용 부담) 법 제52조의10제1항 및 제2항에 따른 비용은 당사자 간의 합의로 정하는 비율에 따라 당사자가 미리 내야 한다. 다만, 당사자 간에 비용 부담에 대하여 합의가 되지 아니하면 조정위원회에서 부담 비율을 정한다. 〈개정 2021. 2. 2.〉

제23조(과태료의 부과) 법 제66조제1항부터 제3항까지의 규정에 따른 과태료의 부과 기준은 별표와 같다.

[본조신설 2021. 2. 2.]

부칙

〈제33737호, 2023. 9. 26.〉

이 영은 2023년 9월 29일부터 시행한다.

참고판례 목록

1	대법원	1999. 6. 2. 선고	98마1438	결정
2	대법원	1999. 7. 27. 선고	98다35020	판결
3	대법원	1999. 11. 9. 선고	99다46096	판결
4	대법원	2000. 8. 22. 선고	99다62609, 62616	판결
5	대법원	2001. 9. 20. 선고	2001다8677	전원합의체 판결
6	대법원	2002. 8. 23. 선고	2001다46044	판결
7	대법원	2003. 2. 11. 선고	2001다47733	판결
8	대법원	2002. 12. 27. 선고	2002다45284	판결
9	대법원	2005. 4. 21. 선고	2003다4969	전원합의체 판결
10	대법원	2005. 11. 10. 선고	2003다45496	판결
11	대법원	2004. 5. 13. 선고	2004다2243	판결
12	대법원	2005. 12. 16. 자	2004마515	결정
13	대법원	2006. 6. 29. 선고	2004다3598, 3604	판결
14	대법원	2006. 9. 22. 선고	2004다58611	판결
15	대법원	2006. 10. 12. 선고	2006다36004	판결
16	대법원	2008. 2. 1. 선고	2006다32217호	판결
17	대법원	2008. 9. 25. 선고	2006다86597	판결
18	대법원	2008. 9. 11. 선고	2007다45777	판결
19	대법원	2011. 10. 13. 선고	2007다83427	판결
20	대법원	2011. 4. 28. 선고	2008다15438	판결
21	대법원	2009. 4. 9. 선고	2009다242	판결
22	대법원	2009. 12. 10. 선고	2009다49971	판결
23	대법원	2012. 3. 29. 선고	2009다45320	판결
24	대법원	2010. 5. 27. 선고	2010다6017	판결
25	대법원	2013. 1. 17. 선고	2010다71578	전원합의체 판결
26	대법원	2011. 3. 24. 선고	2010다94076, 94083	판결

27	대법원	2012. 11. 15. 선고	2010다95338	판결
28	대법원	2013. 10. 24. 선고	2011다12149, 12156	판결
29	대법원	2011. 9. 8. 선고	2011다23125	판결
30	대법원	2012. 4. 13. 선고	2011다72301, 72318	판결
31	대법원	2012. 11. 29. 선고	2011다79258	판결
32	대법원	2012. 5. 24. 선고	2012다105	판결
33	대법원	2013. 7. 15. 선고	2012다18038	판결
34	대법원	2017. 1. 25. 선고	2012다72469	판결
35	대법원	2014. 10. 30. 선고	2012다 96915	판결
36	대법원	2013. 11. 28. 선고	2012다103325	판결
37	대법원	2013. 6. 27. 선고	2012다114813	참조
38	대법원	2014. 9. 4. 선고	2013두25955	판결
39	대법원	2016. 3. 10. 선고	2014다46579	판결
40	대법원	2017. 3. 16. 선고	2015다3570	판결
41	대법원	2016. 5. 27. 선고	2015다77212	판결
42	대법원	2019. 10. 17. 선고	2016다32841, 32858	판결
43	대법원	2018. 6. 28. 선고	2016다219419, 219426	판결
44	대법원	2018. 2. 13. 선고	2016다245289	판결
45	대법원	2021. 9. 16. 선고	2016다260882	판결
46	대법원	2018. 3. 30. 자	2017마1291	판결
47	대법원	2021. 7. 8. 선고	2017다204247	판결
48	대법원	2020. 5. 21. 선고	2017다220744	전원합의체 판결
49	대법원	2018. 7. 12. 선고	2017다291517, 291524	판결
50	대법원	2019. 12. 27. 선고	2018다37857	판결
51	대법원	2021. 9. 16. 선고	2018다38607	판결
52	대법원	2018. 12. 28. 선고	2018다219727	판결
53	대법원	2020. 2. 27. 선고	2018다232898	판결
54	대법원	2020. 4. 29. 선고	2018다245184	판결

건축물대장 총괄표제부(갑)

(2쪽 중 제1쪽)

고유번호	20240109-10225	정부24접수번호		건축물 명칭	특이사항
대지위치		도로명주소			

대지면적 14,724.44㎡	연면적 63,960.03㎡	지역	지구	구역
건축면적 0㎡	용적률 산정용 연면적 51,972.78㎡	주구조	주용도 공동주택	층수
건폐율 0%	용적률 0%	총 호수/가구수/세대수 호/가구/534세대	총 주차 대수	부속건축물 28동 3,601.32㎡
조경면적 ㎡	공개 공지/공간 면적 ㎡	건축선 후퇴면적 ㎡	건축선 후퇴거리	

구분	명칭	도로명주소	건축물 주구조	건축물 지붕	층수	용도	연면적(㎡)	변동일	변동원인
주1	아파트 101동		철근콘크리트벽식구조	스라브	2/25	공동주택(아파트)	30,316.32	2011.4.13.	표시변경(직권)
주2	아파트 102동		철근콘크리트벽식구조	스라브	2/24	공동주택(아파트)	7,921.67	1996.5.7.	신축
주3	아파트 103동		철근콘크리트벽식구조	스라브	2/25	공동주택(아파트)	13,781.24	2011.4.13.	표시변경(직권)
주4	아파트 104동		철근콘크리트벽식구조	스라브	2/13	공동주택	9,702.04	2011.4.13.	표시변경(직권)
주5	아파트 상가동		철근콘크리트조	스라브	1/5	생활편의시설 제1,2종근린생활시설	2,267.76	2011.10.4.	표시변경(직권)

- 이하여백 -

이 등(초)본은 건축물대장의 원본내용과 틀림없음을 증명합니다.

발급일: 2024년 01월 09일

담당자: 민원여권과
전 화: 051 - 220 - 4821

구청장

| 고유번호 | 1704-7663-4309-4… | | 정부24접수번호 | 20240109-10225 | | 명칭 | | | 특이사항: |

| 대지위치 | | | 지번 | 277-2 | 도로명주소 | : |

구분	성명 또는 명칭	면허(등록)번호				주차장			승강기		허가일	※※
건축주	※※	※※		구분	옥내	옥외	인근	면제	승용	비상용	착공일	※※
설계자	※※	※※		자주식	대 ㎡	대 ㎡	대 ㎡		11대	8대	사용승인일	※※
공사감리자	※※	※※		기계식	대 ㎡	대 ㎡	대 ㎡		※하수처리시설		관련 주소	
공사시공자 (현장관리인)	※※	※※							형식		지번	※※
									용량			

※제로에너지건축물 인증	※건축물 에너지효율등급 인증	※에너지성능지표 (EPI) 점수	※녹색건축 인증	※지능형건축물 인증		대
등급	등급	점	등급	등급		
에너지자립률 0%	1차에너지 소요량 (또는 에너지절감율) 0kWh/㎡(%)	에너지소비총량 0kWh/㎡	인증점수 점	인증점수 점		도로명
유효기간:	유효기간:		유효기간:	유효기간:		

변동사항					
변동일	변동내용 및 원인		변동일	변동내용 및 원인	그 밖의 기재사항
2011.10.4	건축물대장 기초자료 정비에 의거 (총괄표제부[건물동 …:'' → '14724.44', 부속건축물 면적:'' → '3601.32', 무 속건축물 수:'' → '28', 용도명(TEXT):'' → '공동주택', 세대수:'' → '534', 주건축물 수:'' → '5', 연면적:'' → '63969.03', 용적률 산정용 연면적:'' → '51972.78') → 직권변경		2014.7.9	건축과-905(2014.7.8)호 건축(사용검사필증 교부사항 입 력)에 의거 작성(상가동303호 의료시설 118.18㎡기) 제2종 근린생활시설(학원)으로 용도변경](2014 건축과 용도변 경 제23호)	
2014.6.11	건축과-24769(2014.6.10)호 (사용검사필증 교부사항 입력)		2014.7.9	) [상가동 110호 생활숙박시설 46.79㎡ 를 제1종근린생 활시설(사무제조업)으로 용도변경] (2014 건축과 행정위신 고(용도변경) 제21호)	

◆ ※ 표시 항목은 총괄표제부가 있는 경우에는 적지 않을 수 있습니다.
※ 건축물 현황도를 인터넷으로 발급하는 경우에는 컬러로 인쇄되지 않을 수 있습니다.
※ 공사감리자는 건축법 제25조에 따라 감리대상이 아닌 경우 기재하지 않을 수 있습니다.
※ 문서확인번호로 정부24(gov.kr)의 인터넷발급문서진위확인 메뉴를 통해 위·변조 여부를 확인할 수 있습니다.

[발급 2024년01월09일 11:13:47 KST]

집합건축물대장(표제부, 갑)

(2쪽 중 제1쪽)

고유번호	2630010300-3-02770002	정부24접수번호	20240109-10229	명칭		호수/가구수/세대수	0호/0가구/138세대
대지위치			지번	277-2 외 12필지	도로명주소	아파트 103동	

대지면적	13,793㎡	연면적	13,761.24㎡	※지역	일반주거지역	※지구		※구역	
건축면적	3,566.84㎡	용적률 산정용 연면적	11,162.85㎡	주구조	철근콘크리트벽식구조	주용도	공동주택(아파트)	층수	지하:2층, 지상:25층
건폐율	25.86%	※용적률	375.623%	높이	69.1m	지붕	스라브	부속건축물	7동 900.33㎡
※조경면적	㎡	※공개 공지/공간 면적	㎡	※건축선 후퇴면적	㎡	※건축선 후퇴거리	m		

건축물 현황

구분	층별	구조	용도	면적(㎡)
주3	지2	철근콘크리트벽식구조	대피소, 주차장	668.96
주3	지1	철근콘크리트벽식구조	주차장	1,083.1
주3	1층	철근콘크리트벽식구조	공동주택(아파트)	493.92
주3	2층	철근콘크리트벽식구조	공동주택(아파트)	485.92
주3	3층	철근콘크리트벽식구조	공동주택(아파트)	485.92
주3	4층	철근콘크리트벽식구조	공동주택(아파트)	485.92

건축물 현황

구분	층별	구조	용도	면적(㎡)
주3	5층	철근콘크리트벽식구조	공동주택(아파트)	485.92
주3	6층	철근콘크리트벽식구조	공동주택(아파트)	485.92
주3	7층	철근콘크리트벽식구조	공동주택(아파트)	485.92
주3	8층	철근콘크리트벽식구조	공동주택(아파트)	485.92
주3	9층	철근콘크리트벽식구조	공동주택(아파트)	485.92
주3	10층	철근콘크리트벽식구조	공동주택(아파트)	485.92

이 등(초)본은 건축물대장의 원본내용과 틀림없음을 증명합니다.

발급일: 2024년 01월 09일

구청장 [직인]

담당자: 민원여권과
전 화: 051 - 220 - 4821

고유번호		정부24접수번호	20240109-1022	;	명칭	아파트 103동	호수/가구수/세대수	0호/0가구/136세대

(2쪽 중 제2쪽)

대지위치			지번	277-2 외 12필지	도로명주소			

구분	성명 또는 명칭	면허(등록)번호	※주차장					승강기	허가일
			구분	옥내	옥외	인근	면제	승용 2대 비상용	1992.9.19.
건축주	"(주)제일산업"		자주식	195대	129대	대	대	2대	착공일 1992.10.0.
설계자				㎡	㎡	㎡	㎡	※하수처리시설	1996.5.7.
			기계식	30대	대	대	대	형식 정기특기방식	사용승인일
공사감리자				㎡	㎡	㎡	㎡	용량 500인용	1996.5.7.
공사시공자 (현장관리인)	한신공영주식회사								관련 주소

※제로에너지건축물 인증		※건축물 에너지효율등급 인증	※에너지성능지표 (EPI) 점수	※녹색건축 인증	※지능형건축물 인증	지번
등급		등급	점	등급	등급	288, 289, 292, 293, 294, 295-5, 295-6, 296-2, 297-1, 298, 299
에너지자립률	0%	1차에너지 소요량 (또는 에너지절감률)	0㎾h/㎡(%)	인증점수	인증점수 점	
				점		
유효기간: . . ~ . .	유효기간: . . ~ . .	유효기간: . . ~ . .	0㎾h/㎡	유효기간: . . ~ . .		

내진설계 적용 여부	내진능력	특수구조 건축물	특수구조 건축물 유형	

지하수위 G.L. m	기초형식	설계지내력(지내력기초인 경우) t/㎡	구조설계 해석법	

변동일	변동내용 및 원인	변동일	변동내용 및 원인	그 밖의 기재사항
2011.4.13	건축물대장 기초자료 정비에 의거 (표제부(부속건축물 수 :'0' → '7')) 직권변경	2019.5.28	의거 직성(개인하수처리시설 폐쇄(131.8㎡/일), 기존 오수처리시설에서 발생하는 오수를 하수종말처리장(자원관 리)으로 연결)	
2011.10.4.	건축물대장 기초자료 정비에 의거 (표제부(용적률 산정용 연면적:'0' → '11162.85')) 직권변경		국토교통부 건축정책과-281 (2018.1.11.)호에 의거 건축	
2015.3.5	개인하수처리시설 폐쇄 :자원순환과-5482(2015.3.4)호에		동대장 내진설계 여부 기재	

◆ 본 증명서는 인터넷으로 발급되었으며, 정부24(gov.kr)의 인터넷발급문서진위확인 메뉴를 통해 위·변조 여부를 확인할 수 있습니다.(발급일로부터 90일까지) 또한 문서 하단의 바코드로도 진위확인(정부24 앱 또는 스캐너용 문서확인프로그램)을 하실 수 있습니다.

※ 표시 항목은 총괄표제부가 있는 경우에는 적지 않을 수 있습니다.

집합건축물대장(표제부, 을) 건축물현황

※ 건축물현황의 기재 및 관리 등에 관한 규칙 [별지 제4호서식] <개정 2017. 1. 20.>

고유번호	전부24건수민호	
대지위치	20240109-1022	명칭
	지번 277-2 외 12필지 3	도로명주소

호수/가구수/세대수 0호/0가구/135세대

(1쪽 중 제1쪽)

아파트 103동

건축물현황

구분	층별	구조	용도	면적(㎡)
주3	11층	철근콘크리트벽식구조	공동주택(아파트)	485.92
주3	12층	철근콘크리트벽식구조	공동주택(아파트)	485.92
주3	13층	철근콘크리트벽식구조	공동주택(아파트)	485.92
주3	14층	철근콘크리트벽식구조	공동주택(아파트)	485.92
주3	15층	철근콘크리트벽식구조	공동주택(아파트)	416.11
주3	16층	철근콘크리트벽식구조	공동주택(아파트)	416.11
주3	17층	철근콘크리트벽식구조	공동주택(아파트)	416.11
주3	18층	철근콘크리트벽식구조	공동주택(아파트)	416.11
주3	19층	철근콘크리트벽식구조	공동주택(아파트)	416.11
주3	20층	철근콘크리트벽식구조	공동주택(아파트)	416.11
주3	21층	철근콘크리트벽식구조	공동주택(아파트)	416.11
주3	22층	철근콘크리트벽식구조	공동주택(아파트)	346.3
주3	23층	철근콘크리트벽식구조	공동주택(아파트)	346.3
주3	24층	철근콘크리트벽식구조	공동주택(아파트)	346.3

건축물현황

구분	층별	구조	용도	면적(㎡)
주3	25층	철근콘크리트벽식구조	공동주택(아파트)	346.3
부1	1층	조적조	경비실	14
부2	1층	조적조	경비실	7
부3	1층	조적조	경비실	7
부4	1층	조적조	경비실	7
부5	지1	철근콘크리트조	펌프실	79.08
부6	지2	철근콘크리트조	주차장	767.25
부7	1층	조적조	경비실, 계단실	19
		- 이하여백 -		

297mm×210mm[백상지(80g/㎡)]

문서확인번호:1712-2929-9502-4

※ 문서확인번호와 2차원 바코드 옆에 공란 부분 [생략 저작권]에 대항 2023. 8. 1.)

집합건축물대장(전유부, 갑)

(3쪽 중 제1쪽)

건물ID	222D	고유번호		명칭 아파트 103동	호명칭 904호
대지위치	부산광역시 사하구 하단동	지번	277-2 외 12필지	도로명주소	

전유부분

구분	층별	※구조	용도	면적(㎡)
주	9층	철근콘크리트벽식구조	공동주택	59.91
		- 이하여백 -		

소유자현황

성명(명칭) 주민(법인)등록번호(부동산등기용등록번호)	주소	소유권 지분	변동일자 변동원인
57 -2******		1/1	2023.5.15. 소유권이전
	- 이하여백 -		

공용부분

구분	층별	구조	용도	면적(㎡)
주	지2	철근콘크리트벽식구조	펌프실, 계단실	0.221
주	지2	철근콘크리트벽식구조	발전기실	0.162
주	지1	철근콘크리트벽식구조	대피소	2.571
주	지1,2,	철근콘크리트벽식구조	주차장	10.015

이 등(초)본은 건축물대장의 원본내용과 틀림없음을 증명합니다.

발급일 : 2024년 04월 05일

구청장

담 당 자 : 민원여권과
전 화 : 051-220-4821

297mm × 210mm[백상지(80g/㎡)]

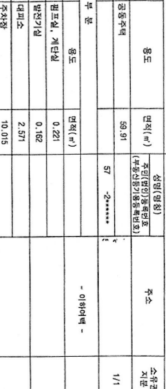

문서확인번호 : 1712-2929-9502~

■ 건축물대장의 기재 및 관리 등에 관한 규칙 [별지 제5호서식]

(3쪽 중 제2쪽)

| 건축물ID | 222C? | ... | 고유번호 | ☞ | 명칭 | 아파트 103동 | 호명칭 | 904호 |

| 대지위치 | ... | 지번 | 277-2 외 12필지 | 도로명주소 |

구분	층별	※구조	용도	면적(㎡)
부	1층	철근콘크리트조 및 조적조	경비실	0.098
부	4층	철근콘크리트조 및 조적조	노인정	0.141
부	4층	철근콘크리트조 및 조적조	관리실	0.128
부	5층	철근콘크리트조 및 조적조	입주자회의실	0.208
주	9층	철근콘크리트벽식구조	복도, 계단	13.975
		- 이하여백 -		

공동주택 (아파트) 가격 (단위 : 원)

기준일	공동주택(아파트)공시가격
2023.1.1.	74,200,000
2022.1.1.	88,000,000
2021.1.1.	87,800,000
2020.1.1.	86,300,000
2019.1.1.	94,000,000
2018.1.1.	104,000,000
2017.1.1.	101,000,000
2016.1.1.	98,000,000
2015.1.1.	98,000,000
2014.1.1.	94,000,000
2013.1.1.	93,000,000

* 「부동산 가격공시에 관한 법률」 제 18조에 따른 공동주택가격만 표시됩니다.

변동사항

변동일	변동내용 및 원인	변동일	변동내용 및 원인	그 밖의 기재사항
1996.5.7	신규작성(신축)			관련지번 : 287-7 288 292 293 29
1996.5.7	신규작성(기타), 구분			4 295-5 295-6 296-2 297 297-1 2
	- 이하여백 -			98 299 289
				- 이하여백 -

297㎜ × 210㎜ [백상지(80g/㎡)]

◆ 본 증명서는 인터넷으로 발급되었으며, 정부24(gov.kr)의 인터넷발급문서진위확인 메뉴를 통해 위·변조 여부를 확인할 수 있습니다.(발급번호로부터 90일까지) 또한 문서하단의 바코드로도 진위확인(정부24 앱 또는 스캐너용 문서확인프로그램)을 하실 수 있습니다.

◼ 저 자 나 병 용 ◼

- 변호사(사법연수원 22기)
- 법학박사
- (전)동국대학교 법학과 겸임교수
- (전)서울특별시지방경찰청 법률지원상담관
- (전)서울 광진구 인사위원회위원
- (전)서울동부지방법원 민사조정위원 및 서울고등법원민사 및 가사조정위원
- (현)서울고등법원 민사조정위원
- 2023. 9. 서울지방변호사회 백로상 수상

논문
- 석사: "행정절차법에 관한 연구"
          (우리나라 행정절차법과 관련하여) (1997. 7.)
- 박사: "주식회사의 집행임원제 도입에 관한 연구"
          (미국 회사법상 논의로부터의 시사점) (2005. 6.)

집합건물법 해설

2025년 1월 15일 2판 인쇄
2025년 1월 20일 2판 발행

저 자 나병용
발행인 김현호
발행처 법문북스
공급처 법률미디어

주소 서울 구로구 경인로 54길4(구로동 636-62)
전화 02)2636-2911~2, 팩스 02)2636-3012
홈페이지 www.lawb.co.kr

등록일자 1979년 8월 27일
등록번호 제5-22호

ISBN 979-11-93350-34-8(93320)

정가 24,000원